THÉORIE

DE L'ORNEMENT

IMPRIMERIE EUGÈNE HEUTTE ET Cᵉ, A SAINT-GERMAIN.

THÉORIE

DE

L'ORNEMENT

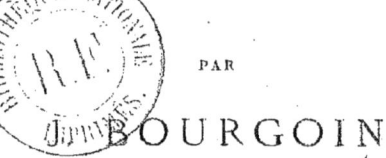

PAR

J. BOURGOIN

Auteur des *Arts arabes.*

OUVRAGE ACCOMPAGNÉ DE 33o MOTIFS D'ORNEMENTS

GRAVÉS SUR ACIER

Et de nombreuses figures intercalées dans le texte.

PARIS

A. LÉVY, LIBRAIRE-ÉDITEUR

21, RUE BONAPARTE, 21

1873

INTRODUCTION

Le présent livre peut satisfaire à deux besoins, l'un actuel parce qu'il fournit immédiatement un certain nombre de notions capitales, destinées à aider ou à régler l'invention dans l'ornement ; l'autre plus éloigné, mais de haute importance, parce qu'il contient les fondements essentiels et primordiaux d'un ensemble d'études qui devront embrasser les divers développements de l'activité humaine dans ses manifestations si remarquables, et souvent si discrètes de l'art monumental, de l'art décoratif et de l'ornement.

Cette énumération n'est point arbitraire : elle indique qu'on entend se séparer résolûment et à tous risques de l'opinion ayant aujourd'hui force de loi, et qui consiste à subordonner toutes les branches de l'art, soit théoriquement, à la doctrine très-relevée des beaux-arts ou des arts du dessin; soit pratiquement, au compromis de condition grossière et intéressée qu'on appelle l'art industriel, entendant sous ce terme barbare l'application systématique et forcée des beaux-arts à l'industrie.

On voudrait s'intéresser quelque peu au monde des artisans : un monde bien obscur et bien modeste, mais rempli de génie, que tous nos beaux messieurs, artistes ou lettrés, industriels ou marchands, fonctionnaires ou gens du monde, semblent ignorer. C'est qu'en effet, ce monde a disparu, ne laissant après lui qu'un fonds d'industrie courante où la science supplante la vie et qui paraît suffire aux besoins de tous les jours, mais en léguant à nos futurs hommes d'État

a

*la redoutable question du gouvernement d'une société qui entend
systématiser sa vie active et confier la gouverne de ses intérêts à ces
nouveaux et étranges pasteurs de peuples : les légistes, les scientifiques et les économistes.*

*On croit bien faire d'indiquer ici, en un très-court résumé, et
l'évolution esthétique de l'esprit moderne et l'évolution historique
au déclin desquelles nous assistons, et qui nous ont amenés où nous en
sommes : subissant, d'une part, la redoutable contrainte d'un amé-
nagement administratif et industriel, c'est-à-dire économique, de
toute activité ; et, d'autre part, subissant aussi le conflit dissolvant
des programmes, des méthodes et des enseignements, d'un spiritua-
lisme outré ou d'un matérialisme inepte, qui nous doivent transformer à bref délai et nous contraindre finalement à vivre de la
manière qui convient, quand on a l'honneur d'être cette créature du
progrès qu'on appelle le moderne Européen.*

*Vers le milieu du XVᵉ siècle, alors que finît le moyen âge et que
commence l'époque moderne, une séparation brusque se fait avec la
tradition; on renie et dédaigne tout le passé qui vient de s'écouler,
et qui ne laissait rien après lui. On emprunte aussitôt, et pour em-
bellir la vie, jusqu'alors si monotone et si lourde, à cette merveilleuse
Renaissance italienne qu'un grand événement historique (la prise de
Constantinople par les Turcs) venait de mettre définitivement en
possession des richesses de bien des sortes venues de la Grèce et de
l'Asie. En même temps, et avec une ardeur extrême, on se remet en
communication avec les anciens. Pendant les trois siècles qui suivent, et ensuite d'une culture délibérée et réfléchie, on consacre, sous
la forme classique, les œuvres à nous connues de l'antiquité gréco-
romaine et l'on en tire à titre d'enseignement ou d'idéal ce que l'on a
appelé depuis, et dans un sens déprisant, l'art académique.*

*Parallèlement, et à considérer les choses d'une manière un peu
abstraite, voici comment se dégage et se complète la notion de l'art.*

*Une fois l'architecture constituée, les arts et métiers subsistent
toujours individuellement, mais l'art monumental ayant alors un
sens déterminé, une expression propre, tient particulièrement sous
sa dépendance les arts et métiers qui s'y rattachent plus directement.
Plus tard, quand la sculpture d'abord, la peinture ensuite se sont
détachées du tronc commun, les trois grands arts : l'architecture,
la sculpture et la peinture ont désormais chacun une existence propre, et ce qui les différencie ne réside pas seulement dans le fond,*

l'étoffe ou la mise en œuvre, mais encore dans les qualités intellectuelles de l'artisan devenu alors un artiste, et, à ce titre, possédant un tempérament particulier, une manière de voir et de sentir tout à fait spéciale et individuelle. A ce point, l'artiste ne se sépare plus de son œuvre et la spéculation ontologique fait son entrée dans le monde des arts. Plus tard encore, alors que la dissertation littéraire, considérant comme de son domaine les beaux-arts et les belles-lettres, eût adjoint la poésie et la musique aux arts plastiques, c'est-à-dire à l'architecture, à la sculpture et à la peinture, on s'éleva jusqu'à l'idée rationnelle du beau.

D'après cela on donne au mot art un sens très-étendu, y comprenant les beaux-arts aussi bien que les belles-lettres, c'est-à-dire que l'on embrasse sous ce terme l'expression de la beauté intellectuelle, soit poétique, soit plastique, soit musicale.

Puisque l'on avait désormais une idée précise du beau dans l'art et qu'en même temps la satiété, amenée par un commerce assidu avec l'antiquité classique, nous rendait à la contemplation de la nature, on s'efforça d'y démêler l'idée du beau, et il fut bientôt acquis à l'esprit humain qu'il y avait dorénavant une branche nouvelle de la philosophie, et que l'esthétique est la théorie des idées abstraites relatives au beau dans la nature et dans l'art.

En même temps qu'on atteignait ces hauteurs métaphysiques de la pensée, un sentiment plus vif et tout nouveau de la vie et de ses caractères « nous rendait la faculté d'apprécier et de sentir les formes que la beauté a revêtues dans les âges féconds et de se composer ainsi un idéal de plus en plus étendu rayonnant et magnifique.
— LITTRÉ. » — Deux époques, belles entre toutes, s'imposent à l'admiration des artistes : la Renaissance, qui sous sa forme italienne, avait fait déjà notre éducation, et l'antiquité grecque. Cette découverte de l'art grec, si parfait dans sa sobre élégance et sa sévère beauté, fût toute une révélation. On ne connaissait alors l'antiquité que sous sa forme latine ; c'était une antiquité de second ordre, si l'on veut, mais qui contenait pourtant tous les éléments essentiels de l'art. Aussi le terrain se trouvait-il merveilleusement préparé, et les délicatesses de cet art hellénique aussitôt senties et reconnues imprimèrent à l'art classique une sorte de renouveau, de bien peu de durée, il est vrai ; d'autres puissances lourdes et envahissantes allaient prendre la place et la prendre toute.

A ce moment, où l'on étudie les monuments de l'antiquité héllé-

nique, et tout à fait en dehors de la tradition classique, se fonde une école nouvelle composée de poëtes et d'historiens, d'archéologues et d'artistes qui tend à renouer la chaîne des temps et entreprend la réhabilitation de l'art du moyen âge. Notre histoire nationale, si longtemps négligée, est étudiée et nos origines reconnues. L'architecture gothique, que l'on réputait barbare, est désormais appréciée et rendue à notre admiration. Ces tentatives si chaleureuses et, après tout, si vivantes à leur début, aboutissent finalement, à fonder une branche nouvelle de l'administration, qui se propose la conservation et la restauration de tous les monuments. En même temps et forts de l'appui des pouvoirs publics, une école de parvenus audacieux et entreprenants répand dans notre pays, devenu facile à toutes les entreprises, et cette architecture d'État qu'on appelle le style diocésain et ces doctrines niveleuses et envahissantes, qui, sous le fallacieux prétexte de rétablir un art prétendu national, ne tendent à rien de moins qu'à anéantir rapidement chez nous tout ressort individuel, toute manifestation vraiment honnête et virile de la personnalité artiste. Tous ces médiævistes barbares qu'un prurit de logique rend d'autant plus agressifs qu'ils sont plus ignorants, et qui se payent si volontiers de raisonnements plutôt que de raisons, n'ont que des attaques incessantes et de fort impertinents dédains pour tout ce qui n'est point empreint de leur infirmité originelle ; c'est à savoir : leur origine prochaine et leur ignorance inconsciente de la vraie notion de l'art.

Ces tentatives devenues rapidement des institutions d'État, ont pourtant suivi la fortune du romantisme qui, menaçant à son origine d'embraser le monde, a conduit finalement les hommes au mépris de toute vraie grandeur, au dédain de toute vraie beauté, les livrant tout entiers aux faciles jouissances de l'heure présente Le romantisme en haine de toute discipline, de toute convention de sagesse accumulée s'accroche à toutes les branches, poursuit toutes les émotions et finalement aboutit à l'énervement et à la langueur, qui rendant une réaction facile font se redresser les appétits grossiers et vulgaires qui maintiennent l'homme en ses brutalités natives. C'est alors qu'on nous signifie que le monde est à refaire, à remanier de fond en comble, afin de préparer l'avénement d'un avenir radieux qui accordant à chacun de nous la libre jouissance de toutes les splendeurs de la vie, rend désormais inutiles, sinon embarrassants, les traditions et les préjugés qui nous maintenaient en tutelle. Une tutelle bien redoutable, hélas ! qui nous garantissait la possession et le libre usage de tant d'expériences accumulées pendant des siècles.

A ce moment donc, à la fin d'un monde, au déclin d'une civilisation magnifique et qui rappelle à tant d'égards les splendeurs du monde gréco-romain, on voit finir la tradition d'un certain art monumental dont les règles, plutôt senties que définies, paraissent, en effet, fort difficiles à énoncer et, à ce qu'il semble, plus difficiles encore à appliquer ; du moins en fait et dans la stricte réalité, les conditions industrielles et économiques au milieu desquelles on persiste à ouvrer, à bâtir et à édifier paraissent exclure les prescriptions de cet art monumental et les rendre désormais inutiles.

Mais si l'on a renoncé dans la pratique à continuer les anciens, si l'on exige que nos œuvres portent une empreinte nouvelle accommodée à notre humeur et à nos caprices, si l'on veut, en un mot, que les éléments que le long cours du temps et la sagesse de nos pères avaient consacrés, soient tellement usés, et dans leur esprit et dans leur forme, qu'on n'en puisse plus rien tirer qui réveille notre curiosité dissolue et nos appétences maladives, nous n'en sommes pas moins restés, et par notre éducation et par nos préjugés, foncièrement imprégnés de l'idéal classique ; et, qu'on s'en rende compte ou non, c'est en conformité avec cet idéal que nous apprécions secrètement la valeur esthétique des arts et de l'architecture des différentes civilisations.

En ce sens, tout ce qui n'est point grec ou romain, italien ou classique, sera considéré comme inférieur et condamné en toute sérénité. Les considérants d'une telle opinion sont faciles à établir : les raisons qui l'appuient se dégagent des conditions mêmes qui ont présidé au développement de notre civilisation et à notre initiation artistique. Car cela n'est point douteux : nous avons été initiés, et dût notre amour-propre en souffrir, il nous faut bien reconnaître que nous, Français, nous ne sommes point naturellement et spontanément artistes ; que nous n'avons point le génie natif de toutes les choses grandes et belles, qu'à force de culture, et moyennant la maîtrise de nos qualités si remarquables de raison, de goût et d'élégance, nous avons su produire dans les beaux siècles de notre histoire. Force nous est bien de reconnaître quel peuple médiocre nous sommes au fond et livrés à nos seules ressources. Notre histoire raconte assez et nos origines si diverses et

notre gloire si soutenue en nous montrant à l'aide de quelle cul-
ture assidue et prolongée ; par combien d'institutions poursui-
vies et consolidées avec tant d'intelligence ; par combien d'ac-
quisitions et d'emprunts, repris à nouveau, assimilés et étendus,
ont fait œuvre durable et de prime noblesse. Combien cette histoire
est belle et instructive, que d'enseignements y sont contenus ; que
de tristesse aussi quand on songe aux misères de l'heure présente, à
ce déni de noblesse qui s'est emparé de toutes les âmes, et qui les
fait se confondre toutes dans une promiscuité insensée, où tous les
Européens ne sont plus que des camarades ou des concurrents.

Aujourd'hui que la grande querelle des classiques et des roman-
tiques s'est terminée dans un affaissement commun, il nous est bien
permis à nous, les jeunes hommes de la génération présente, d'inter-
roger ces souvenirs, déjà d'un autre âge, et de nous demander si,
par delà cette agitation, il nous a été transmis quelque chose de du-
rable et d'efficace qui nous puisse guider dans la vie et nous aider à
y faire œuvre qui vaille. La réponse, hélas ! n'est que trop facile : il
est vrai seulement que nos aînés, tenant en mépris chez nos pères leur
sagesse si respectable et si prudente, encore qu'un peu traînante et
apprêtée, aient tari toute source de vie, l'ayant surmenée et dépensée
à outrance et sans souci, il faut bien le reconnaître, de transmettre
à leurs héritiers la part d'héritage dont ils avaient le dépôt, à toutes
fins, il est vrai, mais non jusque-là pourtant de dépenser sans comp-
ter, et de détruire par la moquerie ou l'indifférence la tradition vé-
nérable de la foi et des croyances, des convictions et des opinions, des
préjugés enfin, sans lesquels rien ne se fait de ce qui peut honorer
et grandir la créature de Dieu.

Ce discours sonne faux, va-t-on dire, ou n'est point en sa place.
Mais quoi ? devons-nous donc assister impassibles à tous les projets
de réformes, d'enseignements et de rénovations qu'on nous doit infli-
ger bientôt ; et à cette heure où il n'est question que de remèdes à
appliquer à une situation que tous savent mauvaise, ne sera-t-il
point permis de dire hautement que tant de zèle nous importune, et
que c'est se méprendre étrangement sur les vraies conditions de la
vie que de prendre tant de souci des côtés défectueux ou des chances
de mal faire qui incombent à tous les hommes ? On ne vit point avec
des médicaments ; on vit à la condition d'éviter la maladie et cela le
plus naïvement du monde, en se plaçant d'instinct dans les condi-
tions les plus naturellement favorables. L'homme sain et vivace té-

moigne assez par ses actes d'une puissance effective que l'on peut ap-
précier directement et qui se confirme assez d'elle-même, sans que le
besoin se fasse sentir d'une confrontation avec toutes les chances de
maladie qui peuvent l'atteindre et nuire à son développement. C'est
la suite d'une éducation factice que l'on soit amené à prendre tant de
souci des côtés défectueux ou des chances de mal faire qui incombent
à tous les hommes. On doit jouir librement et en artiste du spectacle
des choses et des œuvres, et c'est folie de croire que l'on puisse sup-
pléer tous les imprévus de la vie à force d'expédients, de décrets ou
de règlements. Toute cette besogne avilissante qu'amènent le replie-
ment des hommes sur leurs actes et la prétention d'en formuler à
priori les voies et moyens, est impuissante à infuser le principe de
vie là d'où la vie se retire. La prétention d'instituer des enseigne-
ments rationnels, d'organiser des méthodes efficaces et des discipli-
nes rigoureuses va droit contre le but qu'on se propose. Une méthode
est d'autant plus insuffisante qu'elle est plus parfaite en soi. Les
conditions de la coordination logique sont trop exclusives, elles exi-
gent des matériaux spéciaux et uniquement élaborés dans l'intérêt
de la méthode. Plus une méthode est parfaite en soi et claire à l'es-
prit plus elle est nuisible : elle limite et réduit les pouvoirs là où, au
contraire, il les faudrait développer et les faire s'épanouir. Elle se
préoccupe trop exclusivement de la discipline et de la coercition en
vue d'éviter le désordre, ne tenant compte que des choses évidentes,
acquises et consolidées, mais, par ainsi, condamnant à l'impuissance
les victimes de son joug qui subissent alors ce que les naturalistes
appellent un arrêt de développement. *Dans l'art humain, et c'est là*
le beau de la vie, la mise en œuvre est-elle vraie, naïve et sincère,
les productions sont frappantes et marquées de cet accent d'origina-
lité qui donne tant de prix aux œuvres du temps passé. Mais si, au
contraire, les facultés logiques de l'esprit et l'industrialisme qui
les suit, s'imposent et président à une élaboration méthodique, fac-
tice et réglée, alors naissent en foule les désaccords, les discor-
dances, les pauvretés, tous les symptômes en un mot de la maladie,
et d'une maladie congéniale qui reparaît de tous les côtés et annonce
finalement la décadence et la décrépitude.

Or nous en sommes là ; et pour notre part, à cette situation into-
lérable, nous ne voyons qu'un remède ; c'est de rompre ouvertement
avec le milieu malsain qui nous enserre. Renions nos aînés comme
ceux-ci ont renié leurs pères ; mais moins égoïstes et plus désinté-

ressés qu'eux, rendons plus de justice au temps passé. Interrogeons tous ces aïeux dont la lignée se prolonge durant des siècles ; demandons-leur le secret de la vraie force, l'exemple du sérieux de la vie, et, retrempés par ces salutaires exemples, entrons résolûment dans l'étude sévère et imperturbablement philosophique de toutes les richesses à nous léguées par le labeur accumulé des races et des nations, des civilisations et des peuples, des corporations et des individus. Allons au fond de toutes choses, et tâchons d'y recueillir quelque doctrine forte et nourrissante, assez élevée pour être supérieure aux interprétations individuelles, mais assez souple pourtant pour laisser aux hommes le libre développement de leurs facultés personnelles.

Comment comprendre l'admirable civilisation grecque si on ne lui donne pour support les solides matériaux accumulés par les civilisations si extraordinaires et si originales du Haut-Orient? Que serait Rome sans la Grèce? le moyen âge sans le contact incessant de l'orient hellénique et asiatique? Notre civilisation, à nous Français, nullement originale, mais si pénétrante et si fine, se peut-elle concevoir sans les impulsions fécondes qu'à diverses reprises elle a reçues de l'Italie, cette mère nourricière de la civilisation moderne? — Or ce ne sont pas les matériaux qui nous manquent à nous les modernes Européens. Voyez donc! le monde pour les Grecs, c'était le Haut-Orient, c'est-à-dire l'Égypte et l'Assyrie, et cet extraordinaire milieu asiatique que l'on entrevoit à la limite de l'Europe et de l'Asie ; le monde pour les modernes c'est la terre entière, c'est-à-dire le monde quasi-fabuleux du Haut-Orient, le monde gréco-romain, puis l'Europe et l'Asie du moyen âge, enfin ces régions immenses de l'Extrême-Orient, c'est-à-dire l'Asie centrale, le Japon et la Chine. Que de richesses qui pourront être nôtres un jour, que d'enseignements sont contenus en ces vieux et mystérieux pays! Mais pour y prendre part, il est une nécessité indéniable : c'est de renoncer à vivre au jour le jour et à force d'expédients ; c'est d'élargir notre horizon, au lieu de nous consumer en efforts impuissants dans ce milieu restreint où la vanité nous attache et d'où toute vie se retire. N'avons-nous point déjà dans notre histoire cette date mémorable du XVe siècle où la raison, jusqu'alors sommeillante et endolorie, se redresse fièrement et entend intervenir dans les affaires de ce monde? Avons-nous donc oublié cette race superbe des Grecs, qui, dans leur virilité et leur orgueil imprimèrent aux créations colossales des

peuples du Haut-Orient la marque du génie libre et volontaire de
l'homme? Suivons donc ces exemples, puisons des matériaux partout
et les scrutant d'un esprit investigateur et vraiment philosophique,
retenons ce qu'ils contiennent d'essentiel, de fécond et de supérieur,
et laissons aller leur enveloppe caractéristique, originale et saisissante, mais qu'après tout on ne peut recommencer. Et si tout ce labeur extrême paraît trop désintéressé pour nos faibles courages,
songeons qu'il nous est donné, au moins, de jouir des agréments de la
route ; que s'il nous a été refusé la vie intense et originale, c'est bien
quelque chose de contempler le spectacle de l'humanité entière dérou-
lant à nos yeux la succession des siècles en nous montrant tant d'œuvres diverses qui en jalonnent la route glorieuse et resplendissante.

Pour notre part, et dans la limite de nos forces restreintes, mais
ardentes, nous nous efforçons d'ébaucher quelque fondements certains desquels puissent partir d'autres esprits plus vifs et moins
empêtrés de science positive, pour contribuer à fonder un jour quelque doctrine salutaire et féconde qui, rendant hommage au labeur
accumulé de nos pères, le puisse continuer d'une manière digne et
respectueuse, en assurant aux générations qui s'avancent un terrain
solide et des exemples efficaces.

Dans ce but, et nonobstant notre insuffisance, nous avons entre-
pris de publier le présent livre qui contient un certain nombre de
notions fondamentales et purement intelligibles, lesquelles considérées en elle-même précèdent, surpassent et régissent les particularités phénoménales et sensibles, c'est-à-dire le relief et la couleur,
qui sont l'étoffe des œuvres infiniment variées des arts et métiers et
de l'art monumental.

Il n'est point inutile d'indiquer ici en quelques mots, dans quelles
conditions et sous quelles influences ces études ont été entreprises.
Pendant un séjour de quelques années en Orient, en Grèce et en Italie, nous y avons recueilli un grand nombre de matériaux, lesquels
analysés et disséqués nous ont amené insensiblement à étendre nos
observations, à élargir notre terrain, en soumettant à la même analyse quantité d'autres matériaux disséminés dans les musées et dans
les livres. Conjointement nous avons eu le bonheur d'étudier à loi-
sir, un philosophe éminent dont les œuvres fortes et substantielles
nous ont fourni un guide sûr et éprouvé qui nous permît de mettre
les choses en leur place et de les contempler sous le jour qui convient.
Voilà ce que nous y avons appris, disons-nous, mais il ne faudra

point attribuer à notre maître, M. Cournot, les erreurs et les fautes qui sont nôtres ; et si, frappé fortement des grandes clartés de son œuvre, nous nous sommes permis d'y puiser largement, jusqu'à ce point même d'en transcrire littéralement des passages et de les insérer, au risque de leur faire tort, dans nos phrases abruptes et malaisées, nous prions notre maître de nous le pardonner car nos intentions sont droites et notre bonne foi entière.

Qu'on nous permette encore quelques remarques relatives au matériel de ce livre, c'est-à-dire au texte, aux bois intercalés et aux planches.

1° Quant au style, nous sollicitons vivement toute l'indulgence du lecteur. Il est visible que ce n'est point notre métier d'écrire, et nous n'avons eu ni assez d'habileté, ni assez de savoir-faire pour dissimuler l'absence de talent. Après cet aveu, il nous sera bien permis d'ajouter que cela au fond n'a guère d'importance ; tout ce qui est contenu dans ce livre, si tant est que ce livre contienne quelque chose, n'en demeure pas moins, étant de sa nature, indépendant de la forme qui l'exprime. Et si, d'autre part, le lecteur reconnaît quelque justesse aux critiques disséminées çà et là dans ce livre, qu'il veuille bien prendre la peine de nous les retourner ; car si, dans notre fór intérieur, nous avons su prendre le dessus de notre science, celle-ci a dû reparaître souvent sous notre plume qui, toujours sincère et libre, ne laisse pas que de trahir la première éducation reçue, éducation toute moderne, c'est-à-dire entachée de positivisme, et plus encombrée de science qu'embellie de littérature.

D'ailleurs, notre ambition n'est pas si déraisonnable que nous tendions à faire un livre définitif. Bien au contraire, nous aurions atteint notre désir secret si ce livre devenait bientôt inutile et s'en allait rejoindre tant de systèmes scientifiques, si lourds et si compactes, et trop logiquement parfaits pour être vraiment humains.

Nous avons voulu, seulement, noter et signaler expressément un certain nombre de particularités déduites d'un examen comparatif des différentes œuvres d'art à nous connues. Telles sont les conditions de la civilisation moderne ou européenne, la dernière en date, qu'elle vit d'emprunts et sur l'héritage accumulé des civilisations antérieures et proprement historiques. Il s'ensuit naturellement qu'une étude approfondie des œuvres de ces civilisations peut accroître le fonds commun et augmenter cette part d'héritage. C'est en ce sens que ce livre peut avoir une utilité réelle et même immédiate. Les notions nouvelles ou jusqu'à présent peu définies qui y sont contenues pourront entrer dans la circulation et solliciter, par suite du heurt de ces notions avec celles que nous possédons couramment, des créations nouvelles.

2° — Si au lieu de rédiger laborieusement un livre nous avions la faculté de discourir devant un auditoire, nous appuierions nos explications de figures dessinées à la craie. La leçon finie, les figures disparaîtraient et seraient recueillies, sous une forme ou sous une autre, dans la mémoire ou dans les notes. C'est ainsi qu'il faut considérer les figures de ce livre : leur fixité typographique n'entraîne pas nécessairement l'idée d'une importance inéluctable, et elles pourraient être en plus ou moins grand nombre et même sensiblement différentes de ce qu'elles sont. Il ne faut pas qu'en ces matières déjà si arides le lecteur aille tendre son intelligence et, par ainsi, rendre plus difficiles encore des choses qu'il a sûrement dans quelque recoin de son esprit, s'il veut se donner la peine d'y penser.

3° — Les planches gravées en taille-douce contiennent le dessin essentiel des objets qui nous les ont fournis. Nous avons dû négliger une grande partie des particularités inhérentes à ces objets, ainsi le voulaient l'échelle du dessin et le plan suivi dans ces études. Ces dessins sont le plus souvent très-abrégés, mais ils sont toujours exacts, au moins dans leur forme essentielle, celle qui demeure sous toutes les traductions plus ou moins intelligentes que le dessinateur et le graveur en peuvent faire. Nous avons dû nous résoudre à tous ces sacrifices, afin de donner le plus de choses possible dans un petit nombre de planches. Mais encore une fois, ceci n'est point un recueil d'images rassemblées pour le plaisir des yeux, mais bien un recueil de choses réunies pour la satisfaction de l'esprit.

THÉORIE
DE L'ORNEMENT

PREMIÈRE PARTIE.

PRÉLIMINAIRES GÉNÉRAUX.

CHAPITRE I.

LES FORMES OUVRÉES. — LA GÉOMÉTRIE.

1. A la différence des formes naturelles ou des êtres de la nature, les formes ouvrées sont produites par la main de l'homme, qui, du fait de son pouvoir propre, organise à cet effet les outils, les engins et les manipulations qui sont la condition de leur création.

Les matériaux bruts que l'homme met en œuvre directement, ou après une transformation préalable, sont puisés dans la nature.

Des matériaux et des manipulations, telles sont les conditions nécessaires et positives de l'industrie.

L'industrie est donc l'ensemble des voies et moyens par

lesquels on met en œuvre les matériaux fournis par la nature, et que l'activité de l'artisan exploite et transforme pour les approprier à nos besoins et à nos exigences.

2. Alors que l'homme est sorti de l'*état de nature* et qu'il n'est pas encore devenu un *ouvrier* de l'*industrie manufacturière*, il imprime à l'œuvre de sa main un caractère particulier, original et frappant, où l'on peut reconnaître son génie à lui et le génie de sa race : les *artisans* enfantent des œuvres.

La forme ouvrée, indépendamment de sa destination ou de son utilité proprement dite, est donc un tout complexe ou l'on doit noter expressément trois ordres de caractères, savoir :

1º Ceux qui dépendent de la matière à ouvrer ;

2º Ceux qui résultent du mode de manutention ;

3º Enfin ceux qui relèvent de l'art.

La matière à ouvrer fournit ses qualités plastiques et ses qualités décoratives.

Le mode de manutention engendre la forme nécessaire : il imprime à la matière ouvrée un caractère de forme.

Les caractères qui relèvent de l'art sont la *forme* et la *décoration*.

La *forme* résulte en partie des conditions particulières de chacune des industries (forme nécessaire), et, d'autre part, est voulue et poursuivie pour satisfaire à l'esthétique innée de l'artisan (forme esthétique).

La *décoration* est inhérente à la forme ou bien surajoutée, et alors complétant à sa manière la forme propre.

Le tableau suivant, résume d'une manière concise, mais exacte, les différentes espèces des formes ouvrées fondamentales.

Les formes ouvrées proprement dites résultent d'un syncrétisme de ces formes primordiales, en vue d'une destination particulière, déterminée et usuelle : ce sont les produits des arts et métiers.

———————————LA FORME.———————————

I. Formes modelées (plastique).	Modelées. . . (Plastique).
	Tournées. . . (Céramique).
	Soufflées . . . (Verrerie).
	Martelées. . . (Dinanderie).
II. Formes taillées (sculpture).	Taillées . . . (Taille).
	Sculptées. . . (Sculpture).
	Ciselées. . . . (Toreutique).
	Gravées. . . . (Clyptique).

III. Formes assemblées . . . . (Menuiserie, ferronnerie, etc.).
IV. Formes superposées ou baties. . , ... (Construction, architecture).
V. Formes tissées. . . . . (Tisseranderie, vannerie, etc.).

———————————LES FORMES OUVRÉES.———————————

3. La *décoration* est inhérente à la forme, en ce sens que les qualités plastiques et décoratives de la matière ouvrée sollilicitent le génie de l'artisan qui conforme, en suite de cette influence, le mode instinctif d'ouvrer et de façonner à ces propriétés naturelles.

La décoration est surajoutée et embellit la forme propre ou nécessaire, en conformité avec le besoin instinctif et naturel à l'homme d'orner tout ce qui l'entoure et toutes les œuvres de sa main.

Le tableau suivant résume les différents modes de décoration corrélatifs aux différentes espèces des formes ouvrées.

———————————LA DÉCORATION.———————————

I. La décoration enluminée, peinte ou émaillée, qui s'applique aux cinq catégories de formes ouvrées : aux formes modelées, taillées, assemblées, bâties, tissées.

II. La décoration modelée ou sculptée, qui s'applique aux quatre premières catégories : aux formes modelées, taillées, assemblées, bâties.

III. La décoration gravée et découpée, qui s'applique aux trois premières catégories : aux formes modelées, taillées, assemblées.

IV. La décoration brodée, qui s'applique seulement à la dernière catégorie ou aux formes tissées.

———————————L'ORNEMENTATION.———————————

4. La décoration surajoutée, quoique naturellement inhérente à la forme (en ce sens que l'*espèce* de la *forme ouvrée* détermine le *mode* de *décoration*), comporte cependant en soi

des caractères tellement définis qu'on la désigne sous une dénomination particulière et très-générale : l'*ornementation*.

Sous le nom générique d'*ornements,* on entend désigner et considérer à part cette variété innombrable de dessins, de formes, de reliefs, d'enluminures... etc., que l'homme a répandus, et en profusion, tout à l'entour de lui, et qui témoignent si expressément de son pouvoir d'invention et de création.

L'ornement est purement et privativement l'œuvre d'art, c'est-à-dire l'œuvre de l'artisan, par la raison que rien dans l'ordre des choses pratiques et usuelles ne rend compte de sa création. On pourrait évidemment supprimer dans les formes ouvrées tout ce qui est pure ornementation, tout comme on pourrait négliger cette part de la forme qui est de pure recherche esthétique, sans que cela fît tort en rien à la forme nécessaire et de destination prosaïque. On ramènerait seulement ainsi l'œuvre d'art à n'être plus qu'un produit industriel.

Non-seulement l'ornement est une création, une invention par-dessus la forme nécessaire et utile, et un développement luxuriant par delà la forme esthétique, mais c'est encore une œuvre géniale et privativement humaine, au delà de la création et sans lien nécessaire avec les êtres de la nature.

Il n'est point d'ornements en dehors de l'homme. Toutes les impressions vagues et confuses, fortuites et variables qu'il reçoit du spectacle de la nature sont reprises, transformées et dénaturées pour les faire entrer dans ce cadre d'inventions humaines qui est l'art.

5. L'idée de la nature, c'est l'idée d'une puissance et d'un art divins, hors de pair avec la puissance et l'art des hommes.

A la faveur de cette maîtresse idée, les matérialistes et les spiritualistes, les naturalistes et les panthéistes, devenus les prêtres de ce nouveau culte, convient la foule à l'admiration béate de ces œuvres pleines de majesté et de grâce, de grandeur et de beauté, qui s'épanouissent dans le sein de la nature. Les plus purs d'entre les profès, ceux-là qui refrènent leurs appétits et toute velléité d'indépendance, sont plus intimement initiés à la connaissance des secrets de cette puissance infinie, à la divination de ce grand mystère : leur initiation accomplie, ils rentrent dans le monde avec des rameaux fleuris et s'en vont répandre l'art nouveau.

Chose étrange ! c'est cet art rénovateur que les déclassés de la littérature et de l'art offrent comme consolation ineffable à ce frère esclave de l'artisan d'autrefois, à l'ouvrier. C'est à cet homme rude et enfant, qu'une barbarie savante condamne au dur labeur de forger les engins démesurés qui trimbalent de par le monde les modernes Européens et leur fortune, que les délicats, tout alanguis d'un commerce amoureux avec la nature et les herbes des champs, se proposent de révéler les mystères infinis de la structure d'un myosotis, d'une libellule ou d'un caillou du Rhin.

Combien plus humaine et plus fière était l'idée qu'en notre siècle si français, le dix-huitième, nos pères se faisaient de cette puissance devenue aujourd'hui si formidable.

« La nature, c'est tout ce qui est ou que nous concevons comme possible ; et pour expliquer ceci nettement, il faut distinguer quatre mondes : le monde existant, c'est l'univers actuel, physique, moral, politique, dont nous faisons partie ; le monde historique, qui est peuplé de grands noms et rempli de faits célèbres ; le monde fabuleux, qui est rempli de dieux ou de héros imaginaires ; enfin le monde idéal, ou possible, où tous les êtres existent dans les généralités seulement, et d'où l'imagination peut tirer des individus qu'elle caractérise par tous les traits d'existence et de propriété. » (L'abbé Batteux.)

Pour avoir une idée juste et vraie de la nature, il la faut donc considérer tout entière comme renfermée dans les limites très-exclusives que lui imposent et le génie et les pouvoirs de l'homme. Les hommes ont un horizon très-limité, ni trop haut, ni trop bas, tout près d'eux ; et il importe essentiellement, dans l'intérêt de l'art comme dans celui des artisans, que cet horizon de règle ne soit pas dépassé. Tout ce qui est hors d'échelle avec l'homme, c'est-à-dire le monde télescopique ou l'infiniment grand et le monde microscopique ou l'infiniment petit, l'accable et le réduit; cela peut être un grave sujet de méditations pour le théologien, le moraliste ou le savant doctrinaire, qui vivent sur l'être souffreteux et lassé que l'ascétisme spéculatif imagine, mais, au vrai, la préoccupation de ce monde transcendant est une véritable infirmité et dénote un appauvrissement réel de la vie vraiment humaine et vaillante qui fait les poëtes, les artistes et les sages.

L'homme subit la nature, mais lui résiste justement parce qu'il met l'ordre là où la nature, abandonnée à elle-même, s'épanouirait en un désordre incessant et toujours renouvelé d'où finalement l'homme devrait disparaître.

6. Il n'y a point, dans la forme ouvrée, de forme esthétique possible sans le support préalable de la forme nécessaire, née de la matière ouvrée et du mode de manutention.

Il n'y a point non plus, dans la décoration, d'ornements possibles sans le support préalable du mode technique de décoration, immédiatement corrélatif à l'espèce de la forme ouvrée.

Voilà pour la réalité; mais, derrière la forme réelle ou sensible, on conçoit une forme purement intelligible, ou l'exemplaire d'un type dont les individus sont variables à l'infini. Ce type est déterminé par les conditions nécessaires de l'organisation pour les formes naturelles, et par les conditions nécessaires de la connexion esthétique pour les formes ouvrées. Derrière ce type intelligible enfin, notre raison conçoit une forme purement géométrique, qui ne consiste plus qu'en des rapports d'ordre et de situation, lesquels déterminent la constitution du type.

Cette dernière conception est celle qui domine et prime, par sa généralité abstraite, toutes les phases subséquentes de l'élaboration définitive. De telle sorte que la forme ouvrée et parfaite, étant dépouillée de tous ses attributs réels et tangibles, est *imaginée* par les données de l'intuition immédiate, qui relèvent de la géométrie, et conçue comme engendrée par l'association de l'idée de mouvement aux idées géométriques pures.

7. Cette idée de mouvement, qui se cache sous l'emploi des termes de description, de génération, de progression, d'enchaînement, de variation, etc., est une intuition primitive et qui, déterminée par les voies ordinaires de la logique, devient le fondement d'une science intermédiaire entre la géométrie pure et la mécanique proprement dite.

Cette science abstraite et purement rationnelle est la cinématique, ou la théorie de la transformation et de la composition des mouvements.

L'idée de mouvement, dans sa pureté abstraite et exclusivement intelligible, s'associe aux intuitions esthétiques fondamentales et rend compte, par l'emploi des mots nécessaires de génération, de déclination, de variation, etc., de l'*état naissant* des formes.

L'idée de mouvement, isolée de la notion de vitesse, s'associe aux intuitions immobiles de la géométrie et rend compte de l'emploi des mots nécessaires de description, de génération, de progression, etc., par lesquels on explique les formes géométriques.

L'idée de mouvement, associée à l'idée de vitesse, mais isolée de l'idée de force, est le fondement de la cinématique pratique, ou de la mécanique des artisans.

L'idée d'équilibre, isolée de l'idée de force et de l'idée de mouvement, s'associe aux intuitions esthétiques et rend compte, par l'emploi nécessaire des mots de balancement, de pondération, de proportion, etc., de la détermination esthétique des formes.

L'idée d'équilibre, isolée de l'idée de mouvement, mais associée à l'idée de force, ou plutôt à l'idée d'effort occulte et permanent, c'est-à-dire la stabilité, est le fondement de la statique pratique ou de la mécanique des architectes.

Enfin l'idée de force disponible ou épuisable, c'est-à-dire l'idée économique d'une consommation et d'une dépense de force, est le fondement de la dynamique pratique ou de la mécanique des ingénieurs.

A partir de ce point, l'idée de force se cache à son tour derrière des idées plus relevées, plus vagues et devenues indéterminables par les voies ordinaires de la logique et de la construction scientifique, mais que le langage traduit par des métaphores nombreuses et expressives : telles sont les idées de force vitale, d'activité, d'attraction, d'intensité, de vigueur, etc., etc. Le tableau suivant résume les considérations précédentes et quelques autres qui vont suivre.

————————————LA GÉOMÉTRIE PURE.————————————

La géométrie analytique.	La géométrie descriptive.	La géométrie dimensive.
CINÉMATIQUE.	STATIQUE.	DYNAMIQUE.
La mécanique des artisans.	La mécanique des architectes.	La mécanique des ingénieurs.

————————————LA MÉCANIQUE.————————————

8. Tous les mouvements, pour instinctifs ou dérivés qu'ils soient, se réduisent, au fond, à deux ou trois mouvements élémentaires, deux simples et irréductibles : le mouvement rectiligne ou en ligne droite et le mouvement circulaire ; et un mouvement simple quand il est réel, mais que l'on conçoit comme composé par les deux mouvements vraiment simples, c'est le mouvement hélicoïdal ou volubile.

D'où trois éléments géométriques : la *ligne droite*, la *ligne circulaire*, l'*hélice*, qui sont les seules lignes homogènes et d'un cours uniforme, jouissant de la propriété de juxtaposition constante, c'est-à-dire glissant relief dans incrustation.

La ligne droite et le cercle, puis l'hélice, sont les éléments fondamentaux, simples et irréductibles, de la géométrie.

Le mouvement rectiligne et le mouvement circulaire, puis

le mouvement hélicoïdal, sont les éléments fondamentaux, simples et irréductibles, de la cinématique ou de la théorie géométrique des mouvements.

Les deux mouvements rectilignes ou de translation, circulaires ou de rotation, peuvent être continus ou alternatifs, c'est-à-dire constamment dirigés dans le même sens, ou alternativement dirigés dans un sens et dans le sens contraire, d'où la distinction de quatre mouvements élémentaires qui sont la base géométrique de la cinématique industrielle ou de la mécanique des artisans et que les machines les plus simples, comme les plus compliquées, ont pour fonction de transmettre ou de transformer.

9. Aux mouvements simples et uniformes, nous avons vu correspondre trois lignes géométriques simples et uniformes : la droite, la circonférence, l'hélice.

Mais le mouvement peut aussi être varié, c'est-à-dire accéléré ou ralenti d'une manière continue et suivant les trois lignes fondamentales, ce qui ne change rien aux figurations géométriques du mouvement. On a acquis seulement une notion de plus, la notion de vitesse qui, en tant qu'elle est la définition d'un rapport entre l'espace parcouru et le temps employé à le parcourir, est purement mathématique et spéciale et qui, en tant qu'elle est une manifestation phénoménale, est purement mécanique et spéciale. Ces deux interprétations de la notion de vitesse sont donc étrangères aux idées esthétiques de l'ordre et de la forme.

Mais ce mouvement varié issu directement de la main qui dessine, ou plus généralement qui façonne, et considéré aussi au seul point de vue de la génération des formes géométriques, rend compte de l'infinie variété des courbes à *courbure* variée, c'est-à-dire des recourbées et des enroulements, et des lignes volubiles déclinées ou variées que l'on ne peut plus concevoir, du moins au point de vue esthétique, comme des résultantes de la combinaison des mouvements simples et uniformes.

Ayant fait la part du mouvement par lequel on conçoit que la forme est engendrée, il reste le schème géométrique ou la forme purement abstraite.

Examinons donc maintenant l'idée qu'on doit se faire de la géométrie et, par occasion, quelle est la légitimité de l'intrusion des mathématiciens dans le monde des arts.

10. Les notions géométriques corrélatives à l'idée de l'espace et à la notion de l'étendue sont acquises en explorant pour ainsi dire l'espace et les corps par des mouvements volontaires ou instinctifs, d'où les termes de description et de génération qui suivent la contemplation de telle forme déterminée, et, plus généralement, qui rendent compte de l'infinie variété des rapports de grandeur, de configuration, de situation et d'ordre qui sont l'objet de la géométrie.

Il y a deux sortes de géométrie : l'une, la géométrie dimensive, qui a pour objet la mesure des grandeurs géométriques, longueurs, aires, volumes, etc., l'autre que, par opposition, on peut nommer la géométrie descriptive, qui a pour objet la situation et la forme, la génération des lignes et des surfaces par des mouvements continus, la recherche et la spécification des affections des lignes et des surfaces ainsi engendrées et où l'on n'emploie qu'auxiliairement, pour une telle recherche, la considération des grandeurs et des mesures.

De plus, parmi les propriétés diverses de l'étendue figurée, il s'en trouve qui n'ont lieu que pour des figures terminées en tous sens par des lignes ou des surfaces géométriquemant définies, et d'autres qui subsistent pour certains genres de lignes, de surfaces ou de solides, dont le caractère générique seulement est géométriquement déterminé, chaque genre pouvant comprendre une infinité de cas individuels, et ce qui différencie un individu des autres dans chaque genre étant la conséquence d'un tracé tout à fait arbitraire.

De ces deux parties de la géométrie d'une distinction nette et facile, l'une est la géométrie élémentaire ou euclidienne, l'autre est la géométrie générale ou des modernes. Telle est, du moins, la division de la science de la géométrie au seul point de vue de l'enseignement purement scolastique adopté par les pédagogues et les universitaires.

Pour nous, qui ne sommes affiliés à aucune confrérie enseignante, qui n'appartenons à aucune caste gouvernementale par la raison que, très-respectueux avant tout de la personnalité des hommes, il nous répugne profondément de voir s'établir à l'entour des vérités scientifiques une sorte de police intellectuelle ; nous nous devons à nous-même, nous devons à nos lecteurs de leur exposer en toute humilité, mais non sans hardiesse, les réflexions et les propositions que nous suggère l'étude désintéressée de ces questions.

11. Au lieu donc des deux divisions de la science de la géométrie, reconnues par le dogme scientifique, nous inscrirons le le tableau suivant :

————————LA GÉOMÉTRIE PURE.————————

LA GÉOMÉTRIE ANALYTIQUE.   LA GÉOMÉTRIE SYNTHÉTIQUE
(GEOMÉTRIE DESCRIPTIVE).

————————LA GÉOMÉTRIE DIMENSIVE.————————

Dans la géométrie pure, instituée par les écoles grecques et devenue classique dans nos écoles, on a surtout en vue la rigueur et la perfection logiques. Les idées de démonstration, d'enchaînement et de subordination des propositions, les idées de définitions et de classifications, en tant qu'elles s'appliquent aux objets que considère le géomètre, tels sont les fondements logiques de l'établissement de la science de la géométrie.

Mais si l'on a égard à la richesse des manifestations du génie de l'homme plutôt qu'à la perfection logique d'un corps de doctrine scientifique, il faudra entendre par géométrie pure la collection des intuitions premières ou des données psychologiques fondamentales, dont l'intérêt est supérieur, sans comparaison, à cette vaine recherche de subtilités dialectiques où s'abîme la pensée des géomètres austères.

Par géométrie analytique ·on. entend d'ordinaire une méthode générale d'application de l'algèbre ou de l'analyse mathématique à la géométrie. Le système des coordonnées imaginé par Descartes établit entre les grandeurs et les quantités géométriques des constructions très-générales, d'où l'on peut tirer, par les seules forces de la logique et du calcul, une multitude de relations particulières. Puisque, pour désigner cette méthode, beaucoup de géomètres emploient volontiers la dénomination d'analyse à deux et à trois dimensions, il serait bon de l'adopter une fois pour toutes, réservant l'épithète de géométrie analytique à cette partie de la géométrie descriptive qui a pour objet la génération des lignes et des surfaces, et où l'on n'emploie qu'auxiliairement, pour une telle recherche, les considérations mathématiques.

La géométrie descriptive est l'application d'une méthode très-particulière et artificielle (la méthode des projections) à la représentation, sur un plan, des corps et des solides. Laissant à l'épithète de descriptive toute la généralité qui lui convient, il faudrait entendre par géométrie descriptive, non pas l'art de représenter conventionnellement les formes, mais la théorie de la composition intrinsèque des formes et la définition des différentes particularités ou affections des lignes et des surfaces qui caractérisent les matériaux de la géométrie. Cette contemplation statique des formes de l'étendue n'est nullement subordonnée à une méthode particulière de dessin, non plus d'ailleurs qu'à une terminologie spéciale. Les formes géométriques, comme toutes les autres formes, peuvent être décrites par les termes ordinaires du langage, tout comme elles peuvent être dessinées par les artifices ordinaires de l'art du dessin.

Que l'idée de génération se lie plus ou moins à l'idée de description et que, par suite, la séparation ne soit point tranchée entre la géométrie analytique et la géométrie descriptive, cela est de peu d'importance. Il suffit que l'on distingue, en gros, ces deux ordres de perceptions, l'une qui va au fond des choses et sépare les parties pour rendre compte de leur dépendance générique, l'autre qui contemple les parties ensemble ou séparément pour rendre compte de leur présence simultanée ou de leur disposition.

Peut-être que ces distinctions, à cause même du vague qui leur est inhérent et qui nous les fait préférer à celle des géomètres, paraîtront un peu subtiles; mais qu'importe cela? nous n'avons pas la prétention de faire de la géométrie : telle qu'elle est instituée, d'ailleurs, elle n'a pas besoin de notre concours. On ne voit pas ce que les géomètres deviendraient si la géométrie leur manquait un jour; ils ont donc raison d'y tenir et d'empêcher les curiosités intrépides. Seulement, il doit être bien entendu que si les artistes n'ont nulle qualité pour intervenir dans le monde de la science, la réciproque leur est acquise : les gens de science n'ont, à aucun titre, droit à la confiance des artistes, surtout si, comme il est d'usage, leur intervention, le plus souvent arbitraire et agressive, leur est garantie par les pouvoirs de l'État.

12. La géométrie des géomètres est une partie importante du système général des mathématiques qui comprend trois théories :

1º La théorie des nombres;

2º La théorie des figures géométriques;

3º La théorie des grandeurs.

Les mathématiques pures sont des sciences absolument et éminemment rationnelles, et le plus parfait exemplaire de la forme et de la construction scientifiques; de là l'explication du secret de la prééminence et du rôle de ces sciences.

Cette perfection intrinsèque des sciences mathématiques a permis et autorisé l'intrusion des mathématiciens dans le monde des arts, au grand dommage de ceux-ci. Cette immixtion, rendue presque définitive par la complicité des intérêts privés, est vraiment de grande conséquence et vaut qu'on s'y arrête.

13. Les nécessités vulgaires de l'enseignement, tel que l'ont établi les professeurs de mathématiques et les fonctionnaires publics, ont imprimé à la géométrie élémentaire un caractère dogmatique et sacramentel qui a eu déjà et qui aura longtemps encore la plus déplorable influence, car de l'enseignement scolastique de la géométrie est née une sorte d'enseignement gauche et maladroit qu'on appelle le dessin linéaire.

Le dessin linéaire ou géométrique est l'application de la géométrie élémentaire aux tracés des formes diverses, dont l'exécution est du domaine des arts et métiers et des beaux-arts.

Aux deux éléments simples et fondamentaux de la géométrie répondent deux outils également simples, la règle et le compas. C'est sur l'emploi de ces deux instruments de métier qu'est fondée la pratique du dessin linéaire.

Au moyen de la règle et du compas, on exécute donc des tracés qui, vu leur origine précise et rigoureuse, semblent merveille; et, il faut bien le reconnaître, l'évidence de ce moyen paraît telle dans la mesure actuelle des esprits, que le dernier progrès à attendre consisterait dans l'application de ces procédés à tout l'art du dessin. On obtiendrait ainsi, au moyen des seuls éléments, la droite et le cercle, des formes artistiques; et puisqu'elles sont nées de la géométrie en toute rigueur, ces formes seraient incontestablement belles, et de la beauté parfaite.

Cette prétention, vraiment inqualifiable, dénote une singulière ignorance chez ceux-là, et ils sont en grand nombre, qui propagent de telles doctrines. Malheureusement, l'autorité dévolue aux gens de science est si considérable, et la connivence des pouvoirs publics si expressément proclamée, que l'on ne peut espérer de longtemps qu'il soit mis un terme à ces redoutables niaiseries.

Cette très-fâcheuse situation s'explique en partie par l'idée mystérieuse que l'on se fait de la science, idée presque mystique et qui est cause de cette singulière vanité, assurément la plus triste de toutes, que tirent beaucoup de gens d'avoir passé par l'éducation lourde et positive qui est la suite de la faculté polytechnique.

14. Voyons, en particulier, ce que la géométrie est devenue en revêtant la forme scientifique.

La science est la connaissance logiquement organisée, et l'organisation logique repose sur l'enchaînement des propositions, qui fait que le nombre des données initiales est réduit autant que possible, et que l'on en tire tout ce qui peut en être tiré par le raisonnement. On s'est donc attaché, dans l'économie de l'exposition de la géométrie : 1º à réduire les données fondamentales au plus petit nombre possible et sous la forme dogmatique d'axiomes, de définitions, de postulats; 2º et pour satisfaire à la rigueur logique, à démontrer tout ce qui paraît susceptible de démonstration.

Cette méthode logique et l'application du calcul à la mesure des grandeurs géométriques, voilà ce qui constitue essentiellement la substance de tous nos livres, le fond de l'enseignement de la géométrie.

Mais une science ainsi constituée, à la fois si logiquement parfaite et si appauvrie, n'offre plus guère, en dehors des applications de métier, qu'un aliment à cette passion singulière qu'on a appelée fort spirituellement la jouissance mathématique. Dans tous les cas, cette manière toute scolastique d'interpréter la géométrie est un écueil redoutable, car la préoccupation de la logique abstraite et formulée annihile entièrement le sens supérieur de l'art.

Les matériaux de la géométrie, avant toute intervention de l'idée de mesure et de calcul, et indépendamment aussi des procédés mécaniques du dessin industriel, sont des formes, et à ce titre des abstractions d'un ordre supérieur qui domine tout le système des mathématiques. Les idées mathématiques sont tout à fait accessoires et surajoutées aux idées de l'ordre et de la forme, et par conséquent étrangères et absolument inutiles à l'étude des arts proprement dits.

15. Les matériaux de la science de la géométrie, non plus réduits à la forme scientifique, non plus considérés seulement comme des grandeurs ou des quantités mathématiques, mais conçus et imaginés en toute simplicité, avec leurs caractères de forme et aussi de beauté ou d'élégance propres, arrivent à leur rang dans la série des formes construite suivant les principes très-généraux de l'ordre et de la forme.

Isoler, pour les considérer à part, les formes ou figures susceptibles d'une définition mathématique, c'est sortir des conditions vraiment humaines pour entrer dans le monde des abstractions logiques, c'est faire de la science; et si l'on veut que la géométrie ainsi comprise serve d'introduction naturelle à l'étude ou à la pratique des arts, on a le droit de trouver qu'il se commet par suite une méprise énorme.

Les artisans n'ont point attendu, pour créer et mettre au monde les œuvres de leur main, que la géométrie fût devenue une science parfaite et un modèle de raisonnements justes. La science n'est qu'une forme de la connaissance ou du savoir, et elle n'apparaît que comme le fruit tardif d'une civilisation avancée, après la poésie, après les arts, après les compositions historiques, morales ou philosophiques. La forme scientifique ne peut se dessiner qu'après que les faits ont été recueillis, et en assez grand nombre pour que de leur rapprochement puisse sortir quelque généralité, quelque principe régulateur ; et, d'autre part, la science ne peut s'acquérir et se maintenir que par l'étude assidue et disciplinée. C'est en se désintéressant des choses de ce monde et en reniant ses plus beaux pouvoirs que l'homme, s'isolant dans la solitude et la méditation, échafaude la science et la perpétue.

16. Si l'on suit l'histoire de la géométrie, on s'apercevra aisément que c'est tout récemment, et seulement de nos jours,

que cette science est sortie de l'ombre des studieuses retraites pour prétendre à régenter les arts. De fait, et par la complicité des pouvoirs publics, son enseignement est solidement assis; et ce n'est point de longtemps qu'il y sera porté remède.

Tout ce qui relève de l'activité morale, de l'entendement, est devenu, de nos jours, l'objet d'une culture spéciale et voulue. Des méthodes, des systèmes ont été organisés dans le but de développer dans toute leur étendue les facultés intellectuelles; c'est l'objet propre de l'enseignement qui s'empare de chacun de nous dès notre naissance, nous isole pour un long temps du spectacle extérieur des choses, nous pétrit, nous transforme, nous aiguise enfin toutes les facultés de l'esprit et nous rend, au bout d'un temps de ce régime, à la vie sociale. Ce développement extrême de l'intellect, qui nous rend si singulièrement aptes à tout comprendre, à tout connaître, qui éveille cette curiosité insatiable et si singulièrement pénétrante, fait aussi notre infirmité : plus on fait de progrès dans l'ordre de la connaissance scientifique, plus on s'éloigne du sentiment vrai de la vie. Ce n'est point impunément que l'on aiguise certaines facultés de l'esprit; tout ce qui nous entoure prend dès lors une netteté et une crudité qui réduisent d'autant la vie individuelle en donnant des limites tellement précises au spectacle du monde, qu'il n'y a plus lieu à des interprétations particulières, de ces interprétations vraiment humaines qui sont l'apanage de la créature de Dieu.

C'est alors le régime de la science; et, sous ce régime, il n'y a plus de place que pour une activité organisée. Il n'y a plus d'initiatives particulières, plus de productions originales, et spécialement tout ce monde obscur des artisans est désormais régenté par des ingénieurs, des professeurs et des savants.

Admettons qu'une telle situation soit inévitable, et que telles seront désormais les conditions de la vie moderne, au moins faut-il bien se persuader que lorsqu'on entend étudier les arts du passé, à qui nous devons tout, et que l'on veut se rendre

compte des caractères particuliers qui impriment aux œuvres
une physionomie si originale et si variable, selon les temps, les
races et les lieux, c'est se méprendre grossièrement que d'attribuer aux artisans qui les ont créées une connaissance quelconque de nos méthodes artificielles, si détournées et d'un
abord si revêche.

On oublie trop que l'artisan crée et invente pour sa satisfaction privée, pour la jouissance d'enfanter une œuvre personnelle qui soit entre toutes les œuvres de son métier la sienne
propre, quelque chose qui porte sa marque, une œuvre enfin
qui ne serait pas sans lui. Autre chose est la création spontanée, autre chose est l'exécution méthodique d'un programme
et c'est faire injure à tous ces hommes obscurs que de leur
dénier le pouvoir d'invention. C'est affaire aux profanes de
tâcher de goûter et de comprendre toutes les créations splendides
de l'humanité industrieuse et artiste.

Que l'on supprime par la pensée toute l'organisation si lourdement construite de l'industrie moderne, et que l'on se reporte
à ces temps heureux où l'artisan, dans une condition toujours
obscure et souvent précaire, enfantait tant d'œuvres fortes et
belles : que de surprises, que d'inventions ingénieuses et indis-
ciplinables! De retourner à la logique économique, il est dur,
quand on s'est représenté un tel épanouissement de vie, et l'on
se prend à maudire l'intervention de plus en plus en plus tyran-
nique des agents officiels et officieux de ce machinisme hon-
teux et dégradant, qui réduit l'artisan à la dure et terrible
condition d'ouvrier, et l'architecte, le maître de l'œuvre, à la
piètre et vénale condition de bâtisseur.

———————

CHAPITRE II.

L'ORDRE ET LA FORME. — LE RELIEF, LA COULEUR.

17. L'idée usuelle de la *forme* correspond à toutes les formes naturelles, ouvrées ou inventionnelles, qui ont trois dimensions. Par extension, on appelle du nom de forme l'espace plan délimité, la figure ou l'à-plat terminé par des contours, et par suite, ces contours eux-mêmes, c'est-à-dire les lignes ou délinéations. Cette figure est la représentation, l'image ou le dessin d'une forme naturelle ou ouvrée, ou bien est purement une figuration inventionnelle.

18. L'idée de l'*ordre* préside à l'arrangement des parties constitutives d'une forme, de telle sorte que, sous la forme abstraite ou dépouillée de ses attributs réels ou sensibles, on conçoive un diagramme ou le plan de disposition du type purement intelligible de la forme réelle.

L'idée de l'ordre est plus particulièrement l'idée de l'arrangement des différentes parties, disjointes ou discontinues ou seulement distinguées par l'analyse, qui constituent la disposition dans les formes esthétiques et l'ornement, et l'*ordonnance* dans l'art monumental.

19. La notion de la forme prend deux acceptions principales : celle de la forme abstraite, figurative ou géométrique ; et celle de la forme concrète, expressive ou esthétique.

Toutes les formes particulières sont définies ou décrites

1° par leurs caractères géométriques ou par des termes qui, tirés de la géométrie, participent de son exactitude; 2° par leurs caractères pittoresques pour la définition desquels on emploie des métaphores nombreuses et arbitraires qui peignent, par la parole, les formes très-diversifiées de la nature et de l'art.

L'idée de la forme abstraite, d'abord exclusivement géométrique, contient aussi les points de vue particuliers : 1° de la forme matériale, substantielle et corporelle; 2° de la forme-enveloppe, idéale et configurative, qui embrasse les points les plus proéminents d'une forme matériale, organisée ou bien ouvrée.

La notion de la forme concrète, d'abord matérielle, contient aussi les points de vue particuliers de la forme organisée, de la forme ouvrée, enfin de la forme esthétique.

Le tableau suivant coordonne les différentes acceptions de la notion de la forme et indique, autant que la chose est possible par ce moyen, leur ordre de dépendance mutuelle.

———————————LA FORME ESTHÉTIQUE.———————————

Monumentale. — Plastique. — Pittoresque. — Décorative. — Ornementale.

LA FORME OUVRÉE.	LA FORME ORGANISÉE.
Assemblée.	(Morphologie des
Bâtie.	Animaux et des
Tissée.	Végétaux).
LA FORME MATÉRIALE.	LA FORME-ENVELOPPE.
Taillée.	Des formes ouvrées.
Modelée.	(Des formes organisées).
(Minéraux).	Des formes matériales.

———————————LA FORME ABSTRAITE.———————————

La forme abstraite est plus particulièrement géométrique, quand on la peut définir rigoureusement à l'aide des principes et de la méthode des sciences mathématiques.

20. Il faut distinguer ensuite la disposition abstraite ou le plan de construction, d'avec la disposition concrète ou esthétique.

La disposition abstraite relève de l'intellect proprement dit;

elle peut être l'objet d'une théorie scientifique parfaitement définie et positive. C'est cette théorie que nous avons tenté d'établir dans ces études.

La disposition esthétique relève du sentiment; elle est l'objet d'une appréciation souveraine qui dépend du tact de l'imagination et du sens artiste. C'est là que se révèle particulièrement le génie collectif des races et le génie particulier des individus.

La disposition esthétique est obtenue par l'appropriation et le balancement dans une unité confuse et harmonique des différentes particularités de forme, de grandeur, de relation, de proportion, d'échelle, etc., etc. On peut bien, à la rigueur, énumérer et classer ensuite, suivant leur importance relative, les données essentielles qui contribuent à l'unité harmonique des dispositions; mais il ne peut être permis d'en inférer qu'on les puisse réunir en un corps de doctrine, de l'application duquel découlerait, par une suite de combinaisons et de constructions purement logiques, l'invention des formes.

Ces données, ou ces principes, demeurent dans l'esprit et le nourrissent; mais il ne faut rien de moins, pour les mettre en œuvre, qu'une vocation spéciale où sont réunis et le sens artiste et la pratique assidue d'un art ou d'un métier.

Tant de choses resplendissent dans ce monde qui échappent à toute catégorie préconçue, qu'il serait pour le moins chimérique de prétendre que la logique impersonnelle et savante puisse suppléer jamais le génie libre et actif de l'artisan.

21. L'idée de l'ordre, essentiellement indépendante de l'idée de forme (en ce sens qu'elle est plus abstraite), a cependant avec celle-ci une connexion étroite. Cette relation est telle, le plus souvent, que l'idée de l'ordre et la notion de la forme sont inséparables et se présentent simultanément à l'esprit. C'est ce qui arrive pour toutes les formes géométriques solides ou planes, et plus généralement pour les dispositions coordonnées en surface et les dispositions figurées.

L'idée de l'ordre l'emporte de beaucoup et domine essentiellement dans tous les arrangements qui se rattachent à la répétition linéaire ou successive, c'est-à-dire dans les dispositions sériées.

22. « L'une des idées les plus générales, et peut-être la plus générale de toutes celles auxquelles l'esprit humain s'élève, est l'idée abstraite d'ordre. »

Cette idée se spécialise et reçoit des formes particulières plus déterminées en s'appliquant au temps ou à l'espace, ou en s'associant à d'autres idées plus abstraites ou plus éloignées des impressions sensibles, telles que les idées de *combinaison* et de *nombre*.

Après avoir considéré isolément des objets individuels, on est amené à concevoir que ces objets, suivant leur nature, se combinent ou se groupent deux à deux, trois à trois, etc., pour former certains systèmes ou objets complexes, qui peuvent se combiner à leur tour pour former d'autres groupes ou systèmes plus composés, et ainsi de suite.

23. Les combinaisons abstraites et indépendantes des idées d'ordre et de forme au sens esthétique sont des combinaisons absolues.

Mais si l'on associe à l'idée pure de combinaison, celles de certains rapports d'ordre ou de situation, on a les *combinaisons ordonnées* où l'on tient compte, non-seulement des éléments associés, mais de l'ordre dans lequel ils sont associés ou du rôle que joue chaque élément.

De plus, si les combinaisons ordonnées sont localisées dans l'espace, et corrélatives à des lignes ou à des surfaces, ou, plus généralement, à l'étendue figurée, ou aurait les *combinaisons figurées*.

Enfin, les mêmes éléments peuvent être répétés dans les combinaisons, comme les lettres dans les combinaisons alphabétiques, les chiffres dans les combinaisons numérales, les motifs dans les dispositions ornementales, etc., d'où l'idée de *répétition* corrélative à l'arrangement des divers éléments multipliés d'une combinaison.

La *permutation* est l'opération par laquelle on substitue un arrangement à un autre, les choses arrangées restant les mêmes.

Tels sont les fondements rationnels de la syntactique ou de la science de l'ordre et des combinaisons dont les développements, exclusivement logiques ou mathématiques, doivent rester étrangers à ce livre.

24. L'ordre est la forme dans la discontinuité.

La forme est l'ordre dans la continuité.

L'idée de l'ordre intervient pour la détermination architec- tonique, et à la suite des combinaisons ou des arrangements des objets distincts qui dérivent de la nature même des maté- riaux combinés. C'est le lien abstrait ou artificiel qui relie la discontinuité et détermine des groupes, ou des compositions architectoniques, par le rapprochement des matériaux premiers. Cette relation est plus ou moins essentielle ou homogène, accidentelle ou hétérogène, selon le degré d'indépendance, d'unité ou d'individualité de chacun des termes.

Les combinaisons déterminées ou exactes, c'est-à-dire logi- ques ou mathématiques, n'emportent pas nécessairement l'idée de beauté. Au contraire, ces combinaisons exactes, rendues souples et mouvantes par la présence et l'intervention expresse des causes esthétiques de variation, peuvent devenir la matière ou l'étoffe d'une disposition, d'une forme, d'un ornement. Car ce qui détermine cette disposition, cette forme, cet ornement, est la suite d'une délibération expresse ou personnelle, ou bien, au contraire, est un des résultats de cette sorte d'instinct supé- rieur aux individus qui conduit dans leur voie les races, les civilisations, les peuples et les corporations : toutes associations qui ont un principe de vie supérieur à la délibération humaine, capable seulement de vues méthodiques et de combinaisons réfléchies.

Cette idée supérieure de l'ordre, qui est la flamme secrète de l'humanité artiste, n'a point encore été formulée comme elle mérite de l'être. A côté donc des sciences logiques et mathématiques, nous proposons d'ajouter les sciences architectoniques, qui ne sont plus seulement des sciences positives et rationnelles, mais des sciences rationnelles et esthétiques.

Reprenant, à d'autres fins, une maîtresse indication proposée par un philosophe éminent, A. Cournot, nous inscrirons hardiment le tableau suivant :

L'ORDRE ET LA FORME.			
Ordre purement intelligible.		Ordre phénoménal.	
LOGIQUE.	SCIENCES MATHÉMATIQUES.		ARCHITECTONIQUE.
Matériaux d'institution. Signes de convention.		Matériaux d'intuition. Signes d'institution.	
Le langage.	L'algorithmie.	Le trait.	Le dessin.
. . . . . .	. . . . . .	. . . . . .	. . . . . .

Entre la métaphysique qui a pour objet les idées pures ou d'abstraite nature, et l'esthétique qui a pour objet les idées sensibles et d'humaine nature, s'intercalent les sciences fondamentales, la logique, les sciences mathématiques et l'architectonique. Le langage est l'instrument universel et général de ces sciences, il leur est donc commun à toutes. Mais le *langage,* considéré d'une manière générale et abstraite, dans ses rapports avec la nature de la pensée dont il est la principale et souvent l'unique expression, est l'instrument particulier de notre logique. Dans la partie des sciences mathématiques qui a pour objet la théorie des nombres et leur application à la théorie des grandeurs, l'instrument particulier est l'*algo-*

rithmie; dans la partie de ces sciences qui a pour objet les propriétés de l'étendue, l'instrument particulier est le *trait.* Enfin, dans les sciences architectoniques l'instrument particulier est le *dessin.*

En remontant en sens inverse la série de ces sciences, ou dans l'ordre de leur complexité décroissante, on remarquera, dans l'architectonique, l'emploi à des degrés divers de ces quatre instruments, le dessin, le trait, l'algorithmie et la logique. Dans les mathématiques, l'emploi des trois derniers, savoir : le trait, l'algorithmie et la logique pour la géométrie; et pour l'arithmétique, seulement l'algorithmie et la logique. Nous ne nous étendrons pas davantage sur les rapports multipliés que ces sciences ont entre elles, nous sortirions des bornes de ce livre, et d'ailleurs, l'architectonique à elle seule est si compliquée, tant d'idées différentes y interviennent, et dans des rapports si diversement nuancés, que c'est bien assez pour nous de tâcher d'en saisir quelques points ; le temps et les hommes feront le reste.

25. Une forme réelle est caractérisée dans son individualité par des nuances de forme immédiatement perçues. Si l'on distingue ces nuances pour les noter et les considérer comme autant d'unités distinctes, il va de soi que l'on peut combiner ou grouper systématiquement ces objets individuels pour remonter à la forme intégrale ou engendrer d'autres formes logiquement construites.

Si la codification de ces objets était scientifiquement réalisable, il s'ensuivrait que l'on pourrait avoir notés, une fois pour toutes, les matériaux parfaitement définis d'une théorie qui serait, comme toutes les théories scientifiques et positives, susceptible d'une perfection indéfinie. Tout ce qui relève de l'art y serait donc contenu explicitement ou implicitement, et l'on serait pourvu désormais d'un corps de doctrine systématique et régulier qui présiderait à l'art des formes. On substituerait ainsi une méthode uniforme et régulière de combinaisons et de déductions au pouvoir occulte d'invention qui nous a donné tant de créations variées et ingénieuses, fruits du génie particulier des artisans et du génie collectif des races.

Une telle substitution n'a point de sens, et répugne à une saine notion de l'art.

Si l'on se montre surpris de cette réflexion, c'est qu'on est encore infatué de ce positivisme envahissant et inébranlable qui s'offre inévitablement comme dernier refuge à tous les découragements d'opinions. D'autre part, et en ce qui nous concerne, cette réflexion, nous l'avouerons volontiers, détonne au milieu de ce livre tout grisonné d'algèbre. Si l'on juge, en effet, de ce livre par son premier aspect, il est incontestable que nous nous sommes efforcé d'y spécifier par une analyse incessante toutes les particularités de forme que l'on peut démêler dans les œuvres d'art. Mais si nous avons réussi et si ce livre contient réellement ce que nous avons voulu y mettre, il faut bien se garder d'en conclure que l'on sera par cela même en possession d'un corps de doctrine, d'un instrument nécessaire qui pourrait suppléer à tout effort d'invention, et tiendrait lieu de toute initiative imprévue et spontanée.

Il se peut que nous soyons désormais condamnés à vivre d'une vie systématique et régulière, à obéir aux lois inflexibles et étroites de la logique; mais alors et dans cette extrémité, il faut renoncer à tout ce qui fait l'homme grand et libre, à savoir le sentiment. La tendance visible de l'art est d'échapper à toute catégorie, à tout programme préconçus, parce qu'il ne peut pas y avoir de formule logique pour le définir, ni de méthode géométrique pour en approcher.

26. C'est où la logique et les mathématiques ont le moins de prise que se trouve justement le foyer du beau; mais comme, malgré tout, l'homme est ainsi fait qu'il a besoin d'objets discontinus, de matériaux premiers nettement distincts pour exprimer toutes choses, celles qu'il subit comme celles qu'il crée, il faut bien qu'en dehors de la logique et des mathéma-

tiques positives, il y ait une logique supérieure et une mathématique supérieure qui l'aident à prendre le dessus de toutes
les connaissances nécessaires et prosaïques qui enchaînent sa
liberté. Il faut bien qu'au sens de l'art, qui est un sens supérieur, une faculté maîtresse et irréductible, réponde, par une
juste réciprocité, un ensemble de connaissances nécessaires,
déterminées par les voies de la logique et de la science rationnelle et sur lesquelles il puisse s'appuyer pour donner forme et
réalité aux conceptions de son âme. L'ensemble de ces connaissances est l'architectonique.

L'architectonique a des rapports étroits avec les sciences
logiques et les sciences mathématiques, non des rapports de
dépendance, mais des rapports de solidarité. En d'autres termes,
les idées fondamentales qui font l'objet de la logique, des mathématiques et de l'architectonique, sont philisophiquement les
mêmes, mais revêtent une physionomie différente et gèrent des
matériaux essentiellement différents aussi, selon la fin et la
direction que l'homme impose à son activité.

Et de même qu'au-dessus de la logique aristotélicienne ou
des écoles plane une logique bien autrement féconde, la logique
supérieure ou la critique philosophique, de même au-dessus
de l'architectonique ouvrière ou de la logique des artisans,
plane une architectonique supérieure ou l'esthétique.

Nous renvoyons aux œuvres de notre maître, M. Cournot,
pour tout ce qui concerne les développements philosophiques
de la logique et des sciences; mais, en ce qui concerne l'architectonique, dont les développements arrivent à leur rang
dans la série de ces études, on trouvera bon que, pour ne pas
les devancer, nous prenions ici un exemple immédiatement
accessible et destiné à appuyer provisoirement les idées qui
précèdent. C'est la musique et les théories dont elle est l'occasion qui vont nous fournir cet exemple.

Les éléments premiers de la musique sont les sons. Les
sons considérés comme des grandeurs homogènes qui va

rient continûment du plus au moins sont des vibrations. Les vibrations, traduites en nombres, sont les matériaux mathématiques d'une branche importante de la physique, l'acoustique. La logique pure et les sciences mathématiques interviennent seules dans la construction de cette science.

Au contraire, les sons avec toutes les particularités esthétiques qui les accompagnent, sont les matériaux de la musique proprement dite ou de l'art musical. Ces matériaux premiers et irréductibles, sont les matériaux architectoniques de l'œuvre musicale. Il ne s'agit plus ici de grandeurs continues et homogènes, mais, au contraire, d'éléments complexes, isolés, distincts, sans autre lien qui les rapproche que celui d'humaine nature qui les fait entrer harmoniquement dans l'œuvre d'art.

Il est bien vrai que l'acoustique étant à la fois une science expérimentale et une science mathématique, intervient encore dans l'œuvre musicale et tend à se l'approprier pour l'expliquer. Mais autre chose est d'expliquer, autre chose est de construire, et toutes les explications mathématiques, physiques et physiologiques n'atteignent en aucune façon le fond des choses qui ne leur appartient pas. Que, pour le philosophe, la la logique, les mathématiques et l'architectonique soient trois sciences également importantes et qui se soutiennent l'une l'autre, cela n'a rien que de naturel, puisque toute la sagesse du philosophe consiste à tenir compte de toutes les expériences, de tous les procédés de l'esprit humain. Mais, pour l'artiste qui n'a que des expériences personnelles, l'architectonique seulement est importante et nécessaire. C'est là qu'il trouve les préceptes, les indications, les prescriptions qui le guident, le cadre enfin qu'il remplit de ses inspirations personnelles et inattendues.

27. Toutes les particularités qui distinguent si expressément l'œuvre d'art peuvent se ranger sous les quatre catégories suivantes : *l'Ordre — la Forme — le Relief — la Couleur.*

L'idée de l'ordre et la notion de la forme sont suffisamment

élucidées par ce qui précède, et d'ailleurs elles seront reprises
plus loin, alors qu'il s'agira de les signaler dans les dispositions
ornementales ou figurées, et dans les formes réelles, mobilières
ou monumentales.

28. L'idée de l'ordre et la notion de la forme une fois bien
comprises par des exemples frappants et consolidées à l'aide des
signes, des notations ou des figures, demeurent en l'esprit, et
l'on peut se demander alors comment et de quelle manière
elles interviennent quand on passe aux autres catégories qui
spécifient l'œuvre d'art; c'est à savoir le relief et la couleur
qui sont la réalité extérieure dans l'œuvre d'art.

L'idée de relief est corrélative à l'idée de la forme, mais
l'idée de l'ordre y est directement étrangère (tout au plus deux
particularités du modelé, le relief et le creux, peuvent-elles
être soumises à la considération de l'ordre : une forme modelée
en creux alternant avec une forme modelée en saillie). Toutes
les particularités de forme et de modelé se tiennent et se commandent les uns les autres sans avoir un lien abstrait et indépendant qui serait celui de l'ordre. L'idée qui intervient ici
est l'idée de grandeur ou de quantité au sens esthétique
avec toutes les idées connexes de proportion, d'échelle, de
mesure, etc.

L'œuvre d'art comporte l'idée de proportion relative entre
les saillies et les reliefs différents d'une même forme. On ne peut
plus considérer les différentes particularités de relief ou de
modelé comme autant d'unités, autant d'éléments distincts susceptibles d'être groupés ou combinés systématiquement comme
cela a lieu pour les formes distinctes et les couleurs. Aussi le
pouvoir de modeler ou de sculpter, corrélatif à la faculté de
concevoir ou d'imaginer dans l'espace, est-il une faculté géniale
plus particulièrement propre à certaines races privilégiées à
l'exclusion des autres. Ç'a été la grande faculté des Grecs, tandis que les races sémitiques particulièrement, semblent, ensuite
d'une infirmité native, rebelles à toute conception de cet ordre.

29. La sensation de couleur est purement affective; elle n'a en elle-même aucune vertu représentative. La sensation distingue des couleurs différentes et spécifiquement dénommées, selon que la sensation est distincte et spécifiquement qualifiée. Les dénominations précises et en petit nombre servent de jalons, de points de repère ou de comparaison, sont le mot radical à chacun desquels on adapte des désinences, un mode de flexion, de position ou de syntaxe, au moyen de quoi on arrive à exprimer, par le langage, toutes les variétés possibles de colorations.

Lorsqu'on envisage les couleurs *à priori,* c'est-à-dire dans les colorations naturelles des êtres de la création, ou dans les phénomènes optiques des physiciens, on fait de la science, et toute la théorie scientifique construite à l'aide de ces matériaux repose sur le spectre solaire qui seul fournit une image toujours identique à elle-même. Tout autre choix de types constitue une palette dont les éléments sont choisis et rapprochés d'une manière arbitraire, puisqu'il n'existe entre eux d'autre lien qui les unisse que le cadre d'invention humaine qui les assemble ou qui les réunit.

Outre cette propriété de forme que possède le spectre solaire d'être reproduit d'une manière toujours identique, les théories physiques qui l'expliquent y introduisent la mesure par le nombre des vibrations particulier à chacune des couleurs, et par l'indice de réfraction que l'on peut toujours mesurer et calculer.

Mais tout cet échafaudage de science, si solide et si incontestable qu'il paraisse, n'explique en aucune façon comment l'accident de la couleur est lié à la rapidité des vibrations de l'éther; nous n'avons nulle idée des rapports qu'il peut y avoir entre la nature spécifique de chaque rayon de lumière, et la sensation spéciale de couleur dont il est la cause déterminante et provocatrice. Le spectre solaire, qui est quelque chose en son lieu, ne sert plus de rien dans les arts; car ici, ce qui importe, ce sont les couleurs elles-mêmes, c'est-à-dire les matières colorantes ou colorées, substantielles et tangibles, et non des images fugitives purement phénoménales qui ne sont, à bien prendre, que de simples apparences.

Il faut accepter les couleurs telles qu'elles se présentent dans leur réalité substantielle et tangible, avec tout leur cortége de particularités phénoménales et sensibles, et les mettre en œuvre le plus naturellement du monde, sans qu'il faille se croire obligé de les soumettre, au préalable, à une analyse prétendue scientifique et qui n'a rien à voir ici.

Il est urgent de ramener la question des couleurs sur ce terrain, celui de l'architectonique, qui semble être d'une pratique étroite et qui est, en réalité, d'une théorie plus large et plus élevée.

La théorie des couleurs, ainsi ramenée à la stricte réalité, se lie immédiatement à la notion de la forme. L'étendue du champ coloré et la forme des délinéations séparatives assignent une détermination précise aux sensations du contraste et de l'harmonie des couleurs qui, autrement, dépendraient d'une théorie physique ou physiologique sans doute fort intéressante, mais détournée et toujours trop abstraite et ardue pour servir en rien la cause de la réalité.

Non-seulement la notion de la forme est inséparable de toute coloration décorative, mais encore les qualités substantielles et matérielles de la chose colorée ou colorante. Les conséquences remarquables de cette sorte de retour à un *matérialisme* nécessaire feront l'objet d'études ultérieures.

3ο. La notion de la couleur se lie à la notion de la forme, qui se lie à l'idée de l'ordre. Mais directement aussi, et si l'on considère une palette déterminée, on peut soumettre les éléments distincts qui la constituent aux considérations abstraites de l'ordre : un nombre déterminé de couleurs donne lieu aux variétés diverses des combinaisons deux à deux, trois à trois, et aux combinaisons ordonnées ou figurées, tout comme d'autres éléments plus abstraits ou plus dépouillés de toutes impressions sensorielles.

La considération du relief ou de la couleur n'introduit rien quant aux particularités de l'ordre ou de la forme. Au contraire, les notions de l'ordre et de la forme réagissent sur les considérations du relief et de la couleur, et y introduisent la détermination, la spécification.

Les particularités de la couleur sont soumises et subordonnées aux considérations de l'ordre et de la forme. Les particularités du relief sont soumises et subordonnées à la considération de la forme.

CHAPITRE III.

L'ART MONUMENTAL. — L'ART DÉCORATIF.
L'ORNEMENT.

31. L'ornement est constitué par un ensemble de conditions que l'on peut résumer sous les quatre chefs suivants : I. *L'ordre;* — II. *La forme;* — III. *Le relief;* — IV. *La couleur.*

Le relief et la couleur sont l'étoffe de la décoration qui devient ornementation, lorsque les reliefs et les couleurs sont contenus et délimités par des formes, lesquelles, à leur tour, sont contenues et distribuées suivant des dispositions qui relèvent de l'idée de l'ordre.

L'idée de l'ordre se spécialise dans l'ornementation et devient la *disposition.*

L'idée de la forme se spécialise dans l'ornementation et devient le *motif.*

34. L'art décoratif est constitué par un ensemble de conditions que l'on peut résumer sous les trois chefs suivants : I. *La forme;* — II. *Le relief;* — III. *La couleur.*

Les fondements essentiels de l'art décoratif sont le relief et la couleur qui priment la forme.

L'art décoratif est une extension de la décoration proprement dite, qui d'abord cantonnée dans le domaine des formes ouvrées, a pris un développement particulier et extensif par-

3

tout où l'art architectural a grandi et s'est étendu. Un ornement est plus particulièrement décoratif lorsque la couleur et le
relief sont moins contenus par la forme, et la dépassent dans
leur épanouissement luxuriant.

Les formes ouvrées dépendantes de l'art décoratif sont les
formes suivantes : *les formes modelées et taillées; les formes
assemblées; les formes tissées.*

35. L'art monumental est constitué par un ensemble de conditions que l'on peut résumer sous les deux chefs suivants :
I. *L'ordre;* — II. *La forme.*

L'art monumental a pour fond ou pour étoffe, ou, si l'on
veut, est une extension et une détermination plus haute des
formes ouvrées suivantes : *les formes modelées et taillées; les
formes superposées ou bâties.*

Entres toutes les formes ouvrées, seules les formes modelées
et taillées peuvent devenir des formes monumentales.

Entre tous les modes de décoration, seules la décoration
modelée et la décoration enluminée peuvent devenir une décoration monumentale.

L'idée de l'ordre se spécialise, grandit dans l'art monumental, et devient *l'ordonnance*. Cette idée supérieure de
l'ordre répond à la faculté géniale de concevoir ou d'imaginer
d'emblée dans l'espace. C'est cette faculté, bien autrement
puissante et relevée que la méthode logique, qui permet aux
individualités et aux races supérieures de dégager, du milieu
des rapports infiniment multipliés qui existent entre la nature
et l'homme, les grandes lignes, les ensembles synthétiques, les
compositions d'harmonie profonde et simple.

Le sens monumental est, dans le monde des arts, l'exact
équivalent du sens philosophique dans le monde intellectuel.
Ce sont, et au même titre, deux facultés éminemment transcendantes. Il ne faut point s'étonner dès lors de la grandeur et de
la rareté des productions dues à ces deux pouvoirs magnifiques.

DEUXIÈME PARTIE.

DÉFINITIONS ET MATÉRIAUX ANALYTIQUES.

Cette partie sera divisée en trois sections, la première relative aux idées fondamentales, la deuxième relative aux matériaux proprement dits, la troisième, enfin, dans laquelle on examine les notions de la régularité et de la symétrie.

SECTION PREMIÈRE.

LES NOTIONS FONDAMENTALES.

CHAPITRE I.

LE NOMBRE.

36. Le nombre est ainsi nommé parce qu'il ne peut être que de plusieurs. (Le nombre ne peut être qu'entre des parties qui sont plusieurs, et qui ont entre elles quelque rapport sensible d'égalité ou d'inégalité, de conformité ou de différence.) On distingue deux acceptions fondamentales du mot nombre :

1º Le *nombre concret*, qui se lie aux choses.

2º Le *nombre abstrait* ou purement logique. C'est une col-

lection ou un groupe d'unités décomposable en d'autres groupes, ou susceptible d'être formé de diverses manières par la
réunion d'autres groupes. Tel est le fondement de la théorie
des nombres, qui est une partie importante du système général
des mathématiques.

37. En outre des théories qui touchent à l'essence même du
nombre, il faut considérer trois applications importantes de
l'idée de nombre :

1º L'emploi du nombre pour désigner les quotités ou les
collections d'objets ; d'où les nombres cardinaux ;

2º L'emploi du nombre pour indiquer l'ordre et le fixer ;
d'où les nombres ordinaux et l'idée essentielle du rhythme ;

3º L'emploi du nombre pour mesurer les grandeurs continues ; d'où les idées de quantité et de mesure.

L'idée de nombre, dans sa pureté abstraite, conduit logiquement à l'emploi nécessaire de signes d'abord numériques,
puis conventionnels et hiéroglyphiques : tels sont les chiffres,
les lettres de l'alphabet et les signes proprement dits, signes
d'opérations ou de relations. Mais, antécédemment à cette initiation spéciale, destinée seulement à guider les études mathématiques, il faut concevoir que l'idée de nombre, maintenue
dans un certain vague, intervient d'une manière occulte dans
la contemplation purement esthétique des choses. C'est une
idée que l'esprit entrevoit sous les mots d'unité, de pluralité,
de multitude, de simplicité, de variété, de complexité, de proportion, de rhythme, etc., etc. Ici, la détermination scientifique
et rigoureuse n'est plus de mise ; et si les anciennes spéculations
sur les nombres, qui ont tant occupé les philosophes de l'école
pythagoricienne, ont encore laissé parmi nous des traces sensibles, il n'en faut accuser que l'irrésolution des esprits, qui,
incertains de leur vocation, craignent de prendre un parti au
milieu du fatras d'érudition qui déborde la pensée des modernes
Européens. Toutes les subtilités numériques que les cerveaux
asiatiques et allemands poursuivent avec un si grand sérieux,

les allusions mystiques, les rapports mystérieux et talismaniques ont pour support sensible de vagues aperceptions qui appartiennent à la pensée purement contemplative et ascétique. A ce titre, elles intéressent donc le philosophe curieux des manifestations diverses du génie de l'homme ; mais prétendre qu'il y ait dans ces profondeurs d'une métaphysique abstruse ou mystique quoi que ce soit de sain et de fortifiant, c'est se méprendre étrangement. Il faut laisser aux signes mêmes de la pensée ou aux mots tout le vague et l'indétermination qu'ils comportent, car c'est par ce vague et cette indétermination mêmes qu'ils sont expressifs, la pensée suppléant de reste l'insuffisance des signes, qui ne sont qu'accessoires et de création purement artificielle.

38. Les nombres une fois reconnus, l'idée de les comparer se présente d'elle-même ; des objets reliés entre eux et coexistant sous des nombres différents donnent lieu à des relations de nombres. Au point de vue arithmétique ou, plus généralement, mathématique, ces relations sont déterminées et prennent le nom de rapport : tels sont, par exemple, les nombres fractionnaires. Mais, au point de vue purement esthétique, où la relation subsiste conjointement avec les nombres ou les groupes particuliers, ont distingue, en gros, trois sortes de relations : les relations multiples, les relations déterminées, les relations indéterminées. Cette idée vague de relation numérique est afférente à la notion concrète de disposition ; c'est elle qui caractérise les rhythmes dans les dispositions ornementales, la composition dans les ornements ou les formes, et enfin l'ordonnance dans l'art monumental. Dans les relations multiples, le nombre d'une série est, par exemple, double de l'autre, ou trois fois, quatre fois... etc., plus grand. Dans les relations déterminées, les nombres sont fixes et déterminés, mais non entre eux dans un rapport simple et directement perceptible. Dans les relations indéterminées, enfin, les nombres particuliers eux-mêmes sont incertains et souvent insaisissables ; et

c'est une vague eurhythmie qui préside à la coexistence et à l'équilibre des nombres particuliers.

L'idée de l'ordre réunie à l'idée de quotité, ou les deux premières applications de l'idée de nombre, coexistant ensemble et dans une unité confuse, déterminent la notion esthétique du rhythme, qui a des interprétations remarquables dans l'art musical, dans l'art poétique et, comme nous le montrerons, dans l'art ornemental. Après le rhythme, qui est le plus souvent spécial, déterminé et frappant, vient l'eurhythmie ou l'accord, non plus nécessairement accusé et définissable, mais purement esthétique, qui règle la coexistence des parties diverses, ordonnées ou inordonnées, et les fait se confondre dans une unité supérieure. C'est l'eurhythmie qui règle l'ordonnance d'un édifice ou d'un poëme, et qui assortit à ses fins les rhythmes particuliers et les parties constitutives de l'œuvre.

CHAPITRE II.

LA GRANDEUR. — LA QUANTITÉ.

39. Au point de vue mathématique, l'idée de grandeur continue est l'idée d'un tout homogène susceptible d'être divisé au moins par la pensée en tel nombre qu'on voudra de parties similaires ou identiques; ce nombre pouvant croître de plus en plus sans que rien en limite l'accroissement indéfini. A la notion de grandeur se rattache immédiatement celle de mesure, ou, tout au moins, d'évaluation. Une grandeur est censée connue ou déterminée lorsqu'on a assigné le nombre de fois qu'elle contient une certaine grandeur de même espèce prise pour terme de comparaison ou pour unité; cette grandeur, ainsi exprimée en nombre, prend le nom de quantité. Plus généralement, une grandeur est évaluée ou appréciée par une comparaison instinctive et esthétique avec les dimensions de l'étendue rapportées à l'échelle de l'homme.

Il faut entendre plus particulièrement par grandeur la continuité et la détermination des formes ou des dimensions de l'étendue. La grandeur est donc une espèce très-particulière de qualité. En architectonique, il ne s'agit plus de déterminer la quantité mathématique d'étendue, mais bien la quantité esthétique, et, pour cela, on rapporte l'étendue des figures et des formes à une unité variable et mobile qui se compose harmoniquement avec l'échelle spécifique conforme à la nature des

objets et avec l'échelle anthropologique conforme à la nature de
l'homme. D'après cela, on est amené à distinguer deux acceptions fondamentales du mot grandeur : la grandeur mathématique et la grandeur architectonique. Au moral, le mot grandeur comporte une troisième acception qui, esthétiquement, se
lie à la grandeur architectonique, comme celle-ci se lie géométriquement à la grandeur mathématique.

40. A ces trois acceptions du mot grandeur, correspondent
trois acceptions corrélatives du mot quantité : la quantité mathématique, la quantité architectonique et la quantité esthétique
ou la qualité. Au point de vue mathématique, la grandeur
continue comporte une expression numérique exacte ou appro-
chée autant que l'on veut. L'unité étant harmonique à la grandeur et de même nature qu'elle, passe par les mêmes variations
continues, et, par conséquent, s'y adapte toujours. Cette application des nombres à la mesure des grandeurs au moyen d'une
grandeur de même espèce choisie arbitrairement comme unité
de mesure, détermine la quantité mathématique. Ces idées de
grandeur, de mesure, d'unité et de quantité constituent les fondements de la science des grandeurs, qui est une partie importante du système général des mathématiques.

Au point de vue architectonique, toute quantité ou qualité
n'a d'abord d'autre mesure qu'elle-même; elle est unité parce
qu'elle produit en nous une impression unique. Il faut s'être
d'abord formé des unités particulières pour les retrouver dans
les sensations confuses et d'aventure que l'on reçoit du spectacle de la nature et de l'art. Toute unité servant de mesure
est nécessairement arbitraire; tout ce qui fait sensation est l'unité
de la nature ou du sentiment, car où serait le rapport préétabli
de chaque organe avec cette unité élémentaire? Si, au point de
vue scientifique, c'est-à-dire logique et mathématique (et attendu
que toute science positive est essentiellement progressive de sa
nature et que l'induction y anticipe l'avenir ou les progrès
futurs), il est loisible de concevoir que toute variation quali-

tative a son fondement dans la continuité inhérente à toute variation quantitative, il ne peut en être de même au point de vue rationnel, c'est-à-dire esthétique et architectonique, où la variation qualitative a sa mesure, ondoyante et mobile, dans telle détermination qualitative naturelle ou artificielle que lui assigne le sentiment, c'est-à-dire le génie libre et volontaire de l'homme. Et cette nécessité humaine est si différente de la nécessité logique, que partout où la qualité varie avec continuité, et, après qu'on a déterminé une échelle à l'aide d'unités particulières, échelle disjointe et à termes nettement distincts, quand on vient à combiner ces éléments ou termes radicaux, la nécessité du tempérament, de la tolérance harmonique, des liaisons et des transitions, etc., s'impose nécessairement.

L'échelle de mensuration une fois adoptée, on en retrouve les unités dans la *grandeur*, et alors le *nombre* remplace l'*étendue*. Il en est de même en musique, à l'égard des sons successifs ou simultanés, l'on n'en évalue les différences qu'après avoir préalablement établi les rapports qui doivent les mesurer; mais aussi tous les intermédiaires s'évanouissent et l'oreille n'a plus conscience que des sons élémentaires qu'elle a choisis pour unités.

41. La quantité mathématique est donc absolument déterminée et fixe, et les nombres la traduisent par une méthode régulière et uniforme. La quantité architectonique (c'est-à-dire les grandeurs esthétiques, la quantité prosodique, les sons, les couleurs, etc.,) est au contraire l'objet de déterminations particulières qui varient avec l'espèce de la qualité, et avec le génie particulier des races ou des peuples. Il ne peut être question ici d'une unité de mesure, d'un étalon qui serait fixé une fois pour toutes, ou de procédés uniformes et méthodiques de mensuration; on y emploie, au contraire, des artifices, des conventions ou des institutions qui ne sont pas des moins remarquables entre toutes les manifestations si diverses du génie de l'homme. Pour les sons, par exemple, qui, trop fugi-

tifs pour pouvoir être comparés entre eux, seraient directement indiscernables, on les règle sur les dimensions des corps
sonores, c'est-à-dire sur des rapports d'étendue où l'unité reste
toujours arbitraire : la syringe et la lyre s'adaptent aisément
à cette première détermination. Puis interviennent les gammes
ou les séries de sons qui sont différentes chez les peuples musi-
ciens, si différentes et si particulières à chacun d'eux que l'on
ne peut imaginer leur réduction à une échelle unique et qui
les contiendrait toutes. L'institution ou la convention des
gammes, les combinaisons de leurs notes, les premiers instruments qui les révèlent sont autant d'inventions qui introduisent
dans la continuité indéfiniment-nuancée de tout ce qui chante
dans la nature, des accents, des coupures, des points de repère,
à l'aide desquels on peut entendre distinctement, et, si l'on
est doué, composer ces œuvres maîtresses ou ces mélodies
naïves et originales, qui tant nous ravissent et nous en-
chantent.

Dans la chromatique, une adaptation instinctive des matières
colorantes, toujours en petit nombre, au génie décoratif ou à
la capacité de sensibilité qui caractérise les différentes races ;
les combinaisons ou les rapprochements de ces éléments premiers qui, pour chacun des peuples et pour les divers modes
techniques de décoration constituent autant de palettes ou
d'échelles chromatiques, tels sont les fondements architectoniques de l'art décoratif. Si l'on néglige cette première détermination essentielle pour aller demander aux fleurs, aux
insectes ou aux coquillages de nous enseigner la chromatique,
c'est comme si l'on demandait au rossignol de nous apprendre
la musique. Et, d'autre part, quand, à l'instigation des physiciens qui mesurent le spectacle des couleurs à l'aune de leur
prisme, on attend de la chimie industrielle qu'elle nous fournisse des couleurs d'une pureté optique absolue et qu'elle
comble les intervalles nécessaires de la palette par l'intercalation de nuances nombreuses, on ne fait rien de moins que de

subordonner l'artiste fier et libre au garçon de laboratoire, dont l'esprit besoigneux et stérile tend à rapetisser tout ce qui l'entoure. Ni la nature, ni l'industrie qui en est l'imitation logique, n'ont pu régler ces premières conventions, ces premiers éléments radicaux qui, combinés entre eux, ont déterminés les premières compositions artificielles, inattendues et extraordinaires parce qu'elles sont tout entières de la main des hommes.

CHAPITRE III.

L'ÉTENDUE. — LES COORDONNÉES.

42. Les géomètres distinguent deux sortes de quantités :
l'une permanente, dont toutes les parties existent ensemble,
on la nomme *étendue ;* l'autre successive, dont les parties
existent l'une après l'autre, on la nomme *durée*.

Tout ce qui se rapporte à l'étendue est l'objet de l'intuition
immédiate, et les notions qui en résultent participent de la
permanence qui lui est essentielle. Tout ce qui se rapporte à
la durée, au contraire, est l'objet de perceptions dont l'intensité
est variable et le déclin plus ou moins éloigné. Ce n'est que
par un retour successif et indéfiniment prolongé que les notions
qui en peuvent résulter demeurent et se gravent en l'esprit.
C'est ce qui arrive pour la musique, la chromatique, la prosodie, pour tous les arts en général où les perceptions étant nom
breuses, fugitives et infiniment multipliées, il est essentiel que
les éléments en soient rigoureusement déterminés et fixés par
l'habitude, c'est-à-dire par le retour incessant des mêmes
impressions. Ces éléments et les principes de leur coordination
étant fortement gravés dans l'esprit, on peut dorénavant les
reconnaître au dehors, les façonner instinctivement, et, finalement, créer les œuvres d'art.

Les deux notions de l'étendue et de la durée conduisent aux
idées d'espace et de temps dont les formes régissent tout ce

qui se passe dans la sphère des choses phénoménales et sensibles. Ces deux notions de l'étendue et de la durée impliquent nécessairement l'idée de continuité qui nous est suggérée par la contemplation des formes de l'étendue et des mouvements dans l'espace. Cette idée de continuité, qui est inhérente aux choses mêmes, conduit par une nécessité logique à l'institution des sciences mathématiques et par une nécessité esthétique à l'institution des sciences architectoniques. Les unes construites sur l'idée d'une discontinuité homogène, les autres construites sur l'idée d'une discontinuité harmonique.

43. L'espace a trois dimensions, le temps n'en a qu'une. Tout ce qui participe de l'étendue a donc trois dimensions qui se composent entre elles en quantités variables; tout ce qui participe de la durée n'a plus qu'une dimension. Suivant le rapport des trois dimensions, on est conduit aux trois déterminations fondamentales de la quantité, de la grandeur et de l'étendue : la quantité linéaire, la quantité superficielle, la quantité corporelle.

On a l'intuition immédiate de ces trois espèces d'étendue, mais au point de vue de la grandeur absolue, on énonce le fait en disant que les lignes ont une dimension, le plan et les surfaces deux dimensions, l'espace trois dimensions, et au point de vue de la situation et de l'ordre en disant qu'il faut une grandeur pour déterminer la position d'un point sur une ligne, deux grandeurs pour déterminer la position d'un point sur une surface, enfin trois grandeurs pour déterminer la position d'un point dans l'espace. Ces grandeurs sont alors ce que les géomètres appellent les coordonnées du point, coordonnées essentiellement uniformes et de nature abstraite.

44. L'idée de la discontinuité homogène ou mathématique conduit à concevoir que l'étendue linéaire et les lignes se composent avec l'élément linéaire, que l'étendue superficielle et les surfaces se composent avec l'élément superficiel, enfin que l'étendue corporelle et l'espace se composent avec l'élément

solide ; ce qui conduit à l'idée de la mesure ou de la détermination quantitative par la sommation des éléments infiniment petits, respectivement adéquats à la nature des grandeurs. C'est l'objet propre d'une théorie fort importante, le calcul infinitésimal. Cette conception de l'infiniment petit, tout à fait rationnelle et adaptée à la nature des choses, est pourtant une conception exclusivement mathématique.

L'idée de la discontinuité architectonique conduit à concevoir que les éléments linéaires, superficiels et corporels, qui composent les différentes espèces d'étendue, ne sont plus des infiniment petits au sens mathématique, puisqu'ils ont une étendue sensible, et qu'on doit toujours pouvoir les démêler expressément, malgré qu'ils puissent devenir très-petits par comparaison. Ainsi, dans les délinéations linéaires, la largeur du trait est infiniment réduite, et l'on n'a conscience que du cours linéaire de la ligne ou de l'étendue linéaire : pourtant cette largeur doit toujours rester sensible, non-seulement cette largeur ou la seconde dimension, mais encore la troisième dimension, c'est-à-dire l'ombre d'un relief, sous une épaisseur infiniment petite dans les traits couchés au pinceau et même sous un relief tout à fait réel et matériel dans la broderie ou d'autres modes de décoration.

Ce sont ces éléments qui introduisent des accents vifs et précieux dans l'œuvre d'art, et rompent à tout instant cette monotonie désespérante, que tentent de lui imposer les spéculatifs un peu creux que la distinction énerve et raffine et que leur irritation maladive conduit à s'imposer critiques d'art. Tous ces délicats, de connivence avec la lourde industrie européenne, imposent leurs exigences au monde artiste et primesautier, et sous prétexte d'atteindre à la perfection absolue, pratiquent volontiers ce que les naturalistes anglais appellent la sélection, et ce que des philosophes non moins anglais appellent la méthode exhaustive, qui, procédant par voie d'exclusion successive, conduit où vont tous les modernes Européens, à l'énervement et à la langueur, et finalement au néant.

Les formes réelles et corporelles existent dans l'étendue et n'ont d'importance esthétique que moyennant les conditions inéluctables d'une coordination harmonique conforme aux coordonnées spécifiques, ou essentielles à la nature idéale de la forme, et conforme aux coordonnées esthétiques de l'étendue, ou essentielles à la nature de l'homme. Ces coordonnées esthétiques sont l'horizontale, ou l'ordre de front corrélatif à la droite et à la gauche de l'homme ; la verticale ou l'ordre d'élévation corrélatif à la station verticale de l'homme ; enfin la sagittale, ou l'ordre de prolongation corrélatif à la marche en avant de l'homme. Ces trois coordonnées suivent leur plein et entier effet et gèrent essentiellement l'ordonnance monumentale dans l'architecture. L'horizontale et la verticale gèrent essentiellement l'ordonnance ornementale, qui se répand à la surface des formes mobilières et monumentales. Toutes les directions, orientations ou positions obliques sont composées avec les coordonnées fondamentales et les impliquent nécessairement, bien loin d'être absolues comme elles.

CHAPITRE IV.

LA MESURE. — L'ÉCHELLE.

45. L'idée de l'ordre, conjointe à l'idée de quotité, est ce qui détermine le rhythme; l'idée de l'ordre, conjointe à l'idée de quantité, est ce qui détermine la proportion. Dans le premier cas, la discontinuité est réelle, et ce sont des éléments distincts que l'on coordonne; dans le second cas, c'est la continuité qui est réelle, et la coordination des parties nécessaires ne fait qu'une unité, qu'un tout continu. Ces deux idées de la quotité et de la quantité sont tantôt nettement distinctes, tantôt intimement associées et se confondant l'une l'autre; c'est ainsi, pour prendre un exemple vulgaire, qu'on mesure un tas de blé au lieu d'en compter les grains : on substitue ainsi une grandeur continue à une quantité discontinue ou à une quotité. C'est cette assimilation instinctive entre deux notions logiquement distinctes, qui est le fondement des idées de mesure dans la musique, la poésie, l'ornement.

La mesure, en général, suppose une base d'appréciation, une unité comparative, qui est l'unité de mesure. Le rapport avec cette unité de mesure est la quantité. Le rapport des nombres est le rhythme, le rapport des grandeurs est la mesure. En prosodie, par exemple, on remarque qu'une syllabe dont le son s'élève gagne en accent, une syllabe dont le son s'allonge gagne en quantité; le discours étant essentiellement linéaire, la quantité sera essentiellement linéaire, l'unité de mesure est la syllabe brève, que l'on évalue pour un temps. Les mots de plus d'une syllabe ont au moins une mesure de deux temps, et les phrases de plusieurs polysyllabes font au moins une grande mesure composée de plusieurs petites. Pour concilier le chant avec les paroles, il fallut nécessairement établir une mesure commune à tous deux, ce fut l'unité de temps, et les temps furent marqués par les syllabes; mais on ne tenait pas compte ainsi de la valeur relative des syllabes, qui sont longues ou brèves, plus ou moins longues ou plus ou moins brèves. Pour parer à cet inconvénient, on imagina des mesures fixes, auxquelles on rapportait tous les mots du discours. L'unité de mesure étant la syllabe brève, la mesure à deux temps fut remplie par deux syllabes brèves; la mesure à trois temps fut remplie par trois brèves, ou par une longue et une brève; la mesure à quatre temps fut remplie par quatre brèves, ou par deux longues, ou par une longue et deux brèves; et dès lors les mesures furent appelées pieds ou mètres, parce qu'on y eut égard au nombre et à la durée de chacune des syllabes qui remplissaient les temps.

C'est artifice de la mesure a son équivalent dans les rangées ornementales; seulement ici la quantité n'est plus exclusivement linéaire, elle embrasse les deux dimensions de l'étendue superficielle et même les trois dimensions de l'espace. Nous avons reconnu (section troisième, page 88) trois dominantes essentielles pour les à-plats, savoir : la prolongation linéaire, la déclination angulaire, et l'extension circulaire, et une unité de mesure, le cercle. Un motif dont l'à-plat se prolonge en déclinant gagne en accent, un motif dont l'à-plat s'étend gagne en quantité; mais ici il faut distinguer la quantité prosodique et la quantité de grandeur : un motif qui s'allonge gagne nécessairement en grandeur ou en quantité d'à-plat; mais comme d'autre part il gagne en accent, il peut être à la fois prolongé et bref. Pour fixer ces rapports si compliqués, il faut imaginer

trois mesures fixes ; et en général un motif quelconque est rond
quand sa dominante est circulaire, long quand sa dominante
est linéaire, oblong quand sa dominante est ovalaire. Le motif
long étant le plus naturellement vertical sera bref, le motif rond
étant indifférent équivaudra à deux brèves, le motif oblong étant
le plus naturellement horizontal équivaudra à deux motifs
ronds. Si le motif oblong était vertical, c'est-à-dire qu'il eût
un grand diamètre vertical, il équivaudrait à une ou deux
brèves ; si le motif long était horizontal, il équivaudrait au
moins à deux motifs ronds. C'est ce qui devient sensible dans
les rangées de perles et dans les rangées d'oves de l'ornementation grecque. Dans la quantité prosodique, il faut donc tenir
compte de la *nature* même des motifs, qui en général ont pour
forme-enveloppe, un cercle, une ove ou une ovale, et de la *position* ou de l'orientation du motif, rapportée aux coordonnées
fondamentales, la verticale et l'horizontale. Puis, il faut tenir
compte aussi de la grandeur réelle ou de l'échelle, qui modifie
l'accentuation des formes.

46. Cette notion de l'échelle, qui se rapporte à la mesure
esthétique de la grandeur, est l'idée d'une étendue variable
comprise entre des limites en dessus et en dessous, variables
aussi en raison composée avec la nature spécifique des objets
et avec la destination architectonique que l'homme assigne
à ces objets. Il faut distinguer trois échelles fondamentales :
l'échelle mobilière, l'échelle monumentale et l'échelle ornementale.

L'échelle mobilière est l'échelle normale qui s'étend en dessus
et en dessous de la taille de l'homme.

L'échelle monumentale dépasse de beaucoup la taille de
l'homme : elle s'adapte à toutes les exigences de la locomo-
tion, de la circulation et de la présence des foules.

L'échelle ornementale est plus petite que la taille de l'homme,
qui peut se rapprocher de l'objet soit en s'y portant, soit, au
contraire, en approchant l'objet de sa vue ou de son toucher.

A l'encontre des mesures proprement dites, ces échelles sont vagues et indécises, et c'est affaire de détermination esthétique d'en fixer l'usage et l'adaptation à nos œuvres. Subordonner les œuvres au mètre ou à la toise, ou bien encore à la dimension des matériaux premiers, c'est affaire de métier; et il ne faut point prendre le change, ces nécessités logiques ne sont nullement la mesure de cette ambition souveraine qui fait dépasser à l'homme sa fin actuelle et les plus strictes exigences de la nécessité. C'est à quoi ne prennent pas garde les prétendus rationalistes de l'école néo-gothique qui, tout infatués d'une petite logique sèche et impertinente, ont des explications préconçues pour toutes choses, des justifications anticipées pour toutes leurs entreprises lourdes et grossières.

47. Ces idées de mesure et d'échelle tendent à régulariser l'expansion ou le développement des formes et des ornements; cela est nécessaire en soi et pour le détail. De plus, pour qu'il y ait concordance dans l'accord général, il faut bien qu'une mesure, une eurhythmie, une métrique générale assortissent chacune des séries composantes, les subordonnent les unes aux autres et toutes ensemble à l'harmonie générale. Cette métrique trop rigoureusement géométrique, et d'autant plus absolue qu'ellest plus appauvrie, engendre la sécheresse et la monotonie qui caractérisent l'art académique de la fin du siècle dernier. De notre temps, enfin, l'idée, déjà fort réduite et usée par les assauts de la barbarie, a disparu pour faire place à cette rigidité qu'on acquiert au contact besogneux des outils de métier, tels que le mètre, la règle et le compas. A ce point, on subordonne machinalement les parties successives d'un dessin, d'un projet ou d'une composition, aux lignes de tracé qu'une géométrie brutale et grossière gouverne seule. Les modernes ont perdu le sens de cette musique qui, dans les idées des anciens, était la mesure et la régularité de toute activité intellectuelle ou esthétique. Cette science divine, et si profondément humaine, était regardée par les législateurs et les philosophes comme une partie

essentielle de l'éducation. L'imagination chaude et active était,
il est vrai, l'âme des Grecs, et c'est par cette musique qu'ils la
contenaient et la réglaient en faisant prendre corps, forme et
ordre aux conceptions de leur merveilleux génie. C'était là
l'éducation au sens des anciens qui n'étaient point des sots.

Toutes ces idées, et beaucoup d'autres encore qui s'y adjoignent, sont, à cause de leur généralité même, fort difficiles à
énoncer et à définir. Elles s'entrevoient dans la totalité du pouvoir humain, et le langage, en ses œuvres diverses, les emploie et
les énonce dans les circonstances et les à-propos les plus nom-
breux. Il ne faut point espérer que leur énonciation formelle
et définie, et leur codification, soient jamais possibles ; et, en
vérité, cette impossibilité n'est point de grande conséquence :
il suffit que ces idées soient présentes et en circulation conti-
nuelle. C'est affaire aux hommes de se les transmettre d'une
manière toujours active, et peut-être que la secrète ambition
de pouvoir les définir et les fixer ne tiendrait pas tant à l'appétit
qu'on en peut avoir, qu'à une indifférence secrète et non avouée
pour toute activité noble et supérieure de l'esprit. Nous voulons dire, en un mot, que la foi en toutes ces choses ayant été
ralentie, et sentant vaguement comme une secrète désespé-
pérance, on tiendrait à retenir ces idées au moment où elles
s'éteignent et disparaissent.

SECTION DEUXIÈME.

L'ÉTENDUE LINÉAIRE ET LES DÉLINÉATIONS.

48. Les spécifications fondamentales de l'étendue linéaire sont la droite et les lignes courbes.

La qualité essentielle de la droite est la rectitude.

La qualité essentielle des courbes est la courbure.

Les formes fondamentales de l'étendue linéaire sont :

La droite; — la circonférence; — l'enroulement; — l'hélice; — les spirales volubiles.

La droite est essentiellement indéfinie; la circonférence est finie linéairement, mais indéfinie quant à sa qualité essentielle, la courbure. L'enroulement est indéfini idéalement, mais physiquement il est fini. L'hélice, participant de la droite et de la circonférence, est indéfinie. Les spirales volubiles, participant de l'hélice et des enroulements, sont indéfinis idéalement et finies physiquement.

Il s'ensuit que toutes les lignes actuelles, qui participent de ces formes fondamentales, sont des segments ou des lignes finies.

Les déterminations fondamentales ou les segments des lignes idéales sont :

Pour la droite : des droites variables en grandeur.

Pour la circonférence : des arcs variables en grandeur et en courbure.

Pour l'enroulement : des recourbées variables en grandeur, en courbure et en déclination.

Pour l'hélice : des spirales variables en grandeur, en courbure circulaire et en courbure spirulaire.

Pour les spirales volubiles : des spires variables en grandeur, en courbure circulaire, en courbure spirulaire et en courbure déclinée.

CHAPITRE I.

LA LIGNE DROITE ET LA RECTITUDE.

49. La qualité absolue de la ligne droite est la rectitude. La ligne droite est l'image abstraite de la continuité linéaire absolue, essentiellement uniforme, et, par conséquent, variable seulement quant à la grandeur. La droite est encore l'unité de direction : elle indique l'ordre et la situation.

Entre l'idée pure de la droite qui, étant conçue idéalement, est l'image de la rectitude absolue et n'a pas de largeur, et les figurations actuelles qui, étant réelles, ont une largeur sensible et plus ou moins grande, il faut noter la droite ou arête qui limite les espaces et les formes.

Dans la ligne idéale, la rectitude est absolue; c'est un être de raison.

Dans la ligne arête, la rectitude est relative, l'impression étant variable, comme appartenant au monde des phénomènes.

Dans la ligne rayure, la figuration est relative, l'impression étant absolue à cause du caractère de matérialité qui donne à cette ligne une largeur apparente et sensible et qui s'impose nécessairement.

Il faut y penser expressément pour que l'idée pure de la rectitude devienne une préoccupation de l'esprit; instinctivement, on saisit et on apprécie d'emblée l'image qui en serait

le prétexte dans sa réalité et la totalité de ses caractères. On a
donc, d'une part, l'idée métaphysique de la droite, et, d'autre
part, l'idée ou la notion esthétique de la rectitude. La première est absolue, la seconde est variable : c'est alors une
notion active que l'on retrouve dans les circonstances les plus
diverses, et qui est une particularité essentielle de l'œuvre
d'art.

5o. La considération métaphysique de la droite, qui prétend
douer l'idée abstraite de qualités transcendantes et souveraines
qui lui seraient intimement attachées, lui attribue par suite une
vertu opérative de laquelle découleraient nécessairement toutes
les qualités apparentes et actuelles de l'œuvre d'art où la notion
de rectitude se retrouve. Au nom de cette prétention singulière, et qui est une des formes de l'esprit humain, on est conduit à l'énonciation d'aphorismes orgueilleux du genre de
ceux-ci : « La ligne droite est un symbole de l'unité; » — « la
ligne droite semble être le résultat impalpable des facultés ou
propriétés immatérielles des corps en général. » — « Plus la ligne
droite domine, plus l'œuvre est susceptible d'être régie par des
principes fixes, des mesures justes, des proportions rigoureuses, etc. » Toutes ces maximes sont parfaitement intelligibles, nous l'accordons volontiers; mais tout cela aussi est une
raréfaction continue et incessante des notions certaines qu'un
sentiment juste a fait découvrir. Ces maximes révèlent chez
leurs auteurs une tournure d'esprit que l'on qualifie de métaphysique, et qui fait échapper les esprits aux salutaires et justes
contraintes qu'imposent un sens droit et cet équilibre général
des pouvoirs intellectuels dûment et sainement développés dans
leur intégrité. Il est inévitable que l'on penche d'un côté ou de
l'autre; mais il importe grandement que la propension soit
dûment qualifiée, et c'est le rôle de la philosophie, du sens
philosophique, si l'on veut, de démêler la part d'influence spi-
ritualiste qui s'entremêle aux vérités et les revêt d'apparences
si fallacieuses et si décevantes. Quant à force d'artifice, aidé de

quelque talent d'écrivain, on est parvenu à formuler en une phrase harmonieuse toutes ces transcendances de l'esprit, on croit avoir saisi la vérité, et, rempli d'un feu sacré, l'auteur se hausse sur le trépied et prononce des oracles. C'est là une pure illusion, et il en faut rabattre. Il est vrai seulement que l'auteur a été artiste à sa manière, qu'il a traduit heureusement et adroitement le rêve qu'il poursuivait, qu'il s'est débarrassé au mieux de son amour-propre d'une entreprise qui lui tourmentait l'esprit et troublait cette tranquillité sereine qui est l'idéal pratique du métaphysicien. Un tel enfantement, après une cogitation aussi laborieuse, assure-t-il au moins quelque qualité au résultat? Hélas! non; car autre chose est l'intérêt de l'auteur; autre chose, et qui impose de grands sacrifices, est l'intérêt de la vérité. L'œuvre d'art, en philosophie comme en poésie ou en architectonique, ne vaut pas seulement par la coordination heureuse et équilibrée : la qualité des matériaux est aussi à considérer; et celui-là seulement est véritablement artiste, poëte ou philosophe, qui ne met en œuvre que des matériaux de choix.

Ces formules commodes qui, à la lecture, semblent des idées profondes, sont, à la vérité, tout à fait ignorées des véritables artistes, de ceux-là du moins qui, doués de la vocation spéciale, n'attendent pas, pour suivre l'impulsion de leur génie, que des esthéticiens un peu creux aient formulés de vaines maximes qui n'ont guère d'autre intérêt, à ce qu'il nous semble, que parce qu'elles sont les symptômes d'ambitions malheureuses qui prétendent subordonner le sens de l'art au sens littéraire. Nous ignorons si la littérature y gagne quelque chose, mais, pour certain, l'art ne peut qu'y perdre; et c'est bien assez pour les artistes de toutes les influences délétères et dégradantes qui suivent la civilisation moderne, sans y ajouter encore cet élément de corruption intellectuelle qu'on appelle la critique d'art. Ce parlage de rhéteur accompagne dignement un certain art d'étalagiste qui sera la marque des sociétés, décidé-

ment entrées dans les voies de la civilisation constitutionnelle
et économique.

Le point de vue esthétique est tout autre, et d'un intérêt bien
autrement grand et relevé. Il est vrai que l'esthétique touche
de près à l'abstraction proprement dite, et de là à la métaphysique; mais si l'on prend soin de ne négliger aucun des termes
dè l'enchaînement continu qui relie l'esthétique à l'architectonique, et celle-ci aux matériaux premiers déterminés par le
génie artiste de l'homme, et que l'ethnologie, l'histoire et la
théorie nous révèlent dans l'humanité tout entière, si, en un
mot, on ne sépare jamais l'idée esthétique de l'œuvre d'art qui
la suggère ou la recèle, on ne sera plus exposé à être dupe de
cette prétendue littérature philosophique qui établit *a priori*
une théorie du beau, fondée tout entière sur l'abstraction métaphysique. L'extension spéculative par des définitions de plus
en plus abstraites et métaphysiques conduit au vide absolu; et
il n'est pas vrai qu'on en puisse revenir plus fort et plus apte
à la perception vive et animée des réalités pittoresques et
esthétiques.

CHAPITRE II.

LA COURBURE ET LES COURBES.

51. Il faut distinguer dans les courbes deux choses : la ligne proprement dite ou le trait, qui se compose avec l'élément linéaire, et cette qualité remarquable de la courbure. Il faut concevoir la courbure comme une qualité homogène dont les variations sont continues. A ce titre, la courbure comporte une expression mathématique, comme les grandeurs proprement dites. Mais au point de vue architectonique, la courbure est une qualité toute particulière et sensible qui varie avec l'échelle, ou la grandeur propre de l'objet réel qui la recèle. De plus, et à l'inverse des quantités mathématiques qui comportent une détermination absolue, parce qu'elles sont homogènes et uniformes dans toute leur étendue, cette quantité architectonique de la courbure peut être uniforme et homogène, ou bien incessamment variée d'un point à un autre, c'est-à-dire déclinée, ou uniformément variée entre son point de départ et son point d'arrivée.

Une ligne a une courbure uniforme en tous ses points, et appartient alors à une circonférence, ou bien à une courbure variée et différente d'un point à un autre de son parcours, et appartient alors à une recourbée ou à un enroulement, selon le degré d'intensité de cette variation.

Une courbe naissant de la droite peut aller s'accentuant de

plus en plus et d'une manière régulièrement variée jusqu'à l'enroulement le plus prononcé.

Une courbe étant subdivisée en segments pour chacun desquels la courbure est sensiblement uniforme, ou bien en segments infiniment petits pour chacun desquels la courbure est nulle, la régularité de construction de la courbe consiste alors dans une modification progressive et uniformément variée dans la direction de chacun de ces segments. Ces segments occupant chacun une situation déterminée, on peut les concevoir comme infiniment petits linéairement, c'est-à-dire réduits à un point. On en conclut, ce qui est déjà d'évidence pratique, qu'une courbe, ou généralement une ligne quelconque peut être figurée par une série de points isolés plus ou moins serrés.

La courbure d'un cercle étant uniforme, chacun des segments de la circonférence subdivisée uniformément est semblablement placé par rapport au centre, c'est-à-dire que la construction d'une circonférence est uniforme et rapportée tout entière à un point.

52. On a la perception immédiate de différences de courbure en chacun des points d'une courbe variée d'une manière quelconque, mais on les rapporte mentalement, et pour aider à la précision, à une ligne pour laquelle la courbure est invariable, c'est-à-dire à une circonférence:

Chacun de ces segments d'une courbe a linéairement, c'est-à-dire abstraction faite de sa courbure particulière, une direction déterminée par rapport aux segments voisins et, de proche en proche, par rapport à la ligne entière. Pour apprécier cette direction on la rapporte naturellement à une ligne pour laquelle la direction de la courbe, au point considéré, reste invariable; c'est-à-dire à une droite qui est la tangente de la courbe en ce point : la droite seule jouissant de cette propriété d'avoir une direction uniforme et absolue en tous ses points.

La courbe étant subdivisée en segments, chacun de ces segments d'une courbe sensiblement uniforme fait partie d'un cercle dont le centre et le rayon sont déterminés par les deux lignes droites égales menées perpendiculairement aux extrémités du segment, c'est-à-dire par les normales. Toutes les normales d'une courbe étant tracées, elles déterminent par leurs intersections une suite de points qui sont les centres de courbure. La longueur de ces normales et la grandeur des angles qu'elles font successivement entre elles précisent géométriquement l'allure générale de de la courbe.

Le cercle a toutes ses normales égales et convergentes en un point unique qui est le centre. Une courbe incessamment variée de segment en segment, et d'une manière régulière, a ses normales incessamment variées, et régulièrement, dans le sens de la variation de la courbe. Les points d'intersection de ces normales déterminent une courbe également variée.

53. Après le cercle, la courbe la plus simple, en ce qu'elle est, comme le cercle, uniforme de composition et homogène dans tout son cours, est l'hélice. C'est une courbe tordue, ou à double courbure, et qui embrasse par conséquent les trois dimensions de l'espace.

Dans le langage ordinaire, on dit qu'une ligne s'enroule, ou serpente autour d'un corps. Cela veut dire que cette ligne se recourbe sur elle-même en même temps qu'elle se déplace d'un côté ou de l'autre. Ces deux mouvements sont simultanés. Par deux mouvements consécutifs, on passe d'une droite à une courbe tracée dans l'espace d'une manière quelconque.

La droite, la circonférence et l'hélice répondent au besoin scientifique d'idées nettes et bien définies, sur lesquelles on puisse s'appuyer pour se rendre compte des différentes variétés de courbures et de lignes courbes.

Par le principe de déclination, on passe de ces lignes fondamentales et uniformes à des lignes également fondamentales, mais variées ; savoir :

De la droite et de l'arc à la recourbée, et des recourbées à l'enroulement ;

De l'hélice aux hélices ou spirales volubiles et déclinées, c'est-à-dire aux enroulements spirulaires dans l'espace.

54. On a l'intuition immédiate des lignes, on les peut figurer immédiatement sur les surfaces des formes, ou les concevoir comme les coordonnées harmoniques de ces formes. L'art les conçoit ou les réalise d'emblée, mais la science ou la mécanique, qui ont besoin de plus de précision, les conçoivent comme décrites par des procédés réguliers. C'est l'objet de la géométrie analytique, qui, d'un côté, touche à la géométrie pure, et de l'autre à la cinématique.

On conçoit, en effet, les lignes comme engendrées par la combinaison des deux mouvements fondamentaux : le mouvement rectiligne ou de translation, et le mouvement circulaire ou de rotation.

1° Le mouvement rectiligne, qui ne peut engendrer qu'une seule ligne, la droite, que l'on trace au moyen de la règle;

2° Le mouvement circulaire, qui ne peut engendrer qu'une seule ligne, la circonférence, que l'on décrit au moyen du compas;

3° Deux mouvements rectilignes engendrent une infinité de lignes. C'est le système des coordonnées rectangulaires des géomètres, au moyen duquel on applique l'algèbre à la géométrie, et réciproquement la géométrie à l'algèbre, et par lequel on décrit les courbes par points quand on connaît la relation empirique, algébrique ou transcendante qui lie les grandeurs entre elles;

4° Un mouvement circulaire et un mouvement rectiligne, qui engendrent les recourbées, les enroulements, les hélices et les hélices spirulaires déclinées, et une infinité d'autres lignes géométriques, telles que les spirales, la conchoïde, la cycloïde, etc. C'est aussi le système des coordonnées polaires des géomètres, qui a les mêmes applications que le système des coordonnées rectangulaires ou des applications analogues;

5° Deux mouvements circulaires engendrent les épicycloïdes,

ou trochoïdes ou rosettes, et toutes les courbes bouclées, rebroussées ou raccordées analogues aux polygones étoilés;

6° Par la combinaison de mouvements rectilignes et circulaires, avec des longueurs déterminées et des points fixés, on a le système des coordonnées focales, par lesquelles on décrit les développantes et les sections coniques.

Toutes ces considérations et beaucoup d'autres encore, qui s'y rapportent, sont exclusivement scientifiques; elles intéressent l'artisan, en tant qu'il est un ouvrier, parce qu'elles lui sont une aide pour son métier; mais en tant qu'il est un artiste, tout cela ne lui est d'aucun secours, parce que ces considérations trop systématiques ne s'adaptent pas naturellement et harmoniquement aux intuitions architectoniques.

55. Nous avons signalé une autre partie de la géométrie, la géométrie descriptive, qui a pour objet la description des formes, c'est-à-dire la spécification des différentes particularités qui les caractérisent, particularités qui coexistent ensemble et que la contemplation statique des formes nous révèle se tenant les unes les autres par un lien abstrait, qui est celui de la construction.

Ces particularités ou ces affections sont, pour les formes linéaires, de trois espèces :

1° Celles qui se rattachent à la nature même des lignes, ou les *éléments analytiques;*

2° Celles qui affectent le parcours infiniment varié des lignes, ou les *éléments figuratifs;*

3° Celles qui, subordonnées à la forme générale des lignes, y introduisent l'accent et l'agrément, ou les *affections esthétiques.*

Toutes ces particularités se tiennent les unes les autres, se commandent, et toutes ensemble; c'est-à-dire que la délinéation totale les soumet à un lien de coordination et les rend solidaires de la construction générale, exprimée par les formes réelles ou traduites par l'art du dessin.

CHAPITRE III.

LES ÉLÉMENTS ANALYTIQUES.

56. Les spécifications fondamentales des lignes étant essentiellement continues et illimitées, une première détermination consiste à en tracer des exemplaires, c'est-à-dire des segments ou les lignes proprement dites. On a ainsi les droites, les arcs et les recourbées.

1° Les droites varient seulement en grandeur, c'est-à-dire que les droites sont plus ou moins longues ou courtes.

2° Les arcs à courbure uniforme varient, quant à la longueur et quant à la courbure. Tous les arcs à courbure uniforme font partie idéalement d'une circonférence; deux arcs sont donc semblables, comme l'entendent les géomètres, quand leur grandeur linéaire et les rayons des circonférences qui les contiennent sont proportionnels. La grandeur d'un arc est donc dépendante des deux particularités réunies de la longueur linéaire et de la courbure. Mais la courbure, envisagée comme qualité absolue indépendamment de toute idée mathématique de mesure ou de rapport, est une qualité sensible, qui varie avec l'échelle. Un petit cercle a plus de courbure à proportion qu'un grand. Un petit cercle a donc un accent propre. C'est un motif; et si on l'emploie comme ornement, on ne peut le faire qu'à la condition de rester dans les limites d'une échelle particulière établie par la pensée, en raison des conditions diverses qui régissent l'art de l'ornementation. Comme image abstraite, un cercle est toujours un cercle, la grandeur absolue n'y est pour rien; mais comme motif, c'est-à-dire comme forme réelle, la grandeur entre en cause, elle est subordonnée à l'échelle.

Tout ce que nous venons de dire du cercle s'applique aux arcs, et généralement à toutes les formes courbes. Pour un arc, la courbure est courte ou longue, brève ou prolongée. Elle est courte, quand elle est prononcée; elle est longue, quand elle est faible; parce qu'il faut une longueur d'autant plus grande que la courbure est plus faible, pour que cette courbure devienne apparente : une petite portion d'une grande courbure est évidemment peu accentuée. C'est en raison de cette déclination essentielle à la courbure qu'il est loisible de concevoir les courbes comme composées d'éléments linéaires infiniment petits. Entre cette réduction mathématique à des éléments infiniment petits et physiquement indiscernables, et les grands segments des formes linéaires, ou les lignes proprement dites, s'intercale un mode géométrique ou architectonique de segmentation. Dans ce mode, esthétiquement très-important, les segments curvilignes ou rectilignes sont très-petits, mais toujours discernables; ce sont eux qui introduisent l'accent et l'agrément dans le parcours uniforme d'une ligne, et qui en rompent la monotonie.

3º Les recourbées. — La courbure d'une ligne étant variée et pouvant naître d'une droite, c'est-à-dire commencer par être nulle pour aller s'accentuant de plus en plus jusqu'à l'enroulement, donne naissance à une variété infinie de lignes toutes solidaires de la notion de recourbée, notion très-générale et active, qui réunit les deux acceptions distinctes de la recourbée mathématique ou définie et de la recourbée esthétique ou choisie.

57. Il faut noter trois parties remarquables dans la recourbée : 1º l'extrémité où la courbure est la moindre et qu'on

pourrait appeler le *départ;* 2° l'extrémité où la courbure est
la plus accentuée ou la plus grande et qu'on peut appeler l'*enroulement,* ou la *désinence* ou le sommet; 3° enfin le flanc ou
la partie intermédiaire, où la courbure moyenne entre celles
des extrémités peut devenir *dominante,* quant à l'étendue
qu'elle embrasse.

Une recourbée est simple et fondamentale, quand la ligne
est recourbée seulement à une extrémité (fig. 1); elle est
variée, quand la ligne est recourbée aux deux extrémités : le
flanc intermédiaire entre les deux recourbures est alors une
dominante. Les deux recourbures peuvent être différentes à
tous les degrés; si ces deux recourbures étaient égales, on
aurait une ligne paire, que l'on peut concevoir comme déterminée par le retour de la recourbée primordiale ou constitutive.

La recourbée étant simple, la tangente indicatrice est placée
à l'extrémité non recourbée. Si la recourbée est variée, la
tangente indicatrice est prolongée d'un côté et de l'autre, et le
point de tangence sépare les deux recourbées constitutives.
La tangente peut avoir avec la recourbée un contact plus ou
moins étendu; cela revient à dire que, sur une longueur plus
ou moins grande, la courbure est nulle entre les deux recourbées, qui alors naissent d'une droite ou s'y raccordent.

La dominante linéaire des recourbées peut donc être une
droite plus ou moins longue, ou bien un arc plus ou moins
arrondi et plus ou moins grand. Dans les recourbées proprement dites, cette dominante est figurativement réelle, mais
idéalement, et la variation de courbure étant continue, la
droite ou l'arc se réduisent à un point.

58. Une ligne courbe quelconque, dont le cours linéaire et
la courbure sont continus, sans accession d'aucune autre particularité linéaire ou figuration quelconque, se range dans l'une
des classes suivantes (fig. 1) :

1° Les recourbées simples, impaires et assymétriques (*a*);

2° Les recourbées variées, paires et assymétriques, ou les *arcs rampants,* qui sont de trois espèces ou de trois formes;

Les recourbées raccordées et continues par les deux départs (*b*);

Les recourbées raccordées et continues par les deux sommets (*c*);

Les recourbées raccordées et continues par un départ et un sommet (*d*);

3° Les recourbées variées paires et symétriques, ou les *anses,* qui sont de deux espèces ou de deux formes :

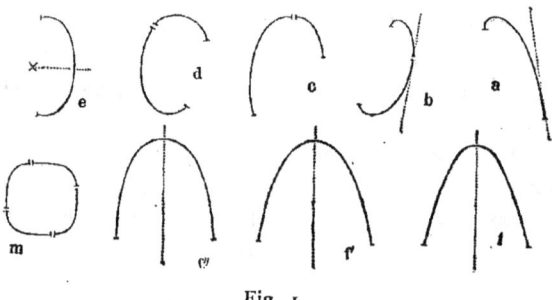

Fig. 1.

Les recourbées continues et raccordées par les sommets (*f*, *f'*, *f"*).

Les recourbées continues et raccordées par les départs (*e*).

Suivent l'accent de la recourbée primitive, les anses ou les recourbées continues et raccordées par les sommets donnent lieu à trois variétés :

La première toute rectiligne avec un peu de circularité, ou l'anse hyperbolique ou angulaire (*f*). Les branches en sont indéfinies.

La deuxième toute curviligne avec un peu de rectitude ou l'anse parabolique ou ovalaire (*f'*). Les branches en sont indéfinies.

La troisième, qui participe des deux premières, ou l'anse

elliptique ou arrondie (*f″*). Les branches en sont finies et appartiennent à un ovale.

4° Les oves ou les recourbées fermées (fig. 2), qui sont

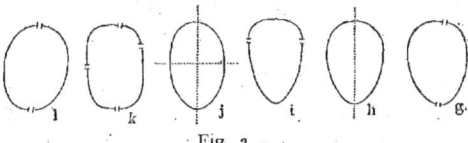

Fig. 2.

paires et assymétriques quand les deux recourbées constitutives sont différentes, mais orientées dans le même sens (*g*), ou bien paires et symétriques quand elles sont constituées par le retournement de la recourbée variée constitutive (*h*). Cette forme régulière de l'ove peut être composée par le raccord de deux recourbées ou anses paires (*i*). Ces deux anses étant variées à tous les degrés quant à leur construction, donnent lieu à une infinité d'oves et finalement établissent une transition continue de l'ove proprement dite à l'ovale (fig. *j*).

5° Les ovales ou les recourbées fermées qui peuvent être ou impaires ou paires ou écartelées.

Les ovales sont impaires (*k*), quand les quatre recourbées qui les constituent sont différentes. Cette forme est intermédiaire entre l'ove irrégulière et l'ovale irrégulier. L'ovale pair est déterminé par le retournement diagonal d'une recourbée variée, la symétrie y est diagonale (*l*).

L'ovale est écartelé, et c'est alors la forme régulière et typique, quand il est composé par le rabattement et le raccord d'une anse paire et symétrique, ou bien, ce qui revient au même, par le rabattement écartelé ou pairement pair d'une recourbée simple (*j*).

La forme (*m*), (fig. 1), composée régulièrement par la répétition et le raccord d'une recourbée, et dont la symétrie est diagonale et la disposition révolvée, ménage la transition de l'ovale au cercle.

59. Toutes ces formes se comprennent d'emblée, et l'intuition les perçoit dans leur totalité. En les analysant pour les ramener à l'élément fondamental, la recourbée, nous avons en vue d'en accuser la composition linéaire, et de montrer comment la symétrie et la régularité qui relèvent de l'idée de l'ordre, coordonnent la continuité linéaire en déterminant une forme totale.

La recourbée subsiste par elle-même et indépendamment de toute idée de figure paire ou écartelée, ouverte ou fermée; elle comporte alors un tracé infiniment varié, par l'accentuation de la dominante linéaire, et par l'accentuation de la recourbure. Au contraire, l'idée de figure paire ou écartelée limite et restreint cette recourbure en la rendant solidaire de la construction de la figure. Le tracé d'une recourbée est donc tout à fait indépendant de la construction des courbes ouvertes ou fermées, et dès lors on peut apprécier ce que valent au point de vue de l'art les idées de beaucoup d'auteurs qui proposent d'employer l'ellipse, la parabole et plusieurs autres courbes géométriques au tracé des profils admirables de l'architecture grecque. C'est n'avoir point le sens du génie grec et c'est lui manquer de respect que de rattacher l'échine du chapiteau dorique, ou la scotie, aux tracés méthodiques et impersonnels de la géométrie.

60. Une recourbée dont la courbure varie incessamment en s'enroulant autour d'un point réel ou imaginaire, produit un enroulement. Mais l'enroulement peut aussi être conçu comme tracé en sens inverse, c'est-à-dire que partant d'un point réel ou imaginaire, on conçoit une ligne qui augmente linéairement en même temps qu'elle s'enroule autour de ce point, de telle manière qu'à mesure que la ligne se développe, la courbure suive une variation ou déclination incessante en diminuant progressivement.

Parmi tous ces enroulements en nombre nécessairement illimité, ainsi imaginés ou tracés, la géométrie en spécifie de remarquables en établissant un rapport défini, arithmétique, géométrique ou transcendant, entre les deux mouvements qui concourent à la génération de ces courbes. L'idée la plus simple que l'on puisse se faire d'une telle génération, consiste à imaginer qu'une ligne droite tourne autour d'un point d'un mouvement incessant pendant qu'un point mobile sur cette ligne s'avance d'un mouvement également incessant. Un rapport quelconque établi entre ces deux mouvements détermine un enroulement défini, dont tous les points sont rigoureusement fixés par le système des coordonnées polaires. Toutes ces espèces d'enroulements sont alors des lignes mathématiques qui constituent le genre des spirales.

L'enroulement considéré comme forme est absolument indépendant de toutes espèces d'idées mathématiques, et en principe il est absurde de demander à la géométrie qu'elle nous fournisse les types ou les plus parfaits exemplaires de cette forme.

Il n'y a nulle raison pour qu'un enroulement mathématiquement défini soit nécessairement et avant tout examen une forme belle. Les enroulements étant infiniment variés, c'est affaire de tâtonnement et d'instinct artiste de trouver tel enroulement qui satisfasse comme forme. L'enroulement monumental ou la volute des Grecs ne doit rien à la science, c'est une pure création de sculpteur. C'est n'avoir point le sens de l'art, c'est mentir à son âme d'artiste que de tenter de tracer la volute et les enroulements de l'ornement, à l'aide de procédés graphiques ou mécaniques empruntés aux sciences exactes. Il est beaucoup plus simple, et il est beaucoup plus juste, de dessiner, de modeler ou de tailler d'emblée la volute sans passer par tous ces procédés artificiels qui dénaturent l'œuvre d'art et la réduisent à n'être plus qu'une œuvre de labeur.

Ces réflexions critiques sont d'une importance extrême, et il est à souhaiter qu'elles fassent impression. Il s'agit, en effet, de mettre fin à un conflit d'attribution : s'il y a de la géométrie

dans les œuvres d'art, s'ensuit-il que le géomètre doive intervenir et prétendre à régenter les artistes? Comment quelques
définitions incontestables et limitées pourraient-elles avoir cette
vertu de suppléer les notions vraies et actives, les notions
très-générales qui, par suite de leur généralité même, sont
l'occasion d'interprétations abondantes?

C'est par paresse et timidité d'esprit que l'on s'arrête vulgai-
rement aux seules définitions scientifiques. La détermination,
la spécification, l'appropriation architectoniques s'appuient sur
de bien autres considérants que ceux de la rigueur et de la perfection d'un corps de doctrine scientifique. C'est affaire à la
raison esthétique et à l'instinct supérieur qui la suit de les découvrir et d'en révéler les admirables résultats.

CHAPITRE IV.

LES ÉLÉMENTS FIGURATIFS.

61. Une délinéation quelconque, pour compliquée qu'elle soit, contient une ou plusieurs des affections ou caractéristiques linéaires suivantes :

Les raccords et les inflexions ;

Les angulations et les rebroussements ;

Les bouclements et les croisements ;

Les branchements et les tactions.

Si dans telle délinéation déterminée on note tous ces points remarquables, les portions de lignes comprises entre eux ne comportent plus d'autres variations que celles relatives à la courbure, on n'a plus, en un mot, que des droites, des arcs ou des recourbées. Si l'on isole tous ses segments linéaires de la délinéation, on rompt la continuité, et l'on a une délinéation discontiguë. Il faut donc distinguer, et cela est important, la continuité et la discontinuité, la contiguïté et la discontiguïté.

Les raccords, les inflexions, les bouclements raccordés maintiennent la continuité linéaire. Les angulations et les rebroussements, les branchements angulaires et les tactions rompent la continuité proprement dite et maintiennent la contiguïté. Les tactions et les croisements résultent essentiellement de la discontiguïté.

Il suffirait de montrer toutes ces particularités réunies dans une délinéation pour les faire reconnaître aussitôt, mais nous croyons qu'il n'est pas inutile d'employer ici une voie un peu détournée et de montrer comment, en partant des éléments linéaires, et les combinant deux à deux, on arrive à faire naître toutes ces particularités.

I. *Deux droites conjuguées.* — Deux droites peuvent être réciproquement : ou dans le prolongement l'une de l'autre, c'est-à-dire juxtaposées dans la continuité linéaire (1) ; ou croisées, ou intersectées, ce qui détermine un point de croisement (2) ; ou contiguës, et se rencontrant par leurs extrémités, ce qui détermine une angulation linéaire et un sommet ou point angulaire (3) ; ou branchées, une des lignes rencontrant l'autre en son parcours et lui étant contiguë par l'une de ses extrémités, ce qui revient à une angulation particulière et absolue, quand les deux lignes se rencontrent à angle droit (5). Quand les deux lignes sont détachées, on a comme cas particulier, une conjugaison parallèle (6).

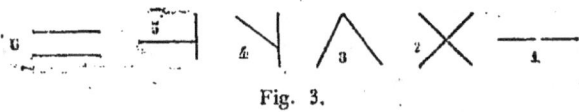

Fig. 3.

II. *Deux arcs conjugués.* — Deux arcs conjugués déterminent suivant leur position réciproque : 1° Un point de *raccord* lorsque les arcs sont dans le prolongement l'un de l'autre, et que la courbure se continue d'un arc à l'autre sans jarret, soit que ces lignes se joignent bout à bout ou, au contraire, que laissant un intervalle entre elles, on conçoive une ligne continue qui contiendrait l'une et l'autre (1). — 2° Une *inflexion,* quand les deux arcs se raccordent linéairement, et qu'ils ont leurs courbures dirigées en sens contraire, ou que l'on passe continûment de la concavité à la convexité et réciproquement. On dit alors qu'il y a inversion dans la courbure, au point d'inflexion (2) (fig. 4). — 3° Deux arcs contigus par leurs extrémités déterminent les *angulations* curvilignes, et, au point de contiguïté, un point *angulaire* ou *saillant*. Ces angulations sont de trois formes, qui correspondent aux trois conjugaisons fon-

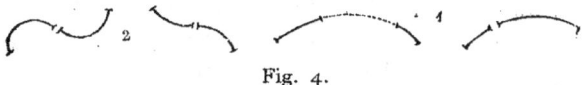

Fig. 4.

damentales : la première (1) où les deux arcs ont leurs convexités adossées ; — la deuxième où les deux arcs ont leurs concavités affrontées (2) ; la dernière où les deux arcs sont tournés dans le même sens (3). — Si les arcs sont égaux, on a ainsi deux angulations paires ou symétriques (1) et (2), et une angulation impaire ou assymétrique (3). L'écartement des arcs est tout à fait indéterminé, et si l'on imagine ces deux arcs mobiles autour du point angulaire, ils donnent lieu chacun à une forme fixe entre toutes, savoir (1) et (2), au raccord des deux arcs, et (3) à l'inflexion. Les angles (1) et (2) ont un axe de symétrie ou plus généralement un diamètre linéaire (2') ; (3) a également un diamètre, mais curviligne, obtenu par la rencontre des normales (3'), par les milieux d'une série de parallèles (3''), ou enfin par les milieux d'une série de lignes obliques et sensiblement convergentes (3'''). Si au lieu d'envisager les angulations proprement dites, on suit le parcours de la ligne, on a en chaque point angulaire un point de *rebroussement* (fig. 5). — 4° *Contact ou taction.* — Deux arcs qui se tou-

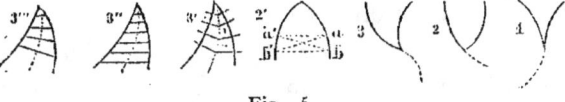

Fig. 5.

chent extérieurement par leur convexité peuvent être égaux ou inégaux (1) et (2) ; s'ils sont égaux ils donnent lieu à une figure particulière (2) et symétrique ou écartelée quand les arcs se touchent par leur point milieu ou centre de figure. On peut concevoir ces deux figures (1) et (2) comme déterminées par le *croisement* des deux arcs infléchis au point de contact ou par le raccord de deux angulations appointées. Deux arcs étant inégaux donnent lieu à une forme particulière de contact, qui est intérieur (3), les arcs étant dirigés dans le même sens, cette forme particulière peut être envisagée comme le résultat de l'intersection de deux arcs qui se coupent au point de taction, ou bien comme le raccord de deux angulations recourbées (fig. 6). — 5° *Croisement.* — Deux arcs qui se coupent en un point dé-

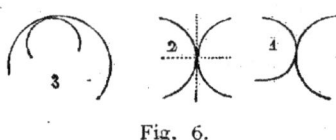

Fig. 6.

terminent un point de croisement (1), et les trois espèces d'angulations curvilignes (1′(1″) (1‴). Deux arcs différents ou égaux peuvent aussi se couper en deux points quand les convexités sont tournées en sens contraire (2). Si les arcs sont inégaux et tournés dans le même sens, on a la fig. (3) (fig. 7). — 6° *Branchement.* — Deux arcs qui se rencontrent par le flanc et une

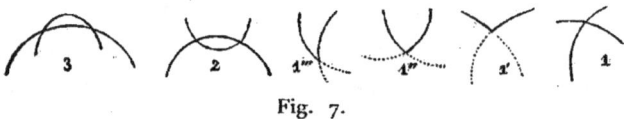

Fig. 7.

extrémité déterminent un branchement (1); si les arcs se raccordent, on a au point de branchement, un point de raccord, un point d'inflexion et un point de taction ou de contact (2). Les branchements de la fig. (1) réunissent toutes les formes d'angulations. — 7° Deux arcs sont enfin discontigus ou isolés l'un de l'autre (3) et se correspondent symétriquement ou parallèlement. Les branchechements sont plus particulièrement

des adjonctions indépendantes du cours général de la ligne
(fig. 8).

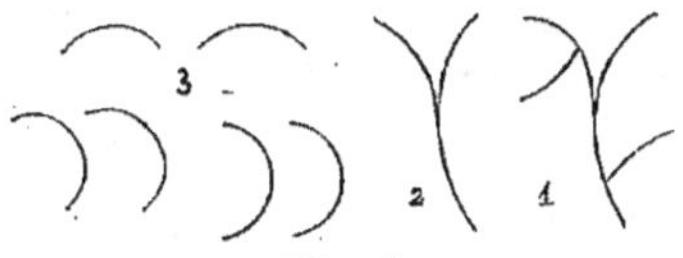

Fig. 8.

III. *Deux recourbées conjuguées.* — On répéterait sur deux
recourbées tout ce que nous venons de dire de deux arcs. Les
figurations obtenues avec des recourbées sont infiniment plus
variées par l'accent de la recourbée (en même temps que par
l'assymétrie qui donne lieu à un plus grand nombre de combinaisons), tout en n'offrant pas de particularités différentes de
celles énumérées précédemment. Les raccords particuliers à
la recourbée ont été examinés au § 58.

Mais particulièrement, partant de la recourbée, on est conduit
à deux variétés de courbes ou de figures, très-individuelles et
très-particulières, qui sont l'enroulement et la *boucle* (fig. 9).

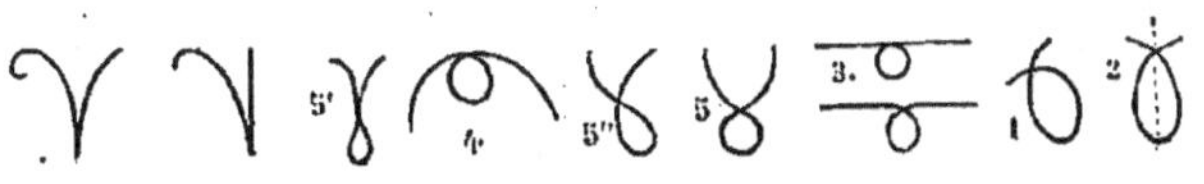

Fig. 9.

Le bouclement détermine une figure fermée et un point de
croisement (1) et (2). Dans le cas de régularité, la boucle a un
axe de symétrie qui passe par le point de croisement (2). Bien
que le bouclement soit essentiellement inhérent à la recourbée
ou à la variation de courbure, comme il est encore plus généralement un mode de figuration attaché essentiellement à la
continuité linéaire, il donne lieu à des formes très-diverses : le
cours d'une droite peut être interrompu par une boucle ronde
ou ovalaire (3), de même le cours d'un arc (4). Moyennant
l'intervention de l'inflexion, on passe de l'angulation convexe

à une boucle par deux inflexions qui se réunissent au point de croisement ou de bouclement (5), et enfin, de l'angle crochu à la boucle par une inflexion (5″). On passe de l'angle concave à la boucle par quatre inflexions (5′). Le bouclement est donc produit comme les autres affections, en un point quelconque d'une ligne quelconque, tandis que l'enroulement affecte exclusivement les extrémités des lignes.

Il faut distinguer le croisement du bouclement et de l'intersécance.

Les recourbées, les boucles et les enroulements étant conjugués ensemble ou avec les droites et les arcs, donnent lieu à une infinité de figures, dans le détail desquelles il serait trop long d'entrer. D'ailleurs, toutes les figurations qu'on en

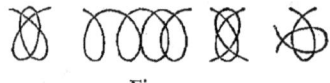

Fig. 10.

obtiendrait ne contiennent pas de particularité nouvelle ; il suffira de donner ici quelques-unes de ces figures (fig. 10) où l'on reconnaît seulement une plus grande complication amenée

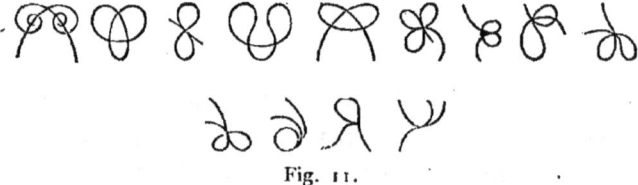

Fig. 11.

par la réunion d'un nombre quelconque des particularités essentielles.

Pour épuiser l'examen des affections linéaires ou des éléments figuratifs, nous donnerons encore un certain nombre de figures arbitraires où sont réunies souvent en un même point quelques-unes de ces affections ou particularités fondamentales (fig. 11).

CHAPITRE V.

LES AFFECTIONS ESTHÉTIQUES.

62. Toutes les particularités énumérées précédemment, suivant leur espèce, leur nombre, leur échelle ou leur grandeur, et par suite leur accent, suivant aussi le mode architectonique d'ouvrer qui les emploie ou les traduit, sont autant d'affections esthétiques qui caractérisent les délinéations, les profils, les contours, les linéaments, les délimitations, les silhouettes, etc. Ces affections sont de deux espèces, ou linéaires, ou figuratives : elles sont linéaires quand, subordonnées de très-loin à l'allure de la ligne, elles y introduisent la variété par une discontinuité toute d'agrément qui en rompt la monotonie ; elles sont figuratives quand, très-accentuées et à une échelle déterminée, elles valent par elles-mêmes et déterminent des délinéations ornementales, telles que les engrêlures, les enlacements, les tresses, etc., etc.

Il nous faut particulièrement insister sur la nécessité esthétique de la discontinuité, de l'agrément, à introduire dans les ornements et les formes. Si l'on conçoit la continuité comme inhérente essentiellement au type de la forme, on conçoit au contraire la discontinuité comme inhérente essentiellement aux exemplaires réels de ce type. La détermination de l'exemplaire artistique introduit une discontinuité réelle, tantôt en accentuant la courbure et passant brusquement à une courbure non plus adoucie, mais à un trait rectiligne; tantôt en rompant la continuité linéaire pour y introduire des angulations, par la rencontre brusque de segments de lignes. C'est le propre du génie artiste, d'introduire ainsi des diversités, des accents vifs et précieux, là où la nature des choses adoucit les contours et ménage les transitions. Sans cette accentuation, il n'est point d'art véritable, et pour répugner à cette grossièreté relative, on va se perdant dans une monotonie, un effacement laborieux, qui sont un véritable attentat à la liberté de l'homme. Pourquoi me condamner ainsi à une constatation sèche et précise, à un procès-verbal exact et rigoureux? C'est de l'ennui cela, et de la fatigue; je ne puis être satisfait et m'intéresser aux choses du dehors, qu'autant que mon imagination y trouve son compte, et qu'il m'est donné d'enchérir sur le spectacle auquel on me convie.

63. Pour se rendre compte de l'allure d'une ligne, d'un contour ou d'une forme, on y détermine instinctivement des points attractifs qui suivent dans leur rapprochement et leur espacement relatif la loi même de la forme. A mesure que celle-ci s'accentue, les points se resserrent. Ces points, reliés par des droites, déterminent une ligne polygonale qui, dans les limites de notre perception, équivaut à une ligne parfaitement suivie, c'est-à-dire à une variation continue. On substitue donc une *variation discontinue* à une *variation continue*. Il en est de même pour les surfaces : les dernières facettes planes dont la réunion constitue la surface se heurtent les unes les autres, et là où on pourrait avoir une surface continue, on a, en définitive, une surface discontinue ou polyédrique, avec des facettes, des arêtes, des pointes, des sillons, etc. Cette discontinuité nécessaire est réalisée par l'artisan dans les formes taillées, tournées ou martelées. Dans les formes soufflées du verrier, la continuité de la courbure est inhérente à l'homogénéité de la matière et au mode d'ouvrer. C'est ce qui explique l'aspect particulier des formes du verrier, aspect mou et incertain, si

ces formes n'empruntent pas à la décoration (émaillée ou gravée) de quoi devenir une forme décorative.

La solution inverse, celle de la substitution d'une variation continue à une variation discontinue, est réalisée dans l'image psychologique ou intérieure que nous percevons des formes ouvrées. Notre esprit substitue à une variation discontinue qui est dans les choses, une variation continue qui est dans l'image. Si l'on voulait que cette variation continue fût aussi dans les choses, on y arriverait par l'emploi et à l'aide de moyens industriels très-perfectionnés, tels que les tracés mécaniques, le moulage, le polissage, etc., et en général, au moyen de toutes les opérations mécaniques, si nombreuses et si envahissantes, qui réduisent l'œuvre d'art à n'être plus qu'un produit industriel, et l'artisan à n'être plus qu'un ouvrier.

L'œuvre d'art comporte une liberté de conception et d'exécution absolument nécessaire pour que la forme ait tout son caractère et soit facilement perçue : les yeux voient mal, et l'on ne garde pas souvenir d'une forme où rien n'accroche, où rien ne ponctue l'image. Ces variations discontinues sont comme autant d'accents, autant de points de repère par où l'image se détermine, et qui accusent à l'esprit une matière vraie, une mise en œuvre simple et tout entière dans les limites de l'objet à ouvrer, qui révèlent enfin l'œuvre et la main d'un artisan.

CHAPITRE VI.

LES DÉLINÉATIONS.

64. Il faut distinguer trois genres de délinéations :

1° Les délinéations des profils et des contours des formes ;

2° Les délinéations qui cernent et délimitent les â-plats et qui les relient ;

3° Les délinéations proprement dites.

Les profils et les contours des formes sont des délinéations conventionnelles et abstraites, elles n'ont point d'existence réelle et qui serait indépendante de la forme; le nombre des affections y est donc fort réduit, puisqu'elles sont subordonnées à la corporéité des formes. Les caráctéristiques fondamentales sont les raccords, les inflexions et les angulations. Ici les raccords sont des points de station qui accusent la construction linéaire; les inflexions ne sont plus réduites seulement à un point, elles peuvent être courtes ou prolongées, selon que les deux courbes fondamentales sont rapprochées brusquement, ou qu'au contraire une droite plus ou moins longue les éloigne l'une de l'autre. Les angulations deviennent les saillants du profil.

Les délinéations qui délimitent les à-plats et qui les relient entre eux peuvent être inventionnelles, conventionnelles ou imitationnelles, selon qu'on fait la part plus ou moins grande à l'imitation ou à l'invention. C'est dans ces délinéations que

6

s'accuse fortement le génie et les habitudes des races. Ainsi les délinéations arabesques (géométriques et ornementales) des Arabes; les délinéations rectilignes, ou les contours-cachemires des Indiens, les délinéations cursives et chiffonnées des Japonais et des Chinois; les délinéations conventionnelles des races supérieures, les Égyptiens, les Grecs et les Italiens; les délinéations imitationnelles effacées et ennuyeuses des Européens modernes, etc. On sent bien qu'il est impossible de traiter de toutes ces choses, en l'absence des œuvres elles-mêmes, et il faut se contenter ici de dire en gros, que toutes les particularités essentielles qui caractérisent l'étendue et les formes linéaires, se retrouvent dans ces délinéations, avec des accentuations infiniment variées, soit qu'elles aient été cherchées expressément, soit qu'au contraire elles ressortent naturellement du mode technique de décoration. Ce sont ces délinéations qui constituent le dessin (dessein) des ornements et des formes. Suivant que les particularités essentielles abondent ou se raréfient, suivant que les unes dominent et l'emportent sur les autres, le dessin varie de caractère, il est beau ou expressif, vigoureux ou efféminé, lâche ou serré, énergique ou mou, etc., sans qu'il en faille conclure, bien entendu, que ce caractère est obtenu par l'emploi exprès et voulu de ces particularités écloses obscurément et qui ne sont démêlées qu'après coup; mais enfin, voulues ou non, ce sont ces particularités essentielles qui caractérisent l'œuvre d'art et qu'il est important de signaler.

Dans l'ornementation proprement dite, ces particularités elles-mêmes, dans leur nature essentielle et propre, sans accession aucune d'idées esthétiques accessoires, et par conséquent exclusivement soumises aux principes abstraits de la coordination ornementale, donnent lieu à une infinité de dispositions. Tant que ces dispositions sont traduites par un mode général de décoration, et que le crayon, le pinceau, le burin les créent, il n'est point de restriction à l'emploi intégrant de toutes les caractéristiques linéaires, aucune n'en est exclue, et toutes participent, à des degrés divers, à la variété et à la richesse de nos œuvres. Mais quand ces dispositions sont réalisées, par le mode très-particulier de la décoration brodée, le nombre des particularités se restreint, et celles-là seules interviennent qui découlent naturellement de la souplesse, de la continuité et de la matérialité inhérentes essentiellement au fil du brodeur. Ces particularités fondamentales sont l'inflexion et le bouclement, quelques autres qui s'y joignent sont secondaires.

Tout cela est un peu bien subtil, peut-être; mais que l'on se représente combien le monde moderne va s'effaçant tous les jours, avec quelle hâte il s'empare des productions de l'humanité tout entière, pour se les approprier, les dénaturer et finalement les anéantir en les noyant dans ces produits incertains et médiocres dont il inonde les marchés de la terre. Que l'on remonte, d'autre part, tout ce passé déjà si loin de nous, où s'épanouissent tant de civilisations si grandes et si magnifiques, où tant d'hommes obscurs ont produit, dans la sincérité de leur vie, ces œuvres simples, franches et naïves qui nous font encore le peu que nous sommes, on en conclura qu'il doit être utile d'accorder à toutes ces manifestations quelque peu de l'attention que l'on prodigue si aisément à la première herbe venue, et qu'il doit être nécessaire de sauver à tout prix la moindre parcelle de ces œuvres lointaines, que l'on ne peut plus recommencer. Il faut tenter de retenir et de fixer les moindres détails de ces œuvres originales, qui demeurent encore au milieu de l'indifférence regrettable qui atteint de plus en plus nos sociétés vieillies. Ce sont ces petites choses qui racontent les grandes, et c'est aussi leur disparition qui annonce la décrépitude et la décadence des arts.

SECTION TROISIÈME.

L'ÉTENDUE SUPERFICIELLE ET LES A-PLATS.

65. Les spécifications fondamentales de l'étendue superficielle sont la surface plane ou le plan, et les surfaces courbes. En général, une surface peut être plane ou composée de surfaces planes; courbe, et alors arrondie, bombée ou infléchie, et possédant des concavités et des convexités qui se suivent continûment; variée, et alors composée de portions de surfaces quelconques, et pouvant comprendre des concavités et des convexités, des faces ou des facettes, des arêtes droites ou courbes, polygonales ou curvitales, des saillants polyédriques ou arrondis, etc.

Plus généralement encore et par analogie avec l'étendue linéaire, et les lignes que l'on conçoit formées de la juxtaposition d'une infinité de segments linéaires très-petits, il faut concevoir que l'étendue superficielle et les surfaces se composent de la coexistence d'une infinité d'éléments superficiels très-petits, ces facettes infiniment petites se tenant les unes les autres et toutes ensemble dans la totalité de la surface.

Tout comme les lignes, les surfaces sont soumises à un principe de coordination, de construction, de disposition et de symétrie, qui détermine les formes individuelles. Les surfaces proprement dites étant naturellement inhérentes aux formes proprement dites matériales ou esthétiques, nous ne nous occuperons ici que du plan et des à-plats qui en dérivent.

CHAPITRE I.

LES FORMES FONDAMENTALES DE L'ÉTENDUE SUPERFICIELLE.

66. Les formes fondamentales de l'étendue superficielle sont :

1° Le plan ou l'espace quadrangulaire ;
2° Le cercle ou l'espace circulaire ;
3° La bande ou l'espace linéaire ;
4° L'angle ou l'espace angulaire.

La grandeur superficielle, ou l'à-plat, est homogène et uniforme ; on n'a donc une perception réelle de l'étendue superficielle qu'autant que cette étendue est une portion d'un tout infini limité par une figure. Si la courbure peut être uniforme et déclinée, il n'en est point de même de l'à-plat ; il faut ici l'artifice de la détermination, et c'est la *quantité* d'à-plat qui peut être uniforme ou déclinée dans les limites de la forme qui la contient. Cette homogénéité, cette uniformité essentielles à l'étendue superficielle nécessitent l'idée d'une coordination qui la gère, et c'est ce qui en détermine les quatre formes fondamentales.

1° *Le plan.* — Les coordonnées harmoniques du plan sont les horizontales et les verticales, qui correspondent aux deux dimensions du plan ; puis les obliques ou les diagonales, qui participent des deux coordonnées fondamentales et qui se composent avec les deux dimensions du plan (parallélogramme des directions, analogue au parallélogramme des vitesses ou des forces). Les obliques ont deux positions fondamentales, les obliques d'un côté et les obliques de l'autre, par rapport à la verticale ou à l'horizontale. Ce sont ces coordonnées naturelles qui limitent le plan, de sa nature illimité ; l'horizontale, la verticale et les obliques déterminent donc quatre systèmes de lignes qui, isolément, découpent le plan en segments qui sont des bandes ; combinés deux à deux, le découpent en segments quadrilatères, combinés trois à trois ou quatre à quatre, le découpent en segments quelconques, mais le plus généralement triangulaires (voir la théorie des réseaux). C'est cette décomposition harmonique du plan qui donne un caractère particulier à la décoration monumentale, par les joints qui résillent les murs ; à la décoration des parois des édifices et des objets mobiliers par les mosaïques, les pavements et les revêtements obtenus par la juxtaposition et l'ajustement de segments de plan.

2º *Le cercle.* — L'étendue superficielle étant rapportée à un point, on conçoit que cette étendue s'accroît uniformément et circulairement à l'entour de ce point. Les coordonnées harmoniques de l'espace circulaire sont les droites en nombre quelconque, toutes irradiant du point, et les circonférences concentriques en nombre indéfini, qui enveloppent l'espace circulaire. Les circonférences concentriques limitent l'espace circulaire, de sa nature illimité. Les rayons décomposent l'espace circulaire en espaces angulaires ou en girons. Ces deux systèmes de coordonnées réunis décomposent l'espace circulaire en segments quadrangulaires et curvilignes, qui sont les segments des couronnes déterminées par le système des circonférences concentriques.

3º *La bande.* — L'étendue superficielle étant rapportée à une ligne droite, est indéfinie en longueur ou linéairement, et finie, quoique illimitée, en largeur. Les coordonnées de la

bande sont la droite directrice et les lignes qui lui sont parallèles, puis les droites transverses, droites ou obliques. Les
deux systèmes des coordonnées analogues à celles du plan,
décomposent la bande en segments quadrilatères analogues à
ceux du plan.

4° *L'angle.* — Dans l'espace linéaire, l'étendue superficielle
est uniforme; dans l'espace angulaire, l'étendue superficielle
est déclinée depuis l'ouverture de l'angle jusqu'à son sommet,
où cette étendue finit à rien. Suivant l'écartement des deux
lignes, la déclination est lente ou prolongée, ou bien rapide et
courte. En géométrie, on dit que l'angle est l'inclinaison de
deux lignes et l'on mesure cette inclinaison par l'écartement
circulaire de ces deux lignes; figurativement, on appelle l'angle
la figure déterminée par deux lignes qui se rencontrent; ici,
il faut entendre par angle l'espace superficiel compris entre
deux lignes droites obliques l'une à l'autre, ou l'espace em-
brassé par le *pli* d'une ligne droite. Dans cette troisième ou
quatrième acception du mot angle, on entend considérer exclusivement la déclination de l'espace angulaire. Les lignes et leur
inclinaison ne font qu'imprimer un caractère de forme à cette
déclination.

67. Pour se rendre compte des grandeurs, c'est-à-dire pour
les apprécier mathématiquement ou architectoniquement, on
les rapporte à une unité de mesure ou d'appréciation.

L'unité de mesure pour l'évaluation des grandeurs est le
carré.

L'unité d'appréciation pour la contemplation des grandeurs
est le cercle.

Entre toutes les formes fondamentales de l'étendue, seul,
l'espace circulaire est absolu. Sa forme est absolue, et sa
grandeur ne dépend que d'une seule dimension, la longueur
du rayon d'extension superficielle. Parce que cette forme est
la plus simple, en soi et par rapport à la condition physiologique de la perception de l'étendue, elle est naturellement l'u-

nité fondamentale de l'appréciation de l'étendue superficielle.

En géométrie, le principe de la mesure des aires, ou la détermination de la quantité d'étendue superficielle, consiste,
après qu'on a défini l'unité de surface, à choisir pour cette
unité la surface du carré dont le côté est l'unité de longueur,
puis à établir la règle fondamentale pour mesurer la surface
d'un rectangle quelconque ; de là on passe algébriquement à
l'établissement d'une formule générale, qui contient virtuellement toute la théorie des quadratures. Et cela est fondé en
raison, car l'étendue superficielle se compose avec l'élément
superficiel infiniment petit, de forme rectangulaire, c'est-à-
dire de forme homogène aux deux dimensions de l'étendue.
C'est par la variation en grandeur de ces deux dimensions que
l'étendue superficielle varie en grandeur, et c'est par la forme
rectangulaire que l'on a prise sur cette variation. Entre tous
les rectangles, le carré est une forme absolue et invariable.
Les deux dimensions y étant égales, c'est donc l'unité naturelle
de mesure, et toute la théorie des quadratures consiste dans la
sommation des rectangles infiniment petits dont les quotités
infiniment grandes ou les quantités (lesquelles quantités rapportées à l'unité ou au carré peuvent s'exprimer en nombre)
remplissent les figures. L'artifice du géomètre qui veut appliquer le calcul à la détermination géométrique des formes,
consiste à substituer à la coexistence des coordonnées hétérogènes ou harmoniques à ces formes, le concours de coordonnées
homogènes ou conformes aux dimensions de l'étendue. Si
donc, à l'aide des données de la science mathématique, on
peut déterminer une loi qui relie les coordonnées homogènes
et qui les rende fonction les unes des autres, on transformera
une forme pour les yeux en une forme pour l'esprit, et la
méthode, la logique et le calcul s'y pourront appliquer.

En outre de cette méthode générale et tout à fait rationnelle,
c'est-à-dire conforme à la nature des choses, et à la logique
générale, et qui domine tous les faits particuliers, les géomè-

tres ont eu recours, bien antérieurement à la découverte des
règles générales de l'intégration, à des constructions particulières pour trouver la mesure des aires du triangle, du trapèze,
du cercle, et en général des figures dont on s'occupe dans les
éléments de géométrie. Ces procédés très-particuliers et plus
immédiatement adaptés au but spécial que l'on poursuit, constituent la méthode que l'on qualifie de *synthétique,* par opposition à la méthode générale et *analytique.* De ces deux méthodes également intéressantes, l'une, la géométrie analytique,
est conforme à la théorie des grandeurs, et embrasse dans des
formules générales tous les faits particuliers ; l'autre, la géométrie synthétique, s'adapte plus immédiatement à l'individualité
ou à l'individualisation des formes, les détermine une à une et
les compare de proche en proche.

: A la méthode générale ou analytique, répondent l'application
générale du système des coordonnées rectangulaires et la
mesure de l'étendue par la sommation infinitésimale à l'aide du
calcul intégral. A la méthode synthétique répondent les systèmes particuliers de coordonnées plus immédiatement adaptés
à l'espèce des formes particulières, et la mesure immédiate de
l'étendue par les dimensions géométriques propres à l'espèce
des formes particulières.

68. En architectonique, où les éléments sont si différents,
l'analogie avec les procédés mathématiques se soutient pourtant, et il y faut distinguer également deux méthodes d'appréciation. De même qu'en géométrie, l'unité de mesure ou le
carré est commune aux deux méthodes, de même en architectonique l'unité d'appréciation ou le cercle est commune
aux deux modes d'appréciation. Le premier, très-général,
consiste à remplir le nu ou l'à-plat des formes par des cercles
tangents entre eux et tangents aux lignes de la figure ; la corrélation de ces cercles entre eux et la comparaison de leurs à-plats
déterminent l'appréciation esthétique de l'à-plat général de la
figure. Si la forme est complexe ou composite, on la décom-

pose en ses formes constituantes ou parties élémentaires, et
l'on apprécie chacune d'elles par la méthode générale, puis,
reconstituant la forme intégrale et l'embrassant dans une
forme-enveloppe générale, on apprécie celle-ci dans sa totalité.
Le second mode, variable avec la nature de la figure, considère
particulièrement les dimensions déterminantes, celles qui frappent immédiatement; par exemple, un rectangle est déterminé le
plus immédiatement par ses deux dimensions, la longueur et la
largeur, qui peuvent être dans un rapport quelconque : indéterminé si les dimensions sont peu différentes, ou déterminé si
les dimensions sont franchement différentes, ou enfin multiple
si une dimension se compose linéairement et numériquement
avec l'autre. Par le premier mode, on ne considère plus que
l'à-plat et sa proportion générale, dont on se rend compte par
les cercles tangents, ou peut-être plus aisément par l'application
immédiate des formes fondamentales des à-plats (n° 75).

Appliquant la méthode générale à l'appréciation des formes
fondamentales de l'espace, c'est-à-dire à la bande et à l'angle
seulement, puisque le plan échappe à toute limitation et que
le cercle est l'unité même, nous obtiendrons, conjointement à
l'application du principe, une définition exacte de ce qu'on
doit entendre par la déclination d'à-plat. En inscrivant des
cercles tangents entre eux et aux limites de la bande, tous ces
cercles sont égaux et la prolongation indéfinie et uniforme de
la bande est caractérisée par la répétition indéfinie et uniforme
de l'aréole circulaire (1). Il faut entendre ici que ce moyen est
artificiel, car on a la perception immédiate de l'étendue
linéaire et uniforme, sans que cette aide de l'inscription des
cercles soit nécessaire. Pour l'angle, ce moyen est également
artificiel, mais il offre cet avantage incontestable de bien mettre
en évidence son caractère essentiel, celui de la déclination (2),
(3). Suivant que l'angle est aigu ou obtus, c'est-à-dire surélevé
ou surbaissé, appointé ou rampant, la déclination de l'espace
y est suivie ou rampante, c'est-à-dire simple ou récurrente,

c'est-à-dire unilatérale ou collatérale. Ces deux angles ont un axe de symétrie qui se confond dans l'angle aigu avec la direc-

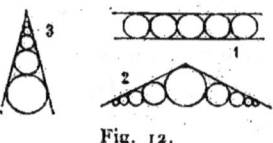

Fig. 12.

trice ou l'axe linéaire et dans l'angle obtus avec la hauteur, la directrice proprement dite y étant horizontale (fig. 12).

CHAPITRE II.

GÉNÉRATION DES A-PLATS FONDAMENTAUX.

69. L'unité architectonique de l'appréciation de l'à-plat est le cercle, dont la fluxion ou l'accroissement de grandeur s'étend uniformément à l'entour d'un point actuel ou virtuel. Le cercle ayant une infinité d'axes tous irradiant du centre, si l'on conçoit la fluxion de l'à-plat suivant un axe ou plusieurs axes disposés régulièrement ou irrégulièrement, et suivant que la fluxion sera uniforme, ou déclinée, ou variée d'une manière quelconque, on assistera à la génération de toutes les formes, pour variées et diverses qu'on les puisse imaginer. Partant de cette unité absolue, la fluxion de l'étendue est déterminée par la combinaison de l'*extension circulaire* avec la *translation linéaire* : le centre de l'extension se transportant continûment en tous les points successifs de la ligne directrice. Une ligne directrice et un point directeur, tels sont les fondements irréductibles et derniers de la génération des formes. Le cercle passant par tous les états de grandeur, depuis le point jusqu'à l'espace indéfini, les lignes se pouvant concevoir comme déterminées par une suite de points dont les intervalles passent par tous les états de grandeur, on en conclut que la corrélation de l'étendue superficielle à l'étendue linéaire est absolue. Un rapport établi entre l'extension circulaire et la ligne directrice, est ce qui détermine les formes fondamentales des à-plats.

Les termes généraux de ce rapport sont :

1° Un cercle fixe, c'est-à-dire invariable dans son étendue, et une ligne directrice : la forme de l'étendue est alors déterminée par la translation du cercle suivant le cours de la ligne ;

2° Un cercle variable, dont la grandeur varie harmoniquement à la forme de la déclination, et une ligne directrice ; la forme de l'étendue est alors déterminée par la translation du cercle en tous les points successifs de la ligne.

I. — UN CERCLE FIXE ET UNE LIGNE DIRECTRICE.

70. *Directrice droite.* — La droite étant indéfinie, par la translation du cercle on a la bande, indéfiniment symétrique de part et d'autre en tous ses points, et par conséquent uniforme ; c'est la troisième forme fondamentale de l'étendue superficielle. Si la droite est finie, on aurait une figure également finie (1) et terminée à ses deux extrémités circulairement.

Directrice circulaire. — La circonférence étant finie et fermée, on a une bande circulaire ou une couronne ; les arcs étant finis, on a des figures finies et terminées circulairement aux deux extrémités de l'arc (2).

Directrice recourbée. — La recourbée étant essentiellement finie, on a la figure (3). L'anse donnerait la figure (4) (fig. 13).

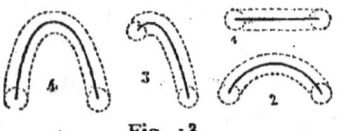

Fig. 13.

Il serait inutile de prolonger plus avant les détails explicatifs de ce mode uniforme de génération, qui s'étend à toutes les lignes simples, composées et composites, c'est-à-dire aux anses, aux oves, aux ovales, aux lignes ondulées, rebroussées, bou=

clées, polygonales, etc. En signalant les terminaisons circulaires
des lignes, nous nous sommes conformés à la logique scientifique; mais il ne faut pas attacher à cette indication plus d'importance qu'il ne convient. Esthétiquement, les à-plats linéaires
finis sont des segments des à-plats linéaires indéfinis : ainsi le
rectangle est un à-plat linéaire fini, le plein-cintre est un
à-plat circulaire fini; c'est qu'en effet il ne faut pas confondre
la terminaison physique avec la détermination esthétique; les
extrémités des lignes sont des terminaisons physiques, et non
des terminaisons harmoniques à ce qui fait l'essence de la ligne,
c'est-à-dire à la continuité linéaire. D'ailleurs, et plus généralement, ce mode d'appréciation de l'étendue est ici un peu
détourné, car on a l'intuition immédiate de l'à-plat linéaire
que l'on conçoit comme composé par des segments rectangulaires, l'idée de centre, solidaire de l'idée de cercle, étant en
effet étrangère à l'idée de ligne.

II. — UN CERCLE VARIABLE ET UNE DIRECTRICE.

71. *Directrice droite.* — Partant d'un cercle fixe, et d'un
point fixe de la droite, si le centre du cercle vient se placer
successivement en tous les points successifs de la ligne, en
même temps que sa grandeur ou sa quantité d'étendue augmente ou diminue, c'est-à-dire, décline continûment, on a les
à-plats déclinés et spécialement les déclinations angulaires.
L'idée la plus simple que l'on puisse se faire de cette déclination consiste à lui assigner pour déclinatrice une droite inclinée à la directrice, ou une portion d'arc, et les déterminations
fondamentales de ces déclinations ont pour déclinatrice ou pour
forme-enveloppe les angulations fondamentales, c'est-à-dire
l'angulation rectiligne, l'angulation suraiguë et l'angulation
renflée (1), (2), (3), (fig. 14).

Bien qu'il faille concevoir idéalement des cercles en tous les points de la directrice, en indiquant, comme nous l'avons fait ici, seulement les cercles tangents, on accuse mieux par ces termes discontinus physiquement le caractère essentiel de la déclination. Dans la figure (1), la déclination est essentiellement régulière et adoucie, c'est l'angle rectiligne ordinaire ; dans la figure (2), la déclination est rapide, et l'appointement accentué ; dans la figure (3), la déclination y est lente et comme hésitante, ici l'à-plat proprement dit l'emporte sur le caractère de désinence attaché essentiellement à la déclination angulaire. D'après cela la forme (1) est mitoyenne aux formes (2) et (3).

Dans ces figures la déclination est prolongée, mais suivant l'inclinaison respective des lignes-enveloppe, cette déclination change de caractère, si l'angle est très-ouvert la déclination est brusque et comme étranglée (4), (5), (6). C'est qu'en effet

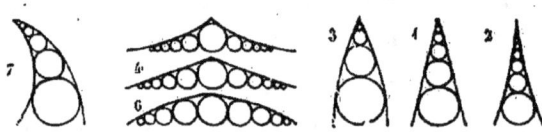

Fig. 14.

cette déclination, au lieu d'être simple, devient symétrique ou récurrente et s'étend de chaque côté de la directrice. Ces déclinations se rattachent à l'ordre horizontal, conforme au second caractère de la droite (indéfiniment symétrique en tous ses points). Les premières se rattachent à l'ordre vertical, conforme au premier caractère de la droite (un parcours successif d'un point à un autre).

Suivant leur échelle, ces déclinations sont des formes, ou des désinences. Ce sont les désinences qui varient les détails des formes et les accentuent à des degrés divers.

72. *Directrice arquée.* — La progression d'un cercle suivant un arc, détermine une forme particulière de la déclination angulaire, c'est la déclination recourbée ou crochue (7).

7

La forme des déclinations étant successive, c'est-à-dire, commençant à un point pour finir à un autre, il faut distinguer deux formes fondamentales de cette déclination : 1º la déclination angulaire où l'à-plat finit à rien, la directrice allant jusqu'au sommet de l'angulation ; 2º la déclination ovalaire, suivant une directrice finie à l'extrémité de laquelle irradie un à-plat circulaire qui arrondit la désinence. Comme dans les déclinations angulaires, la directrice y peut être une droite ou un arc. Ces déclinations sont réglées et délimitées par les anses ou les recourbées variées ; ces lignes sont alors l'enveloppe d'une série de cercles, qui se suivent linéairement et déclinent conformément à la recourbée déterminante. La suite des cercles est indéfinie du côté de l'ouverture de l'anse, et finie près du sommet, en un point fixe où le cercle dernier est, comme disent les géomètres, *osculateur* de la courbe, ce qui veut dire que le cercle a en ce point la même courbure que la courbe. La désinence ovalaire est plus ou moins accentuée, et varie depuis l'arc de cercle jusqu'à la désinence angulaire.

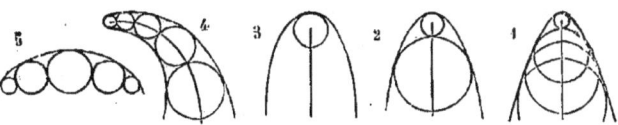

Fig. 15.

Selon que l'anse est hyperbolique, parabolique ou elliptique, et que la directrice est droite ou curviligne, on a les figures (1), (2), (3), (4). La forme elliptique (3) est une moitié d'ovale, la forme recourbée (4) a un point d'inflexion.

Par analogie avec les angulations obtuses, on a des déclinations ovalaires surbaissées (5) en anses de panier.

Il ne faut point confondre ici l'à-plat avec la ligne de contour, les cercles d'à-plat se développent indépendamment de cette ligne de contour, qui n'est qu'une forme-enveloppe. Si l'on s'attachait à la ligne seule et qu'on voulût en apprécier la courbure, on décrirait des cercles osculateurs, dont les centres se trouveraient en grande partie hors de la figure; on ne peut donc confondre ces cercles de courbure avec les cercles d'à-plat.

En résumé, toutes les formes possibles d'à-plats se composent synthétiquement avec les éléments suivants, ou se décomposent analytiquement en ces éléments :

1º L'extension circulaire;

2º La prolongation linéaire, ou uniforme, et rectiligne ou curviligne;

3º La déclination angulaire, rectiligne ou curviligne, droite ou recourbée;

4º La déclination ovalaire, rectiligne ou curviligne, droite ou recourbée.

La déclination angulaire est finie physiquement, et son à-plat est de même forme et homogène dans toute son étendue. La déclination ovalaire est finie harmoniquement, et son à-plat se compose harmoniquement avec l'extension circulaire et la déclination angulaire.

CHAPITRE III.

LES DOMINANTES FONDAMENTALES DES A-PLATS.

73. L'étendue étant essentiellement uniforme et homogène en tous ses points, se compose harmoniquement avec ses deux dimensions; toutes les formes fondamentales de l'étendue et les segments qui en dérivent immédiatement, participeront de sa nature essentielle en tous les points et dépendront dans leur allure générale de la relation de leurs deux dimensions principales, la longueur et la largeur.

Ces deux dimensions dans leur extension indéfinie déterminent le plan. Les segments ou parties de plan sont les à-plats véritablement simples et dont les dimensions actuelles sont nettement déterminées. Ces segments sont les formes polygonales en général.

Si l'on conçoit que ces deux dimensions se balancent harmoniquement dans un tout confus, où ces dimensions sont dissimulées, on aura l'idée de l'espace circulaire, où l'on conçoit l'à-plat non plus subordonné aux deux dimensions de l'étendue superficielle, mais irradié uniformément autour d'un point virtuel, et par conséquent déterminé par une seule longueur, le rayon d'extension ou d'irradiation. La représentation actuelle de l'espace circulaire est le cercle virtuellement inséparable de l'idée de centre. Toutes les figures déterminées par la segmentation de l'espace circulaire participent de sa nature essentielle et l'idée de centre en est inséparable. On a ainsi les polygones proprement dits qui ont pour dimension le rayon d'étendue, et où par conséquent les deux dimensions fondamentales de l'étendue superficielle sont dissimulées.

La différence fondamentale entre l'à-plat proprement dit, et l'espace circulaire, consiste en ce qu'on embrasse l'à-plat successivement en tous ses points et par la présence simultanée des deux dimensions ; tandis qu'on embrasse d'emblée l'espace circulaire, à l'exclusion de l'idée des deux dimensions. Ceci deviendra plus clair, si l'on joint à l'aperception de l'étendue, la perception d'une qualité particulière qui lui serait attachée, celle de la couleur. Physiologiquement, la sensation de couleur se concentre en un point autour duquel l'intensité de la sensation va diminuant de plus en plus. Un cercle coloré déterminera une sensation vive, s'il est de grandeur convenable. Pour percevoir la sensation en tous les points d'un à-plat proprement dit, il faudra donc se placer successivement en tous les points de cet à-plat, qui paraîtra alors uniformément coloré.

Si l'on considère d'autre part que la ligne courbe a pour caractère essentiel de ramasser l'étendue superficielle dans sa concavité, en impliquant l'idée actuelle ou virtuelle de centre, on s'expliquera le caractère tranché des formes polygonales, et pourquoi l'idée de l'à-plat s'impose invinciblement quand on contemple les figures terminées par des lignes droites, et cela indépendamment de la coordination ordinale de ces lignes ou de la disposition de la figure, ce qui est une considération spéciale et qui relève de l'idée de l'ordre.

Si dans l'à-plat une dimension l'emporte décidément sur l'autre qui lui est subordonnée de très-loin, on a la troisième forme de l'étendue superficielle, ou la bande. Les segments de la bande emportent avec eux la caractéristique fondamentale, celle de la prolongation linéaire ou suivant le cours d'une ligne. Il ne s'agit plus ici de l'à-plat dont on contemple tous

les points ensemble ou successivement et dans les deux dimensions de l'étendue, ni de l'espace circulaire où la contemplation
se concentre en un point qui contraint l'espace environnant,
mais il s'agit d'une espèce très-particulière d'à-plat qui tient le
milieu entre les deux précédents, étant, comme l'à-plat proprement dit, uniforme en tous ses points, mais où une dimension
est réduite, tandis que l'autre grandit démesurément, et comme
l'espace circulaire de contemplation immédiate en tous les
points successifs de la ligne directrice. Dans la bande, l'à-plat
est indéfiniment symétrique de part et d'autre du point que l'on
considère.

Enfin, si l'on conçoit que, relativement à cette dimension
qui caractérise la bande, l'espace est non plus réparti uniformément de chaque côté de la ligne, mais, au contraire, s'en va
décroissant depuis une extrémité de la ligne jusqu'à l'autre et
y finit à rien, on a la quatrième forme de l'étendue superficielle ou la déclination angulaire. Tous les segments de cette
étendue ont pour caractéristique l'à-plat angulaire.

74. Tous les segments polygonaux ont donc pour caractère
primitif et général d'être une portion d'à-plat ; puis, considérant
successivement leur dérivation des formes principales de
l'étendue, il s'y joint une caractéristique fondamentale que
nous appellerons la dominante de l'à-plat. C'est cette caractéristique qui détermine la *forme* de l'à-plat du segment. Les
espaces étant théoriquement indéfinis et de composition homogène dans toute leur étendue, une première détermination
architectonique consiste à imaginer la segmentation harmonique de ces espaces. Chacun d'eux donne lieu à des segments
particuliers et propres qui participent de sa nature fondamentale, savoir :

1° *Segments du plan*. — L'étendue du plan étant subdivisée
par les lignes harmoniques, donne lieu à des segments en
général polygonaux et particulièrement quadrilatères. Leur
dominante est l'à-plat proprement dit.

2° *Segments du cercle.* — L'espace circulaire étant régulièrement ou irrégulièrement segmenté par des droites, et sous la
contrainte du point virtuel ou du centre, donne lieu à des
segments qui sont les polygones proprement dits. Leur dominante est circulaire.

3° *Segments de la bande.* — L'espace linéaire étant recoupé
par des droites, on a pour segments propres les quadrilatères.
Leur dominante est linéaire.

4° *Segments de l'angle.* — L'espace angulaire a pour
segments propres les triangles. Leur dominante est angulaire.

Si, dans ces segments, l'on fait abstraction de l'à-plat pour
ne plus considérer que le contour, on a une figure linéaire
composée dont les parties sont soumises à un plan ou diagramme
de disposition. Si l'on fait abstraction, enfin, de ces contours
eux-mêmes pour ne plus considérer que le diagramme dans
son existence abstraite et idéale, on en fournira un signe ou une
représentation à l'aide de lignes et de points, ou une définition par les voies ordinaires du langage.

D'après cela, et reprenant à ces fins les formes fondamentales
de l'étendue, il faut concevoir et se mettre en l'esprit les corré-
lations suivantes :

A l'espace rectangulaire, ou au plan, correspond la répartition coordonnée, ou l'ordre simultané, corrélatif aux systèmes
de lignes et de réseaux qui relient les différents points de
l'étendue.

A l'espace circulaire, ou au cercle, correspond l'ordre circulaire corrélatif à la répartition régulière de points autour d'un
centre.

A l'espace linéaire, ou à la bande, correspond l'ordre
linéaire uniforme, c'est-à-dire récurrent ou indéfiniment symétrique de part et d'autre de chaque point.

A l'espace angulaire, ou à l'angle, enfin, correspond l'ordre
linéaire successif, c'est-à-dire tout d'un côté et dans le sens de
la ligne ou d'un point à un autre.

CHAPITRE IV.

LES FORMES FONDAMENTALES DES A-PLATS.

75. Appliquant ensemble ou séparément les trois modes fondamentaux de la génération des à-plats aux diagrammes, ou plans de disposition des formes ou des ornements, c'est-à-dire attachant l'extension circulaire, la prolongation linéaire et la déclination à des lignes simples ou composites qui traduisent le plan de disposition, on engendre une infinité de formes qui toutes se ramènent par l'analyse ou la décomposition aux formes fondamentales suivantes (fig. 16 et 17) :

1º *Le cercle.* — Unité absolue et noyau fondamental des formes, rapporté tout entier à un point directeur; sa grandeur varie avec la longueur du rayon d'extension (1).

2º *L'ove angulaire.* — Si, partant du cercle, on conçoit la fluxion déclinée de l'à-plat suivant une droite directrice, issant du point directeur et finie à son autre extrémité, et suivant la forme de cette déclination qui peut être rectiligne, suraiguë ou renflée, on obtient les trois formes principales de l'ove angulaire (2) (3) (4). Ces déclinations angulaires sont des *désinences*, car les à-plats y ont une fin actuelle. — Si l'on prend un arc directeur, ou une recourbée, au lieu d'une droite, on a la quatrième forme de l'ove angulaire, l'ove recourbé ou crochu (5). Le caractère et l'accent de ces formes varie avec l'amplitude de la déclination guidée par la longueur de la directrice.

3° L'ove proprement dit. — Partant du cercle, si l'on conçoit la fluxion déclinée de l'à-plat suivant une droite directrice issue du point directeur et finie harmoniquement à son autre extrémité, c'est-à-dire possédant à cette extrémité un point

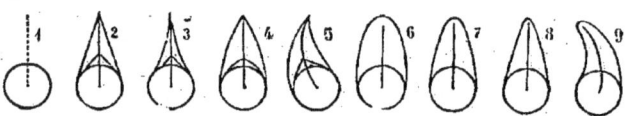

Fig. 16.

directeur d'où irradie un nouveau cercle, on a les oves proprement dits (6) (7) (8) qui, à l'encontre des oves angulaires, possèdent un caractère d'unité plus relevé, c'est-à-dire harmonique à la forme. L'unité des oves angulaires consiste dans une fin actuelle d'à-plat. Les extensions circulaires des extrémités de la ligne directrice peuvent passer ensemble ou séparément par tous les états de grandeur. Si le cercle de désinence est très-petit, l'ove tend à se rapprocher de l'ove angulaire.

Si la directrice était un arc de cercle ou une recourbée, on aurait l'ove recourbé (9).

4° L'ovale. — Partant du cercle, si l'on conçoit la fluxion ovalaire comme s'étendant symétriquement de chaque côté du point directeur, suivant un diamètre, on a l'ovale (1) qui est

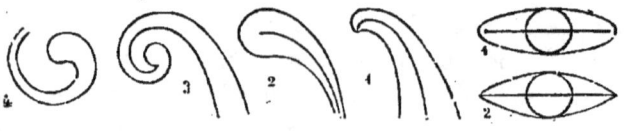

Fig. 17.

une forme écartelée ou pairement paire, et qui possède un centre de figure et deux points directeurs qui lui sont symétriques. Si les cercles des extrémités étaient réduits à un point, on aurait un ovale angulaire (2).

5° *La crosse*. — La droite et les arcs, étant de composition uniforme, sont des lignes indéfiniment symétriques ou paires. La recourbée, étant indéfiniment variée d'un point à un autre de son parcours, est une ligne impaire ou assymétrique. Si donc l'on conçoit un cercle à l'une de ses extrémités, et la fluxion déclinée de l'à-plat suivant le cours de la ligne, selon que la déclination aura lieu dans un sens ou dans l'autre de la recourbée directrice, on déterminera deux formes distinctes (1) (2). Dans (1), la grandeur de l'espace va déclinant dans le sens du départ à la désinence; dans (2), la grandeur de l'espace va déclinant dans le sens de la désinence au départ. Si le cercle de l'extrémité était réduit à un point, on aurait les crosses à désinence angulaire.

Si la directrice devenait un enroulement, la déclination de l'espace aurait lieu nécessairement, et exclusivement, du départ à la désinence, à cause de l'obstacle des spires indéfiniment rentrantes. La volute ionique est un exemple remarquable de cette forme.

CHAPITRE V.

LES LIGNES HARMONIQUES DES FORMES FONDAMENTALES.

76. 1° *Les lignes harmoniques du cercle.* — Le cercle possède deux systèmes de lignes harmoniques : les rayons rectilignes irradiant du point directeur ou du centre, et les circonférences concentriques qui limitent successivement l'extension successive de l'espace circulaire. Comme nous le verrons plus tard, l'ensemble de ces systèmes détermine des réseaux analogues à ceux du plan.

2° *Les lignes harmoniques de l'ove.* — Les coordonnées harmoniques de l'ove sont un centre principal et une ligne directrice, c'est-à-dire un centre d'extension et une ligne de prolongation. Si l'on conçoit la simultanéité de ces deux mouvements dans l'accroissement extensif de l'ove à partir de son point principal, cet accroissement sera indiqué par des oves inscrits les uns dans les autres dont l'accent de la courbure variera avec la grandeur, particulièrement les désinences qui varient harmoniquement depuis le petit cercle d'origine jusqu'à l'ovalation de l'ove dernier. Si donc, en admettant cette extension ovalaire, on veut marquer les lignes d'irradiation, on mènera une tangente en un point du contour, puis une normale qui coupera l'ove prochain en un point duquel menant une nouvelle normale qui coupera le troisième ove, et ainsi de suite, on aura des courbes irradiant du point principal et qui déterminent un ensemble palmé. On a donc pour les lignes harmoniques de l'ove et par analogie avec les lignes harmoniques du cercle, des rayons qui sont des lignes courbes à déclination variable de courbure, et des lignes concentriques qui sont des anses à déclination de courbure variable aussi, et qui dépendent harmoniquement de l'anse-enveloppe de l'ove (1) et (2) (fig. 18).

La forme de l'ove étant essentiellement variable, puisque la coordination qui la détermine est mouvante et non nécessairement dans un rapport déterminé, cette subdivision harmonique est essentiellement affaire de tact et de sentiment artiste. Comme cette théorie est importante en ce qu'elle est le fondement des formes et des dispositions palmées, on la peut rendre de com-

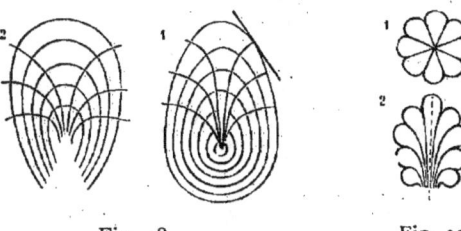

Fig. 18.　　　　　　　Fig. 19.

préhension plus aisée, en l'expliquant ainsi qu'il suit : il faut concevoir que partant du cercle subdivisé harmoniquement, le point directeur vient se placer successivement en tous les points de la ligne directrice, entraînant avec lui, conjointement avec l'à-plat, toutes les lignes du réseau primitif, ce qui en modifie non la coordination générale, mais la forme. Mais c'est là une conception grossière et destinée seulement à fixer les idées. La fluxion ou la déclination des parties n'est plus ainsi harmoniquement conforme à ce qui fait l'essence de l'ove, puisqu'elle résulte d'un mouvement mécanique essentiellement uniforme, et, par conséquent, non harmoniquement conforme à la nature de l'objet auquel on prétend l'appliquer (1) et (2) (fig. 19).

Tout ce que nous venons de dire se rapporte à l'ove conçu

comme un accroissement ovalaire à partir du point principal.
Mais si l'on choisit au contraire la directrice linéaire et qu'on
lui rapporte l'ove tout entier, il faut se représenter que l'ove
est déterminé par le transfert successif d'un cercle d'étendue
variable en tous les points de la ligne directrice. Les lignes
harmoniques sont alors la directrice actuelle ou virtuelle et des
branchements symétriques de chaque côté de cette ligne. Les
lignes harmoniques sont alors subordonnées non plus à un
centre unique, mais à des centres successifs. Les lignes de
branchements sont courbées en sens contraire des précédentes
et tournent leur concavité vers l'axe. La courbure de ces ner-

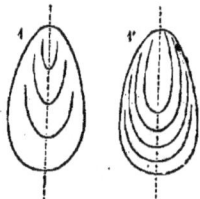

Fig. 20.

vures varie avec la courbure des contours : celle-ci diminuant
de plus en plus, celles-là diminuent aussi; le contour devenant
rectiligne, ces nervures sont aussi rectilignes. Par ce second
mode de subdivision, l'à-plat est *penné* avec une propension à
la palmation, c'est-à-dire à la convergence occulte des nervures
vers un point secret (1) et (1') (fig. 20).

Par analogie on déterminera aisément la subdivision harmonique de l'ove entier et de l'ovale, mais cette subdivision n'a
guère d'application dans les formes et les ornements; il est
donc inutile de s'y arrêter.

3° *Les lignes harmoniques de la crosse.* — Le cours d'une
crosse étant essentiellement linéaire, il faut concevoir que les
centres successifs sont multipliés et répartis conformément à
la recourbée et à des intervalles qui suivent dans leur variation

la loi de déclination de la recourbée directrice. On a donc comme dans la fig. (1) (2) la directrice et les lignes qui lui sont embrassantes, puis les nervures qui les recoupent. L'angulation déterminée par les branchements se maintient à peu près égale dans tout le parcours de la ligne. Les nervures tournées du côté de la convexité ont leur courbure en sens contraire ; celles qui sont tournées du côté de la concavité ont leur courbure dans le même sens. Si la directrice principale se subordonnait l'espace des deux côtés, on aurait les deux systèmes des nervures réunis. On se représentera aisément cette subdivision harmonique, si l'on recourbe par la pensée les formes pennées. Nous n'avons point indiqué ici les lignes qui embrassent la directrice, parce que cette disposition est avant tout linéaire,

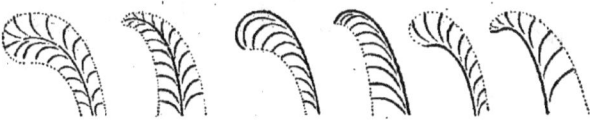

Fig. 21.

c'est-à-dire successive, et que par conséquent la subdivision de l'à-plat y est de peu d'importance.

77. On passe directement de la considération des crosses à la considération des formes à subdivisions pennées qui sont corrélatives aux déclinations ovalaires et angulaires. Dans les déclinations ovalaires, il y a au point d'ovalation un centre de palmation, et suivant la courbure des branches deux séries collatérales de branchements curvilignes ou rectilignes parallèles ou penchant vers la convergence occulte. Dans les déclinations angulaires renflées ou convexes, les nervures collatérales suivent la loi de variation des nervures de la déclination ovalaire, sauf l'absence de palmation au sommet. Dans les déclinations suraiguës ou convexes, les nervures collatérales suivent la loi de variation des nervures de l'ove. Dans la déclination recti-

ligne, les nervures sont rectilignes ou curvilignes, mais parallèles. Çette dernière forme conduit enfin à la considération de
la disposition pennée proprement dite, ou purement linéaire de
la bande, où les nervures sont parallèles et les angulations des
branchements égales.

D'après cela on voit que la transition est continue qui relie
le cercle à la bande, en passant par l'ovale, l'ove, les déclinations
ovalaires et les déclinations angulaires. Si l'on fait abstraction
de l'à-plat pour ne plus considérer que le diagramme de disposition, il faut remarquer trois diagrammes fondamentaux, celui
de la disposition radiée, subordonné à un point directeur,

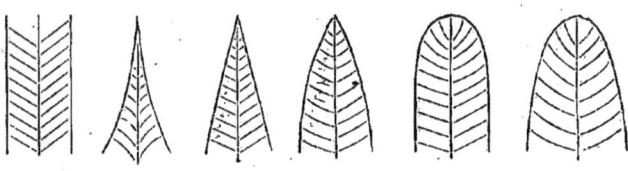

Fig. 22.

celui de la disposition pennée, subordonné à une ligne directrice, celui enfin de la disposition palmée, subordonné simultanément à un point directeur et à une ligne directrice et par
conséquent mitoyenne aux deux autres.

Il y a peut-être ici des indications précieuses pour l'étude de
la partie morphologique de la science des végétaux, mais on
sent bien qu'il ne nous appartient pas d'en vérifier la justesse
et la légitimité. Ces détails nous paraissent intéressants indépendamment de cette application détournée qu'on en peut faire,
parce qu'ils se lient à la théorie pure de l'ornement. C'est par
leur prise en considération qu'on peut se rendre compte de
la variation et de la variété dans les formes.

CHAPITRE VI.

DE LA VARIATION DANS LES FORMES FONDAMENTALES.

78. Toutes les formes possibles se composent avec les deux dimensions de l'étendue. Dans la composition de ces deux dimensions, il arrive trois cas : 1º les deux dimensions sont égales, 2º la dimension longitudinale est la plus grande, 3º la dimension transversale est la plus grande. Les types qui correspondent à ces trois cas, sont : le cercle, l'ove et l'ovale. Dans le cercle, les deux dimensions sont égales, la figure se concentre tout entière en un point, et par conséquent est indifférente en soi à toute orientation. Dans l'ove, la dimension dominante est longitudinale, c'est par cette dimension que l'ove est susceptible de telle orientation déterminée, droite ou renversée, c'est-à-dire conforme à l'ordre vertical, ou bien oblique à tous les degrés, et alors rapportée à une disposition déterminée. Dans l'ovale, la dimension dominante est transversale et conforme à l'ordre horizontal ou symétrique.

On passe par des transitions continues du cercle à l'ovale, et de l'ovale à l'ove. Un cercle légèrement déprimé d'un côté, devient un ove dont la dimension déterminante est longitudinale et le sens vertical ; un cercle déprimé de deux côtés parallèles, devient un ovale dont la dimension déterminante est transversale et le sens horizontal. Une troisième dépression équilibrée avec les deux premières ramènerait l'unité circu-

laire, mais déterminerait trois axes ou trois saillants à la forme.
Ainsi pour quatre, cinq, etc. Un ovale qui s'allonge d'un seul
côté devient un ove. Si, partant de l'ove typique, on déprime
l'abside, la forme, au lieu d'être exclusivement dans le sens
longitudinal, prend une assiette horizontale ; c'est cette modification de forme qui rend si remarquable l'ove des Grecs, et
c'est par la corrélation de ces deux variations, l'une verticale,
l'autre horizontale, que l'on donne naissance aux variétés
infinies des panses de vases. Par la dépression de l'abside de
l'ove, on fait descendre la masse circulaire et l'on diminue l'allongement, qui, s'il était prononcé, anéantirait la coordination
essentielle de l'à-plat où doivent subsister les deux coordonnées
verticales et horizontales, l'une étant plus grande que l'autre
seulement pour donner un sens à la forme. Si ces dimensions
étaient égales, on aurait le cercle où finit toute forme.

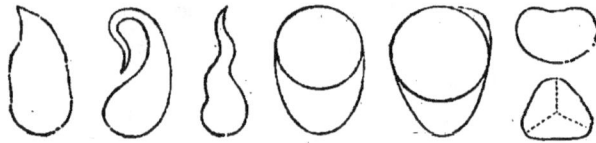

Fig. 23.

Les déclinations angulaires ou ovalaires, droites ou recourbées sont des formes essentiellement prolongées et qui échappent à toute forme équilibrée ou dont la mesure serait déterminée par le cercle, l'ovale ou l'ove. Ces déclinations impriment
aux formes dont elles sont les parties des accentuations remarquables. Si la déclination recourbée devenait une déclination
enroulée, l'unité de masse serait le cercle, cette forme impliquant
essentiellement un centre virtuel ou un pôle autour duquel
s'enroule la ligne, tandis que les recourbées ont des pôles
successifs qui coexistent linéairement.

Après cette première variation qui s'applique à l'allure générale et au sens de la forme, viennent les modifications qui

8

s'appliquent particulièrement au diagramme directeur. Dans le cercle, le point directeur implique un nombre infini d'axes ou de rayons qui passent par ce point et qui s'arrêtent au contour ; si l'on conçoit que l'à-plat flue légèrement au delà, on s'arrête en deçà de cette limite, et suivant un nombre quelconque de ces rayons, on imprime à la forme générale et à la ligne de contour de petits accidents de forme qui, tout en maintenant la dominante essentielle, rompent la monotonie et la sécheresse de la forme générale, et d'ennuyeuse qu'elle était, la rendent saisissante. Dans l'ove, bien plus de diversité encore s'introduit, le diagramme possédant deux points circulaires et une directrice qui les relie. Les deux points directeurs introduisent les variations inhérentes au cercle ; la directrice peut être droite, arquée, recourbée, infléchie, polygonale ou brisée, etc. La déclination ovalaire, se conformant à cette variation de la directrice, introduit dans la forme générale de l'ove un nombre considérable d'éléments de variation ; la prolongation de l'à-plat peut être uniforme dans une certaine étendue, pour de là passer à une déclination adoucie ou rapide, courte ou prolongée, droite ou ondulée, etc., etc. Le contour accuse ces différentes variations et s'y conforme. A l'inverse, si, conformément à l'image intérieure que l'on s'en fait, on traduit une forme par le dessin, les coups de crayon, s'ils sont accusés franchement, introduiront ces mêmes accents d'abord dans le contour, puis solidairement dans l'à-plat.

L'ovale participant du cercle et de l'ove, en subit toutes les variations, d'abord dans les dimensions déterminantes, puis dans le diagramme directeur où la directrice peut être rectiligne ou curviligne, uniforme ou variée, etc.

79. La variation qui s'attache particulièrement au contour, doit toujours rester solidaire de l'à-plat proprement dit. C'est ce dont généralement se préoccupent fort peu beaucoup d'habiles gens de notre époque, pour qui le dessin est l'art tout entier, et qui dans leur ignorance profonde du fond essentiel à la fois

inhérent à la nature des choses et à la nature de notre esprit, se croient artistes parce qu'ils sont adroits, et font consister toute la perfection de l'art dans la perfection du coup de crayon. Le dessin est une langue comme une autre, et de même que l'on peut parler fort adroitement pour ne rien dire, de même aussi on peut dessiner fort élégamment pour ne rien exprimer. L'enchaînement harmonieux des mots, tout comme le fini des délinéations, fait le plus souvent illusion, et si nos sociétés modernes possèdent beaucoup d'habiles écrivains et beaucoup d'habiles dessinateurs, cet avantage n'est pas sans compensation; on compte aujourd'hui, si tant est qu'il en reste encore, les bons littérateurs et les bons artistes.

On peut dire, en gros, qu'il y a deux manières de dessiner, selon que l'on indique toutes les parties du contour par des traits qui se succèdent brusquement, ou qu'au contraire on suit la totalité du contour par un mouvement non interrompu. Dans le premier cas, on accuse l'accent, et l'on ne perd pas de vue l'intégrité de la forme; dans le second cas, on poursuit la continuité et la netteté du trait, au détriment de l'intégrité de la forme que l'on néglige pour ne penser qu'à l'image. C'est dans ces deux modes de procéder que se trahissent les caractères et les manières de sentir personnelles. Le second mode entraîne la mollesse et la rondeur des formes, et le dessin devient une sorte de calligraphie où l'on s'attache à la propreté et à la sûreté du trait. Au contraire, le premier mode qui se lie généralement à un vrai sentiment de l'art, ne s'atteint pas du premier coup, et c'est au milieu d'un fouillis de traits et de lignes que le véritable artiste finit à la longue et sans se départir de la recherche incessamment active de la forme, par la découper et l'accuser en quelques traits énergiques et derniers.

Un contour quelconque implique un à-plat, réel ou imaginaire, c'est-à-dire qu'une forme quelconque exprime un à-plat implicite ou explicite. Quand l'à-plat est réel, c'est au contraire

le contour qui est implicite ou explicite, et les modes d'ornementation varieront suivant ces conditions. L'indication linéaire
d'une forme représente un champ coloré ou bien un relief, et
dans ce dernier cas il se joint aux traits principaux des traits
secondaires qui sont harmoniques à la forme, ces traits sont
des consonnances du contour et représentent le relief.

De même qu'on induit d'un contour l'existence d'un à-plat,
de même aussi on induit du tracé figuratif d'une disposition
comme une ombre d'à-plat corrélatif à ce tracé, et cela en vertu
de cette tendance particulière de l'imagination qui évoque à
propos d'une figuration abstraite, une image à plat ou en relief,
qui étend et gonfle pour ainsi dire les lignes et les points du
diagramme figuratif. Cette extension figurative que l'on ne fait
qu'entrevoir si l'esprit seul s'y attache, prend forme et consis-
tance si les énergies vitales et esthétiques l'élaborent en vue
d'une réalisation immédiate et individuelle à l'aide des matériaux
réels et tangibles que fournissent les arts.

CHAPITRE VII.

DES A-PLATS POLYGONAUX.

80. Tous les à-plats polygonaux ou déterminés par des contours rectilignes ont pour caractère essentiel d'être des segments d'à-plat, des portions tranchées de l'étendue superficielle. Comme rien ne limite *a priori* le nombre des segmentations, le nombre des segments de ligne qui composent le contour est indéfini, et par des segmentations indéfiniment multipliées on passe insensiblement d'un contour rectiligne à un contour curviligne. Il est donc utile d'examiner ces figures dont le caractère frappant et nettement déterminé peut aider à mieux comprendre les formes curvilignes et arrondies qui sont de composition moins simple et d'une analyse plus fine et plus profonde.

Ce qui frappe tout d'abord dans les figures au trait qui représentent les polygones, c'est le contour rectiligne (à cause que les segments de droite ayant une largeur sensible, sont des figures à symétrie écartelée et possédant par conséquent un point de rappel), où il faut distinguer des segments de droite qui se rencontrent bout à bout sous des angulations semblables ou différentes à tous les degrés. Selon le nombre et la longueur des segments, selon l'inclinaison de ces segments, et leur coordination générale, on a des figures différentes. Il faut au moins trois droites pour déterminer une figure fermée. A partir de ce

point rien ne limite plus le nombre des côtés. Les figures qui ont
trois côtés sont les triangles, celles de quatre côtés sont les
quadrilatères, celles d'un plus grand nombre de côtés sont les
polygones en général, ou les figures multilatères. A mesure
que croît le nombre des côtés, la figure s'accuse de moins en
moins, c'est-à-dire que les saillants angulaires s'effacent de
plus en plus, et en même temps que le contour tend à devenir
curviligne, l'à-plat tend à s'arrondir et à perdre son caractère
de segment de plan.

81. L'idée de nombre corrélative à l'idée de parties distinctes,
et l'idée de groupement corrélative à l'idée d'un ensemble de
parties, se lient immédiatement à l'idée de figure polygonale.
Ces deux idées de nombre et de groupement solidaires l'une
de l'autre, sont le fond purement intelligible de la notion supérieure de l'ordre, qui se lie d'autre part à la perception et à
l'intelligence des formes de l'étendue. On a donc la perception
immédiate des figures polygonales, puis il s'y joint l'intuition
d'un plan de coordination qui relève de l'idée de l'ordre et que
la géométrie rend sensible, en en fournissant une représentation
directe, moyennant les définitions de la symétrie. Ce plan de
coordination fait l'unité de la figure, constituée d'autre part par
un ensemble, une collection ou un groupe de parties, dont le
nombre peut être nettement déterminé, c'est-à-dire évalué, et
traduit en chiffres.

Un nombre étant une collection ou un groupe d'*unités* décomposable en d'autres groupes ou susceptible d'être formé par la
réunion d'autres groupes, si l'on subordonne l'idée de nombre
à des signes de convention, comme des points ou des chiffres,
ces points ou ces chiffres désigneront les unités numériques ou
les groupes de ces unités, et ces groupes suivant leur mode de
composition et leurs propriétés essentielles seront désignés par
des épithètes assorties; on ne sortira pas de l'arithmétique
pure, qui n'a d'autre langage que celui de l'algorithmie. Mais
si l'on prend pour ces *unités* des figures sensibles qui partici-

pent des propriétés de l'étendue, à toutes les espèces particulières de nombres correspondront des espèces de figures particulières ; ces figures seront des délinéations comme les polygones, ou des dispositions ornementales si les *unités* choisies sont des figures composées, et délimitant une portion réelle de l'étendue, c'est-à-dire un à-plat, impliquant ultérieurement un champ coloré ou un relief. Dans le premier cas, le *trait* proprement dit fournira une représentation des figures. Dans le second cas, ce sera le *dessin,* qui est une langue, non plus conventionnelle comme le trait, ni inventionnelle comme l'algorithmie, mais imitationnelle et s'adaptant immédiatement à la nature des choses, dans leur réalité phénoménale et sensible.

En logique, l'idée de groupe est purement abstraite et comporte seulement une définition purement logique qui, traduite par le *langage*, soutient et rappelle incessamment l'idée pure. En arithmétique, le langage et l'artifice des signes, ou l'*algorithmie*, traduisent les propriétés des nombres, et les attachent aux signes purement inventionnels ou aux chiffres qui représentent des groupes d'unités. En géométrie, l'idée de groupe est immédiatement figurée et traduite par le *trait* qui en fournit une représentation directe. Les traits sensibles, dont les propriétés particulières traduisent immédiatement les propriétés de l'étendue, figurent les unités particulières et constitutives du groupe. De plus, ces traits sont liés les uns aux autres et coexistent dans l'étendue, moyennant les conditions d'ordre et de situation qui relèvent de l'idée de l'étendue. C'est cette corrélation qui détermine l'*unité* du groupe ou de la figure. En architectonique enfin, les unités particulières et constitutives du groupe sont des objets réels, des délinéations, des à-plats ou des reliefs, dont la coordination purement architectonique détermine l'*unité* du groupe, conformément à l'idée esthétique de *type,* que le *dessin* traduit immédiatement en en fournissant une image sensible et représentative. Ces délinéations, ces

à-plats et ces reliefs, traduits par les modes particuliers d'ouvrer
ou de façonner qui constituent les arts et métiers, déterminent
enfin l'*unité* ou l'individualité des objets doués de réalités corporelles.

82. En suivant la série des figures polygonales, conjointement à la série ordinaire des chiffres, on distingue les triangles,
les quadrilatères, le pentagone, l'hexagone, etc., qui répondent
successivement aux chiffres 3, 4, 5, 6, 7, 8... (1 désignerait un
trait, 2 un angle). Les chiffres sont d'espèces différentes : on
distingue des nombres premiers, des nombres pairs, multiples, etc. A ces espèces de nombres correspondent des espèces
particulières de figures polygonales ; cette correspondance est
établie par les conditions particulières de la symétrie et de la
régularité, suivant le diagramme de disposition, dont la forme
générale est corrélative à la composition des groupes numériques.

I. — TRIANGLES.

83. Le nombre 3 est absolu, c'est-à-dire premier, parce qu'il
forme un groupe irréductible. Le triangle est aussi une figure
première et irréductible. La forme en est régulière ou irrégulière, selon que les trois côtés sont égaux ou inégaux. Si les
trois côtés sont inégaux, on a le triangle *scalène* (1) dont une
forme particulière est rectangle, si deux des côtés déterminent
une angulation perpendiculaire (2). Si deux des côtés sont
égaux, on a le triangle *isocèle* qui est de trois formes : la pre-

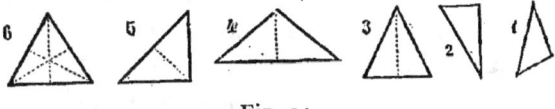

Fig. 24.

mière a une angulation aiguë (3), la seconde une angulation
ouverte (4), la troisième une angulation perpendiculaire ou

absolue (5). Enfin si les trois côtés sont égaux, on a le trigone (6), qui est la forme de triangle absolue (fig. 24). Tous ces
triangles sont des segments réguliers ou irréguliers d'à-plat,
ce sont les segments irréductibles et derniers du plan. On rapporte le triangle soit à l'espace circulaire, soit le plus naturellement à l'espace angulaire; dans ce dernier cas, le triangle est
un segment d'espace angulaire et sa dominante est un angle
principal. La forme régulière de ce segment est le triangle isocèle ou symétrique par rapport à un axe qui passe par la dominante angulaire et qui est aussi la bissectrice de cet angle et la
hauteur du triangle; cette hauteur normale est perpendiculaire
à la *base* normale ou au côté du triangle qui est unique. Le
triangle isocèle a une base et une hauteur (que nous avons qua-
lifiées de normales, parce qu'elles sont rapportées instinctivement aux deux coordonnées fondamentales et esthétiques des
figures planes, la verticale et l'horizontale); c'est par ces deux
particularités essentielles qu'il est entre tous les triangles le
thème de formes esthétiques. La base rattache cette forme à
l'ordre horizontal ou de front. (Un intervalle homogène entre
deux extrémités.) La hauteur le fait tributaire de l'ordre vertical ou d'élévation. (Un départ et un sommet qui comprennent
un intervalle uniforme ou varié.)

Le sommet du triangle étant plus ou moins éloigné de la base,
c'est-à-dire placé à une hauteur plus ou moins grande, les
rampants sont plus ou moins inclinés sur la base, et forment
entre eux une angulation plus ou moins aiguë ou appointée,
plus ou moins obtuse ou surbaissée. Suivant donc que la
déclination sera plus ou moins aiguë, elle deviendra l'attraction
vive du triangle, elle restera unique et toute en hauteur. Si le
triangle est surbaissé, ce n'est plus la déclination du sommet
qui est attractive, mais bien les deux déclinations rampantes
qui se rattachent à la base. On a donc deux aspects esthétiques
bien différents : le triangle surélevé et le triangle surbaissé.

Le triangle étant rapporté à l'espace circulaire n'a point de dominante angulaire. C'est essentiellement un segment régulier ou irrégulier d'espace circulaire, le plus simple de tous et qui a trois désinences angulaires variables. La forme absolue est le trigone dont les trois angles ou les désinences sont égales. Tout triangle dont la dominante est l'aréole circulaire, s'il n'est pas absolu ou trigone, est une forme irrégulière ou boiteuse. Une telle forme qui s'éloigne de la régularité qui lui est inhérente et qui ne penche pas décidément vers l'espace angulaire, est une forme hésitante et incertaine, c'est-à-dire irrégulière. Au cas où cette forme serait symétrique ou isocèle, l'impression n'en serait pas moins dissonante, le type du triangle isocèle étant angulaire et décidément surélevé ou surbaissé.

Cette forme absolue et essentiellement régulière, le trigone, a ses angles égaux, ainsi que ses côtés; c'est une figure centrée qui en soi n'a point de sens ou d'orientation absolue, elle enveloppe un plein régulier. Son centre de figure, de gravité ou d'impression est le centre du cercle inscrit où se coupent également les bissectrices des angles et les axes de symétrie. Si ce triangle était rapporté à l'espace angulaire, comme la hauteur est plus petite que la base, on aurait encore un triangle en hauteur; mais c'est alors une forme mauvaise, à cause que la différence entre les deux dimensions dominantes est très-petite et incertaine.

Les lignes naturelles du trigone sont les hauteurs (2), les rayons (3) et les apothèmes (4). La figure 5 est le trigone inscrit, et la fig. 6 réunit toutes ces particularités (fig. 25).

Fig. 25.

84. Si l'on établit instinctivement une corrélation entre la base et la hauteur, c'est que cette hauteur est déterminée par les deux rampants du triangle : toute direction oblique étant rela-

tive, et se composant avec les deux directions absolues, l'horizontale et la verticale ; ces deux rampants ou ces deux obliques étant d'égale inclinaison et de longueur égale aussi, laissent entrevoir inévitablement la verticale qui est leur norme absolue. Entre tous les triangles isocèles la forme géométrique absolue est le triangle isocèle rectangle.

Le triangle isocèle rectangle et le trigone font partie de la série infinie qui embrasse tous les triangles isocèles possibles compris entre l'horizontale et la verticale. Cette série n'a point de terme absolu, et c'est pour cela que le triangle n'est point en soi une forme esthétique, car, pour le déterminer, il y faut adjoindre d'autres idées qui lui sont le plus naturellement harmoniques, il est vrai, mais sans pour cela faire partie de sa nature essentielle. Le triangle qui aurait la base et la hauteur égales est bien rigoureusement déterminé, mais c'est encore un triangle élevé, et tous les triangles qui l'avoisinent diffèrent entre eux aussi peu qu'on le veut. Autre chose donc est la détermination géométrique qui est absolue, autre chose est la détermination esthétique qui est variable.

Si donc l'on imaginait de tracer une série de triangles isocèles, conformément à des longueurs et à des hauteurs rigoureusement déterminées, par exemple, partant d'une base égale à huit et donnant aux hauteurs successivement 1, 2, 3, 4... parties de la base, on aurait le tableau suivant :

Base = 8.	Hauteur = 1.	Côtés = 4,123 ..		
— = 8.	— = 2.	— = 4,469..,		
— = 8.	— = 3.	— = 5.	Triangle isocèle de Pythagore.
— = 8.	— = 4.	— = 5,656...	Triangle rectangle isocèle.
— = 8.	— = 5.	— = 6,403...	Triangle égyptien.
— = 8.	— = 6.	— = 7,211...	
— = 8.	— = 7. .	— = 8,062...	

Si l'on prolongeait cette série, on aurait y correspondant une série de triangles de plus en plus aigus, et qui offrirait peut-être quelque autre coïncidence, que nous ne voulons pas examiner. Nous retiendrons seulement, de la série précédente, le triangle isocèle, qui a une base = 8, une hauteur = 3, les rampants = 5. La moitié de ce triangle est le triangle arithmétique de Pythagore, triangle scalène rectangle dont les trois côtés sont égaux successivement aux nombres 3, 4, 5; le triangle isocèle dont la base = 8, la hauteur = 5, qui dérive de la pyramide et que l'on qualifie d'égyptien (c'est ce fameux triangle qui,

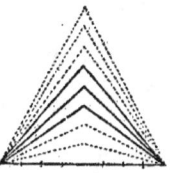

Fig. 26.

d'après l'opinion d'une certaine école d'archéologie, serait la clef de toutes les proportions, le secret de toute véritable architecture). Enfin le triangle rectangle isocèle dont la base = 8 et la hauteur = 4.

Le premier triangle, celui de Pythagore, est un triangle purement arithmétique; le second a des origines diverses, on peut le faire dériver géométriquement d'une pyramide ayant déjà des rapports arithmétiques et géométriques définis, ou le construire immédiatement moyennant les nombres 8 et 5; le troisième est un triangle purement géométrique, c'est la moitié du carré, ses deux dimensions 8 et 4 sont géométriquement et figurativement comparables : ce triangle a donc une physionomie distincte, et l'on se rend compte immédiatement de sa proportion.

Or, ces trois triangles, considérés comme à-plats, sont les plus incertains de toute la série des triangles isocèles; ils sont mitoyens d'assez près aux triangles surbaissés et d'assez loin aux triangles surélevés, lesquels sont les formes véritablement esthétiques. Donc, au seul point de vue de l'à-plat ou de la forme immédiate, ces vénérables rapports numériques n'ont aucun sens, et il s'en faut garder. Au seul point de vue arithmétique on pourrait encore établir d'autres rapports, par exemple construire un triangle isocèle qui aurait 2 pour base et 3 pour les rampants, ce qui reviendrait à un triangle ayant 8 pour base et 12 pour rampants et dont la hauteur serait intermédiaire dans la série entre 11 et 12, mais indéterminable par les voies ordinaires de cette série. Voici donc encore, même au seul point de vue de l'arithmétique, un nouvel élément de variation, on en pourrait imaginer d'autres à l'infini, d'où l'on doit conclure déjà que l'arithmétique est quelque chose de très-particulier et de très-exclusif, dont l'intervention est le plus souvent arbitraire puisqu'elle n'a aucun rapport de nature avec les objets auxquels on l'applique.

Si nous nous plaçons maintenant au point de vue de la géométrie, et que nous lui demandions de déterminer par des constructions rigoureuses et exactes les formes des triangles, ou d'en obtenir la figure par voie de dérivation géométrique d'une autre figure dans l'espace ou dans le plan, on se rapprochera davantage de la nature essentielle des choses, et les figures obtenues par voie de déduction ou de composition géométrique seront de nature homogène, c'est-à-dire géométriques aussi. Mais là encore il sera fait usage de voies détournées, et qui n'ont aucun rapport immédiat avec la nature et les exigences de l'esthétique. Il n'importe guère en effet que l'on puisse conclure d'une figure déterminée certains rapports frappants et réductibles en nombre, ou qu'on en puisse fournir un tracé relativement simple, par la règle et le compas ; toute figure ainsi déterminée ou approximée n'en reste pas moins soumise, en tant qu'elle est une forme, à ce rigoureux examen, qui, au nom de l'esthétique et par la maîtrise souveraine de l'homme, consacre définitivement et fait siens les objets de son choix, nonobstant la certitude et la rigueur des remarques scientifiques dont ils peuvent être l'occasion.

Le trigone est un triangle isocèle, et si l'on partage sa base en huit parties égales, sa hauteur sera d'environ 6,928; ce triangle s'intercalerait donc dans la série précédente entre le triangle égyptien et l'isocèle qui a 7 pour hauteur. Si l'on considère d'autre part combien sa construction géométrique en est simple et facile, l'on sera amené forcément à en conclure que le degré de simplicité ou de rigueur arithmétiques n'est pas la mesure du degré de simplicité ou de rigueur géométriques, et que ni l'une ni l'autre ne sont la mesure du degré de simplicité ou de beauté

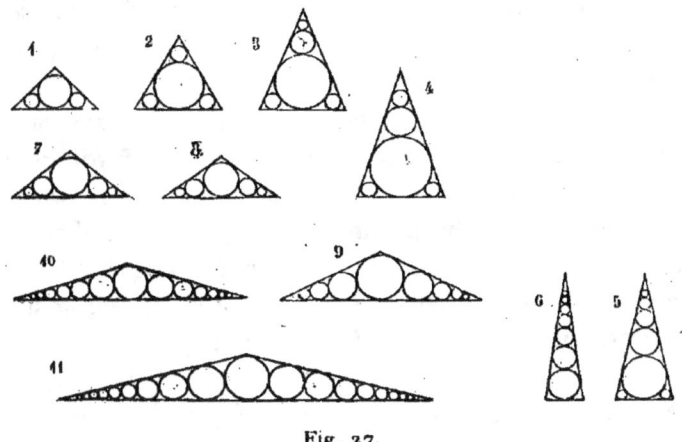

Fig. 27.

de l'image purement formelle. Ces importantes considérations trouvent naturellement leur application en architecture, à propos de laquelle tant de théoriciens ont établi des formules et des méthodes de tracé, peut-être historiquement très-importantes, mais que l'on ne peut accepter plus longtemps sans les soumettre au préalable à un examen critique rigoureux.

85. Appliquant à quelques triangles isocèles de formes diverses la méthode générale de l'inscription de cercles tangents, on se rendra bien compte de ce qui fait l'unité, l'harmonie ou la beauté de tel triangle entre tous les autres (fig. 27).

Fig. 1. Triangle isocèle rectangle ; — déclination brusque bilatérale.

Fig. 2. Trigone ; — déclination brusque et tripartite.

Fig. 3. Déclination plus grande en hauteur.

Fig. 4 et 5. Déclination en hauteur de plus en plus prononcée.

Fig. 6. Déclination en hauteur tout à fait décidée, la déclination à la base ayant disparu.

Fig. 7, 8, 9, 10. Déclination bilatérale de plus en plus prolongée.

Fig. 11. Déclination exclusivement rampante, adoucie et prolongée horizontalement, toute déclination verticale ayant disparu.

Cet artifice de l'inscription des cercles a encore l'avantage de montrer comment une forme est plus ou moins favorable suivant son échelle ou sa grandeur actuelle. Quand nous disons que les déclinations horizontales ou verticales ont disparu, il faut entendre qu'elles se sont effacées plus ou moins. Cet effacement est sensible dans les figures précédentes ; mais on comprend bien que si la figure était plus grande, c'est-à-dire que la quantité d'à-plat y fût plus considérable, ce qu'il en reste après l'inscription des cercles serait encore perceptible, et laisserait comme une ombre d'indécision qui rendrait l'image moins nette.

Selon que l'isocèle est rampant ou qu'au contraire il s'élève en une seule déclination verticale, on a deux espèces de types distincts, et selon l'échelle ou la grandeur des individus conformes à ces types, on a des déterminations esthétiques fort distinctes aussi et même tout à fait hétérogènes ; par exemple : en architecture le fronton ou la flèche, et dans le détail des ornements les désinences obtuses ou aiguës.

II. — LES QUADRILATÈRES.

86. Les quadrilatères sont des segments réguliers ou irréguliers des quatre formes fondamentales de l'étendue : le plan, la bande, le cercle et l'angle.

En tant qu'ils sont des segments de plan, la dominante est l'à-plat proprement dit circonscrit par la figure quadrilatère ; s'ils sont des segments de la bande, la dominante est linéaire ; s'ils sont des segments de cercle, la dominante est circulaire ; enfin, s'ils sont des segments de l'angle ou des triangles tronqués, leur dominante est angulaire.

Les quadrilatères ont quatre côtés qui sont égaux, inégaux ou variés, et de plus soumis à un plan de construction ou à un diagramme de symétrie, ce qui donne lieu à huit espèces de formes (fig. 28).

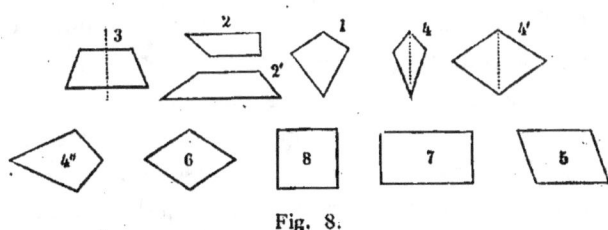

Fig. 8.

1º Les quadrilatères irréguliers (1), assymétriques ou qui n'ont point d'axes ;

2º Les trapèzes irréguliers (2, 2'), assymétriques ou qui n'ont point d'axes ;

3º Les trapèzes réguliers (3), symétriques ou pairs, 1 axe ;

4º Les coins variables suivant les angles (4, 4',4''), et symétriques, 1 axe ;

5º Les parallélogrammes (5), dont la symétrie est diagonale, une infinité d'axes ;

6º Les losanges écartelés, dont la symétrie est diagonale, 2 axes;

7º Les rectangles écartelés, dont la symétrie est diagonale, 2 axes;

8º Le carré à symétrie quaternaire, 4 axes.

Le quadrilatère a ses quatre côtés inégaux et articulés sous des angles inégaux. Le parallélogramme a ses côtés égaux deux à deux et articulés parallèlement sous des angles égaux deux à deux. La forme mitoyenne entre le quadrilatère et le parallélogramme est le trapèze qui a deux côtés parallèles; les deux formes particulières du trapèze sont le trapèze rectangle et le trapèze isocèle ou symétrique. Le rectangle et le losange sont deux espèces particulières de parallélogramme : les côtés du losange sont égaux et les angles égaux deux à deux. Les côtés du rectangle sont inégaux, et les angles tous égaux et droits. Si l'on suppose ces deux figures mobiles et comme articulées aux quatre sommets, le rectangle devient un parallélogramme; le losange ne change pas de forme, mais seulement d'accent; les angles devenant simultanément plus aigus et plus obtus, la figure s'allonge dans un sens en même temps qu'elle se déprime dans l'autre. La forme absolue et invariable du losange mobile est le carré qui a ses côtés égaux et ses angles droits. Les losanges mi-réguliers ou seulement symétriques ont leur forme mitoyenne entre le quadrilatère et le losange, leur composition est très-variée suivant les angles : un angle aigu et un angle obtus, deux angles aigus ou deux obtus s'opposant l'un à l'autre. La forme du coin est mitoyenne entre le quadrilatère irrégulier et le losange.

Le tableau suivant indique, en même temps que les lignes naturelles de la figure, la corrélation étroite qui existe entre le rectangle et le losange. Ces lignes naturelles sont les diagonales qui joignent les sommets, et les médianes qui joignent les milieux des côtés opposés. Ces lignes sont aussi des axes de symétrie. Les figures (4) (4′) inscrivent un losange ou un rectan-

9

gle ; les figures 5, 5′ réunissent les diagonales et les médianes ;
les figures 6, 6′ ont en plus la figure inscrite. Les figures 7, 7′
réunissent les figures inscrites et les diagonales ; les figures 8, 8,
réunissent toutes les particularités.

Le carré, comme le montrent les figures suivantes, participe
à la fois du rectangle et du losange. Le carré est la forme absolue entre tous les quadrilatères.

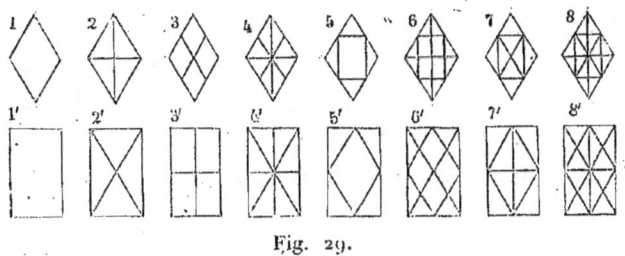

Fig. 29.

87. La dominante d'à-plat du carré est le cercle. Les dominantes des rectangles, des losanges et des coins, sont les ovales

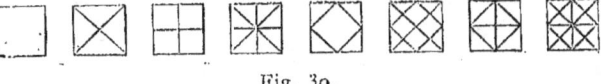

Fig. 30.

pairement pairs ou écartelés pour les rectangles et les losanges,
et pairs ou simplement symétriques pour les coins. Dans l'espace ovalaire, la dominante principale est linéaire, c'est-à-dire
que l'ovale implique le rectangle, et, réciproquement, le rectangle implique l'ovale ou la dominante ovale qui détermine
l'appréciation esthétique du rectangle. L'ovale a deux diamètres
principaux, ou deux axes, de même que le rectangle. Le rapport linéaire de ces deux lignes ou la proportion linéaire doit
être assez déterminée pour que la forme soit aussi déterminée.
Un ovale, dont les deux axes diffèrent peu, est une forme incertaine qui a pour dominante l'espace circulaire. Si, au con-

traire, les axes sont fort différents, la dominante devient linéaire : dans les deux cas, les formes sont extrêmes, l'une de
ces conditions s'exagérant au détriment de l'autre qui subit,
dans ce cas, un arrêt de développement. Cette coexistence de
deux conditions différentes, et qui doivent exister simultanément, est ce qui détermine l'infinie variété d'ovales et de rectangles. Dans les losanges, ce sont les désinences angulaires qui
sont les plus frappantes; si ces désinences sont prolongées,
l'ovale inscrit s'allonge d'autant et paraît de moins en moins
bien adapté à la forme. Les coins et les oves qui y correspondent ont des formes infiniment plus variées, l'abside et la désinence pouvant être variées à tous les degrés, conjointement à
l'allongement ou à la dépression de la figure.

III. — LES PENTAGONES.

88. Les pentagones sont de trois espèces, suivant qu'ils sont
irréguliers, mi-réguliers ou irréguliers. Le pentagone irrégulier
a ses côtés et ses angles inégaux et n'a point d'axes de symétrie;
le pentagone mi-régulier est symétrique par rapport à un axe;
il a, par conséquent, les lignes et les angles qui se correspondent égaux. Enfin, le pentagone régulier a 5 axes de symétrie
et tous ses côtés et tous ses angles égaux. Le pentagone régulier (3) est une figure centrée et a pour dominante le cercle ou
l'aréole circulaire. Le pentagone mi-régulier (2, 2') est une figure paire et a pour dominante l'ove allongé ou surbaissé. Le

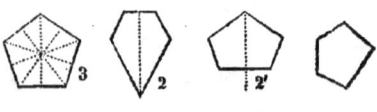

Fig. 31.

pentagone irrégulier a pour dominante l'à-plat, le cercle ou les
désinences angulaires (fig. 31).

IV. — LES HEXAGONES.

89. L'hexagone peut être régulier ou absolu (1) ; dans ce cas, il a 6 axes de symétrie, 3 angulaires et 3 transverses ; sa dominante est le cercle. L'hexagone mi-régulier est de deux formes (2), (3) ; la première a ses côtés égaux et 3 axes angulaires ; la seconde a ses angles égaux et 3 axes transverses. Leur dominante est le cercle. L'hexagone écartelé est de deux formes, l'une rectangulaire, l'autre rhombique (4) (4') ; ils ont deux axes écartelés, l'un angulaire, l'autre transverse, et leur dominante est ovalaire. L'hexagone diagonal a une infinité d'axes ou un centre de symétrie (5) (5'). L'hexagone pair a un axe de symétrie et une dominante ovée (6, 6', 6", 6''') ; enfin, l'hexagone irrégulier (7).

Ces figures correspondent à la décomposition du nombre 6

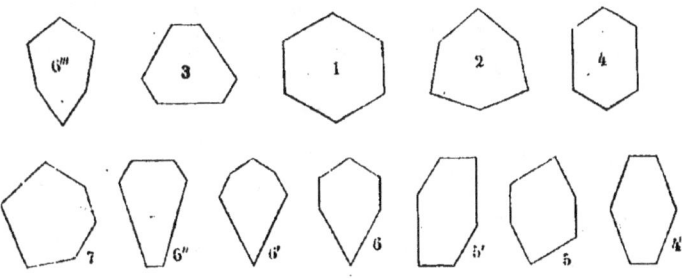

Fig. 32.

en groupes d'unités, $6 = 3 \times 2$; donc, suivant que la figure a 6 axes, 3 axes, 2 axes, 1 axe, un nombre infini ou 0 axe, on a 5 espèces très-distinctes de figures.

V. LES OCTOGONES.

90. Le nombre 8 peut être ainsi décomposé : $8 = 4 \times 2 = 8 \times 1$, suivant donc que la figure aura 8 axes, 4 axes, 2 axes, 1 axe,

o axes, ∞ axes, on aura 6 espèces de figures distinctes, savoir : l'octogone régulier (1) qui a 8 axes de symétrie, 4 angulaires et 4 transverses, et pour dominante le cercle. L'octogone mi-régulier (2) (3) qui est de deux formes, suivant qu'il a 2 axes angulaires et 2 axes transverses, ou bien 4 axes angulaires. Sa dominante est le cercle. L'octogone écartelé qui est de deux formes, suivant que les deux axes sont transverses (4) ou angulaires (5). La dominante est ovalaire. L'octogone pair qui est de deux formes, suivant qu'il a un axe transverse (6′) ou un axe angulaire (6). La dominante est ovée. L'octogone diagonal qui a une infinité d'axes ou un centre de symétrie (7), et enfin l'octogone irrégulier (8).

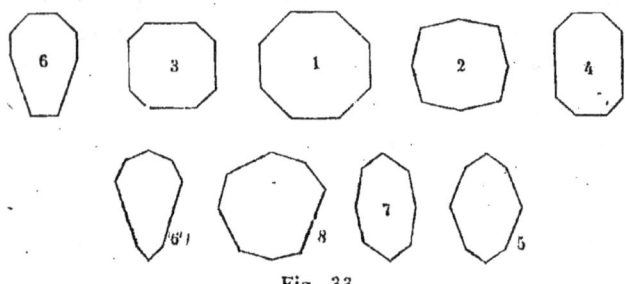

Fig. 33.

91. On pourrait étendre cette analyse et l'appliquer aux polygones d'un plus grand nombre de côtés ; il nous suffira de faire remarquer :

1° Que tous les polygones d'un nombre impair, ou premier,

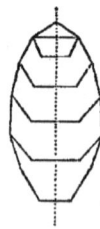

Fig. 34.

de côtés, ne peuvent avoir que trois formes : une forme régulière et centrée qui a autant d'axes qu'il y a d'unités dans le nombre des côtés; une forme mi-régulière, ou paire, qui a un axe de symétrie et dont la dominante est ovalaire; enfin, la forme irrégulière et indéterminée. La fig. (34) représente successivement les formes mi-régulières des polygones de 3, 5, 7, 9, 11... côtés;

2° Que tous les nombres impairs multiples donnent lieu à des formes révolvées, en outre des formes d'un nombre d'axes sous-multiples, des formes paires et des formes irrégulières. Ainsi le nombre 9 donne un ennéagone régulier qui a 9 axes, 2 formes mi-régulières à 3 axes, une forme paire à 1 axe et la forme irrégulière et indéterminée;

2° Que tous les nombres pairs ou multiples donnent lieu à un nombre de figures qui correspond à la composition numérique du nombre initial. Le nombre 12, ayant pour sous-multiple les nombres 6, 4, 3, 2, 1, donne lieu à des figures qui ont successivement 12, 6, 4, 3, 2, 1, 0, ∞ axes, sans compter les variétés particulières, comme la forme révolvée, par exemple.

CHAPITRE VIII.

LES FIGURES POLYGONALES ET LES LIGNES QUI EN DÉRIVENT.

92. Toutes les considérations purement géométriques, qui concernent les polygones, sont dépendantes d'un examen plus général et plus abstrait, qui est relatif à la distribution de points.

Puisque l'espace a trois dimensions, ou trois coordonnées, au moyen desquelles on détermine tel point de l'espace ; puisqu'il ne faut que deux coordonnées pour déterminer un point assujetti à rester sur une surface, et qu'enfin une seule suffit si le point est pris sur une ligne déterminée, des points pourront donc être imaginés :

1° Rangés les uns à la suite des autres suivant une ligne droite ou toute autre ligne susceptible d'être prolongée indéfiniment. Suivant une ligne circulaire ou toute autre ligne courbe rentrante et fermée. Enfin, suivant une hélice ou toute autre ligne courbe à double courbure ;

2° Répartis, les uns par rapport aux autres, sur une surface plane ou une surface courbe susceptible d'être prolongée indéfiniment, sur une surface plane limitée ou sur une surface courbe ou quelconque fermée ;

3° Distribués les uns par rapport aux autres dans l'espace et constituer un nombre indéfini de configurations, soit géomé-

triques lorsqu'il est possible de se rendre compte des relations
d'ordre, de situation et de figure qui déterminent la forme géométrique ; soit artificielles lorsqu'on donne à ces configurations
une dénomination arbitraire ou empruntée à d'autres formes
plus habituelles et qui nous sont familières.

Si les points sont disséminés au hasard, il n'arrive que par
hasard qu'il y ait entre eux un lien plus ou moins défini. En
général la recherche *à priori* d'un ordre plus ou moins régulier est si difficile et de si peu d'intérêt que personne ne songe
à s'y égarer. Il suffit de concevoir que l'on arrivera nécessairement, ensuite d'un travail plus ou moins laborieux, à reconnaître que l'on peut joindre ces points les uns aux autres, de
telle manière que l'on obtienne une image susceptible d'une définition précise ou d'une figuration définie, cette figuration pouvant être linéaire ou en surface. Les travaux de la physique
mathématique portent plus particulièrement sur cet ordre de
recherches ; les conditions du problème sont traduites en fonctions analytiques qui, à l'aide des conceptions géométriques,
sont figurées dans l'espace.

93. Nous nous proposons dans ce paragraphe d'examiner
seulement les figures planes que l'on obtient en reliant un
nombre de plus en plus grand de points distribués sur un
plan.

Deux points déterminent une orientation, et la droite réelle
ou imaginaire qui les relie est la figuration rudimentaire et la
plus simple de toutes.

Trois points déterminent une direction et deux distances si
les points sont alignés, ou bien un triangle réel ou imaginaire
et par suite une figure et trois distances dans tout autre cas.

Quatre points sont alignés ou bien disposés en quadrilatère
et les distances extérieures qui les relient figurent un trapèze,
un losange, etc. De plus, les distances qui relient les points opposés ou les distances extérieures sont les diagonales.

Cinq points sont disposés en ligne droite, ou déterminent une figure réelle ou imaginaire en forme de T, de trapèze, de croix, de polygone, etc.

En général, un nombre quelconque de points est distribué en ligne droite ou bien détermine une figure réelle ou imaginaire. Si la figure est réelle, on a successivement toutes les variétés de figures polygonales. Si la figure est imaginaire, les différents arrangements de points sont spécifiés par le nombre et la situation. C'est ce qui a lieu dans le blason.

Dans la répartition des figures ou des meubles sur le champ de l'écu, il faut considérer le nombre et la situation. De la situation dépend l'arrangement particulier, parce qu'un même nombre peut s'arranger diversement.

Un point est posé dans telle partie déterminée de l'écu: deux points sont posés l'un au-dessus de l'autre, ou en *pal*, l'un à côté de l'autre, ou en *fasce*, diagonalement en *bande* ou en *barre*. Trois points sont posés en ligne droite, suivant une des partitions de l'écu ou bien 2 et 1. Quatre points sont posés 2 et

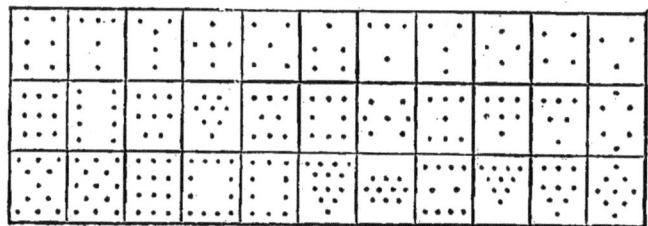

Fig 35.

2 ou en carré; 1, 2, 1, ou en losange, 2, 1, 1 en *pairle;* 3 et 1 en T. Les quatre points, posés aux angles de l'écu, donnent l'orle la plus simple. Cinq points sont posés 2, 2, 1; 2, 1, 2 en sautoir, 1, 3, 1 en croix, 2, 1, 1, 1 en pairle, 3, 1, 1 en T. Six points sont posés 2, 2, 2 en orle; 1, 2, 2, 1; 3, 2, 1 en triangle ou pile. Sept points sont posés 3, 3, 1; 3, 1, 3; 2, 3, 2 en hexagone, enfin 4, 3. Huit points sont posés 3, 2, 3 en orle; 3, 2, 3; 2, 3, 2, 1 en écu; 3, 3, 2; 2, 2, 2, 2. Neuf points sont posés 3, 3, 3; 1, 2, 3, 2, 1 en losange; 3, 3, 2, 1; 4, 3, 2, 1

en pile. Dix points sont posés 4, 2, 4; 3, 4, 3; 3, 2, 2, 3 en orle. Onze points sont posés 3, 2, 1, 2, 3. Douze points sont posés 4, 2, 2, 4 en orle; 3, 3, 3, 3. Treize points sont posés 4, 3, 3, 2, 1 en vair; 3, 2, 3, 2, 3, etc.

En général, les arrangements de points sont désignés et spécifiés : 1° par une suite de chiffres qui indiquent le *nombre* et la *situation;* 2° par les figures usuelles qu'ils déterminent comme la croix, le sautoir, le pairle, le chevron, l'orle; 3° par les figures géométriques telles que la droite, le carré, le triangle, l'hexagone, etc.

94. Un nombre déterminé de points disséminés implique immédiatement un nombre proportionnel ou corrélatif de distances; à mesure que le nombre des points augmente, le nombre des distances qui les relient augmente encore plus rapidement. Ainsi trois points impliquent 3 distances ou droites; 4 points 6 droites; 5 points 10 droites; 6 points 14 droites, etc. Toutes ces droites sont les côtés et les diagonales des figures polygonales.

Une distribution de points est symétrique, lorsque toutes les distances semblables, c'est-à-dire symétriquement placées sont égales; elle est régulière lorsque toutes les distances semblables ou symétriquement placées étant égales, se coupent en des points semblablement placés et également distants les uns des autres. Cette régularité est réalisée dans les arrangements circulaires de points, d'où dérivent toutes les espèces de polygones.

En dehors des arrangements déterminés et figurés, des points en nombre illimité peuvent être posés les uns à la suite des autres, suivant une directrice, droite, circulaire ou volubile. Si ces points sont à des distances égales, on a une *répétition* uniforme et la figuration la plus simple de l'ordre linéaire ou circulaire ou volubile. Si les points étaient distribués suivant une ligne courbe dont la courbure serait variée d'un point à un autre, la distribution, pour être régulière, devrait suivre un certain ordre conforme à la courbure de la ligne directrice. Cette courbure s'accentuant, les points devront se serrer progressivement et suivre en général toutes les modifications de courbure de la ligne.

95. Trois points distribués régulièrement, c'est-à-dire à des distances égales, déterminent le trigone ; quatre points le tétragone ; cinq le pentagone ; six l'hexagone, ainsi de suite en suivant la série ordinaire des chiffres. Si on trace effectivement les

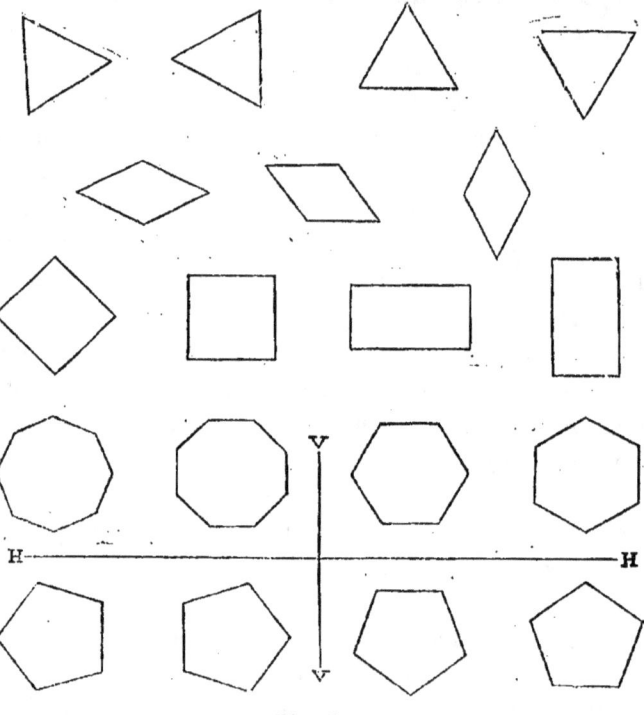

Fig. 36.

droites qui relient ces points circulairement, on a des figures nettement déterminées et qui s'apprécient d'emblée, et alors on peut observer qu'une même forme d'une construction intrinsèque définie étant rapportée aux coordonnées naturelles et instinctives est l'objet de perceptions rapides sensiblement différentes les unes des autres, selon la position et l'orientation de cette forme (fig. 36).

Le trigone peut occuper quatre positions différentes bien distinctes : 1° posé sur un côté ; 2° posé sur la pointe ; 3° tourné à droite ; 4° tourné à gauche. Puis un nombre indéfini de positions obliques ; dans toutes ces positions, le triangle est sensiblement déformé, la base ou la pointe dominant, suivant la position, l'intégrité de la forme. Le losange donne lieu à trois images distinctes, debout sur la pointe, en travers ou en long, enfin posé sur un côté, l'image est alors indécise et rappelle un parallélogramme. Le rectangle donne lieu à deux positions distinctes. Le carré est posé sur un côté ou sur la pointe, cette dernière image simule un losange. L'hexagone a deux positions ainsi que l'octogone. La différence de l'image est ici parfaitement nette : la première montre bien le parallélisme des lignes et leurs directions rectangulaires ; la seconde, au contraire, n'est plus qu'une image centrée, où il faut compter expressément le nombre des côtés pour reconnaître l'espèce du polygone. Le pentagone peut paraître sensiblement déformé dans chacune des quatre positions indiquées, mais il faut remarquer que le changement de position altère simplement la régularité de la forme sans lui donner un aspect différent ; le pentagone et tous les autres polygones d'un nombre impair de côtés sont des figures essentiellement centrées.

96. En suivant la série des polygones on remarquera qu'à mesure que le nombre des côtés augmente, la figure se concentre sur elle-même et n'est plus susceptible d'être placée dans un sens plutôt que dans l'autre, c'est-à-dire qu'elle devient indifférente. L'heptagone, l'ennéagone, le décagone, et, à plus forte raison, les polygones d'un nombre de côtés supérieur ne sont plus que des figures centrées. Le sens naturel de ces figures est tout entier dans la régularité de distribution des côtés par rapport au centre ou suivant l'ordre circulaire.

En sautant du carré à l'hexagone, de l'hexagone à l'octogone, pour revenir au pentagone, nous n'avons tenu aucun compte de l'ordre habituel qui consiste à suivre la série ordinaire des chiffres. C'est que cet ordre habituel, n'est en effet qu'une habitude de l'esprit qui tient à un préjugé d'éducation. En suivant ainsi la série des chiffres, on semble suivre une marche rationnelle, puisqu'on s'élève progressivement du simple au composé. Mais, comme nous l'avons déjà fait remarquer, le degré de simplicité arithmétique n'est pas la mesure du degré de simplicité géométrique, non plus que la mesure du degré de simplicité formelle ou de l'image.

Les polygones en tant qu'ils sont des formes ont un caractère déterminé et indépendant de toute idée de nombre que l'on y peut associer. Certainement le nombre 5 est plus simple que le nombre 8, mais géométriquement, le pentagone est une figure parfaitement définie comme forme et que l'on aurait pu désigner d'un nom propre qui ne rappellerait en rien l'idée de nombre. Les formes polygonales seraient tout aussi intelligibles et imaginables, quand même nous ne saurions pas compter.

Les polygones sont des formes, et alors l'idée de nombre est purement accessoire.

Les polygones sont des figures, et alors la forme, l'ordre et l'idée de nombre sont corrélatives.

Sans doute il est fort difficile de séparer l'idée de nombre de l'idée de forme, et il n'y a certainement nul inconvénient à associer à la notion de la forme l'idée plus abstraite du nombre. Pourtant il est fort important de ne les point subordonner l'une à l'autre. La forme comporte un mode de représentation immédiatement adéquat, le dessin, tandis que le nombre est fixé à l'aide de signes conventionnels régulièrement construits suivant une loi systématique qui fait l'objet de l'arithmétique. L'idée de nombre si naturelle et si simple se trouve voilée et comme obscurcie par l'importance excessive donnée à la logique, c'est-à-dire à l'esprit de système dans l'enseignement. Quoi de plus simple que les nombres deux et trois que l'on ne compte même pas tant l'intuition en est aisée, sûre et prompte. Pour le mathématicien, les nombres arrivant à leur rang dans la série arithmétique perdent leur sens originairement simple pour prendre une acception détournée et passer à l'état de chiffres ou de signes numériques.

On confond alors l'intuition immédiate et naturelle avec l'idée abstraite ou subordonnée à un système scientifique, et comme l'idée de nombre, si vague qu'elle soit, est absolument inéluctable, on a cru, par suite de cette confusion, qu'il serait possible de l'appliquer aux œuvres d'art. De là cette vaine recherche de l'explication de la beauté des œuvres d'art, par l'harmonie qui serait attachée à certaines propriétés mystérieuses des nombres. Si l'on attache tant d'importance au chiffre, et une importance exclusive et étroite, il est tout naturel que l'on en vienne à demander à l'arithmétique, qui en est la théorie, de formuler les conditions du beau, et l'on arrive ainsi à faire dépendre une question de forme d'un problème arithmétique, ce qui est tout simplement absurde.

Ce qui explique en partie cette illusion, c'est qu'en général une forme, une disposition, une ordonnance résultent de la distribution dans un certain ordre des parties constituantes, et que l'idée de l'ordre considérée dans sa pureté abstraite s'associe naturellement à l'idée de nombre, car on ne peut fixer un ordre ou s'en rendre compte que par une étiquette numérique ou par des lettres, ou par tout autre signe dont nous connaissons déjà le numéro d'ordre.

CHAPITRE IX.

LES POLYGONES DÉRIVÉS.

97. Si l'on imagine une suite de points situés sur une circonférence et également espacés, et que l'on joigne ces points 1 à 1, on aura successivement pour 3 points le trigone, pour 4 le carré, pour 5 le pentagone..., pour n points le polygone de n côtés. Une suite de n points étant ainsi régulièrement espacée en une circonférence, si l'on joint ces points non plus de 1 en 1, mais de 2 en 2, de 3 en 3..., etc., on obtiendra une suite de figures non plus convexes comme le polygone premier, mais étoilées, où s'entre-croisent toutes les lignes de la construction.

Le trigone n'a point de figure dérivée, non plus que le carré qui a seulement deux diagonales entre-croisées. Les huit autres polygones principaux, c'est-à-dire l'hexagone, l'octogone, le décagone et le dodécagone, le pentagone, l'heptagone, l'ennéagone et le pentédécagone, ont tous des polygones dérivés étoilés, d'espèces différentes, savoir :

L'hexagone, une figure étoilée formée de deux trigones régulièrement entre-croisés, c'est-à-dire intersectés (fig. 37).

Le pentagone, une figure étoilée continue (fig. 38).

L'octogone, une étoile formée de deux carrés entre-croisés et une étoile continue (fig. 39).

L'heptagone, deux polygones étoilés continus (fig. 40).

Le décagone, une étoile de deux pentagones intersectés —

un polygone étoilé continu — une étoile formée de deux pentagones étoilés continus intersectés (fig. 41).

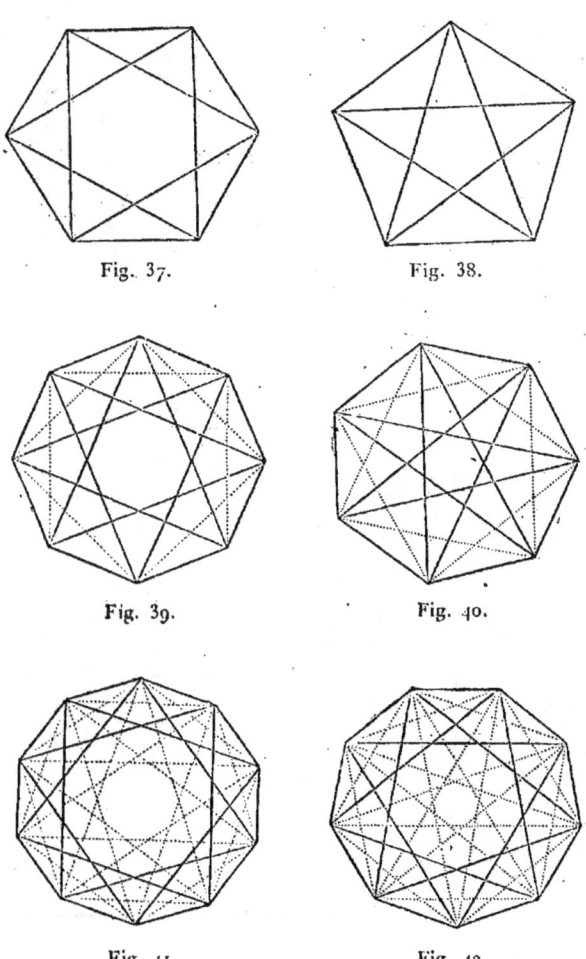

Fig. 37.

Fig. 38.

Fig. 39.

Fig. 40.

Fig. 41.

Fig. 42.

L'ennéagone, une étoile de trois trigones intersectés — deux polygones étoilés continus (fig. 42).

Le dodécagone, une étoile de deux hexagones intersectés — une étoile de trois carrés intersectés — une étoile de quatre trigones intersectés — un polygone étoilé continu (fig. 43).

Le pentédécagone, une étoile de cinq trigones entre-croisés

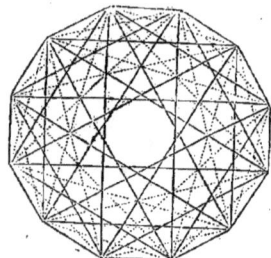 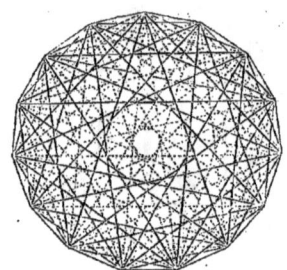

Fig. 43.   Fig. 44.

— une étoile de trois pentagones entre-croisés — trois polygones étoilés continus — une étoile formée de trois pentagones étoilés intersectés (fig. 44).

En résumé, on a le tableau suivant :

POLYGONES.	POLYGONES. ENTRE - CROISÉS.	POLYGONES. ÉTOILÉS CONTINUS.	POLYGONES. étoilés INTERSECTÉS.
Hexagone. . . .	1	»	»
Pentagone . . .	»	1	»
Octogone. . . .	1	1	»
Heptagone . . .	»	2	»
Décagone. . . .	1	1	1
Ennéagone. . .	1	2	»
Dodécagone. . .	3	1	»
Pentédécagone.	2	3	1

En général, étant donné un polygone de n côtés, on peut mener d'un sommet $n-3$ diagonales aux $n-3$ sommets. Si le polygone est pair, une des diagonales passe par le centre; et comme les autres diagonales forment deux à deux des angles ou des pointes, on aura pour le polygone pair $\frac{n-4}{2}$ polygones dérivés, et pour un polygone impair où toutes les diagonales contribuent à former des angles, $\dfrac{n-3}{2}$ polygones dérivés.

Soit, par exemple, un polygone de 48 côtés, on a $\dfrac{48-4}{2}$ ou 22 figures dérivées qui sont de trois espèces : les polygones intersectés, les polygones étoilés continus et les polygones étoilés intersectés.

En écrivant les uns à la suite des autres tous les nombres compris entre 0 et la moitié de 48 ou 24, on a une série arithmétique qui comprend trois espèces de nombres : 1° les diviseurs de 24 : 2. 3. 4. 6. 8. 12. 16; 2° les nombres premiers avec 24 : 5. 7. 11. 13. 17. 19. 23; 3° enfin les multiples premiers avec 24, savoir : 9. 10. 14. 15. 18. 20. 21. 22. A ces trois espèces de nombres correspondent les trois espèces de figures dérivées, savoir :

NOMBRES DIVISEURS.	NOMBRES PREMIERS.	
2 — 2 polygones de 24 côtés.	5 — 1 polygone étoilé continu.	
3 — 3 polygones de 16 côtés.	7 —	—
4 — 4 dodécagones.	11 —	—
6 — 6 octogones.	13 —	—
8 — 8 hexagones.	17 —	—
12 — 12 carrés.	19 —	—
16 — 16 trigones.	23 —	—

MULTIPLES PREMIERS.

9 — 3 polygones étoilés de 16.	18 — 6 octogones étoilés.
10 — 2 — de 24.	20 — 4 dodécagones étoilés.
14 — 2 — de 24.	21 — 3 polygones étoilés de 16.
15 — 3 — de 16.	22 — 2 — de 24.

De toutes les figures dérivent en outre des étoiles ayant un nombre de pointes sous-multiple et des polygones mi-réguliers; ainsi du dodécagone dérivent les étoiles suivantes : 1° de l'intersécance de 3 carrés, une étoile à six pointes très-obtuses et un polygone mi-régulier; 2° de l'intersécance de 4 trigones, une étoile de quatre pointes; 3° du dodécagone étoilé, une étoile de 6 pointes à angles rentrants droits et une étoile de 4 pointes. En général et empiriquement, si l'on prend deux points sur une circonférence divisée en parties égales, qu'on les joigne par une droite et que par le milieu de cette droite on mène une perpendiculaire; tous les points de cette perpendiculaire d'un côté et de l'autre étant joints aux points de divi-

sion de la circonférence, détermineront toutes les variétés possibles des formes polygonales, entre lesquelles sont comprises
les figures énumérées précédemment qui sont rattachées à des
modes géométriques de génération.

POLYGONES INSCRITS ET CONCENTRIQUES.

98. Tous les polygones peuvent s'inscrire mutuellement, soit
qu'ils se correspondent par leurs lignes de diagramme, ou

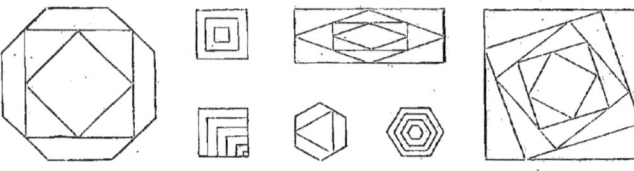

Fig. 45.

qu'ils dérivent les uns des autres, par la jonction régulière de
points pris sur le contour (fig. 45).

CHAPITRE X.

LES A-PLATS POLYGONAUX DÉRIVÉS.

99. Les parallélogrammes, les losanges, les rectangles et les trigones se décomposent en petits éléments de même forme. Cette décomposition est infinie et établie par la subdivision des côtés dans un même rapport. Si le losange est trigone, il se dé-

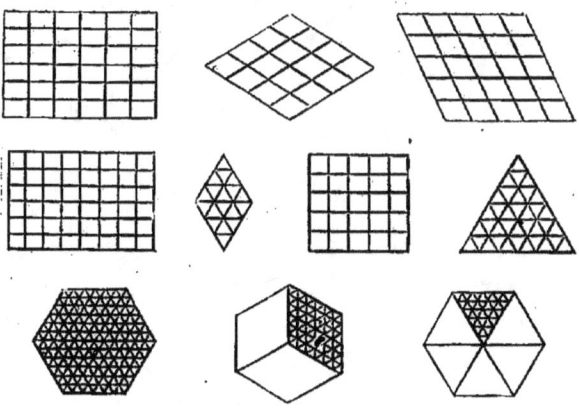

Fig. 46.

compose comme le trigone, en éléments de même forme. Le rectangle carré ou quadrillé et le carré se décomposent en éléments de même forme.

Cette subdivision couvre la figure d'un réseau harmonique.

L'hexagone peut se couvrir d'un réseau trigone et de plus se décompose en 6 trigones ou 3 losanges trigones.

Les polygones en général, et particulièrement les polygones réguliers et centrés, le trigone, le carré, le pentagone, l'hexagone, etc., ont chacun un réseau qui leur est propre individuellement, mais toujours construit sur un type uniforme : le réseau centré polygonal. Ce réseau est déterminé par des polygones inscrits parallèlement les uns dans les autres, à des intervalles uniformes ou variés et recoupés par des droites irradiant du centre. Ces réseaux peuvent être considérés comme des projec-

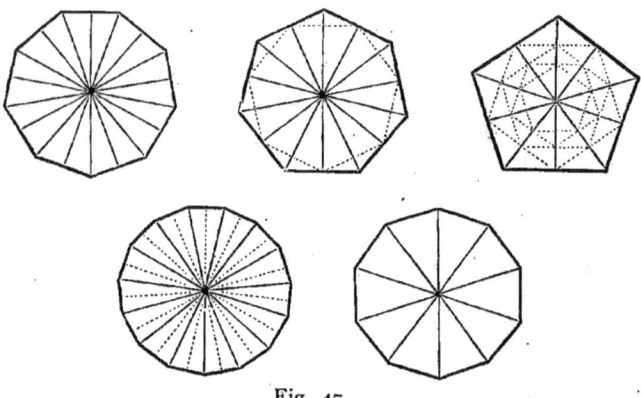

Fig. 47.

tions en plan de pyramides dont les faces sont résillées conformément aux réseaux du plan infini, le réseau se conformant à la nature formelle de la pyramide qui résulte de l'ajustement artificiel de triangles plans ou de faces. A la limite, c'est-à-dire le nombre des côtés du polygone étant infiniment grand, on a le réseau propre du cercle. Mais tout cela n'a guère d'importance, c'est un résultat sans grande application possible de l'analogie générale qui relie toutes les formes.

Entre tous les modes infiniment variés de décomposition des à-plats polygonaux, il en faut distinguer deux fondamentaux. Le premier, très-uniforme et d'une application générale, con-

siste à mener les rayons du centre aux sommets du polygone ;
on décompose ainsi les polygones en triangles isocèles tous
égaux et dont chacun est propre à l'espèce du polygone. Les
figures polygonales régulières ou irrégulières se décomposent
de même en triangles, non plus nécessairement isocèles, mais
variés d'une manière quelconque. Les quadrilatères irréguliers
et mi-réguliers se décomposeraient le plus simplement par les
diagonales de la figure qui relient les sommets opposés. Le
second mode de décomposition, de beaucoup le plus important,
va nous arrêter particulièrement.

CHAPITRE XI.

LES ÉLÉMENTS RHOMBIQUES ET CUNÉIFORMES
DES POLYGONES.

100. 1. *Éléments rhombiques et décomposition des polygones en losanges.* — On numérote à partir de o tous les sommets successifs d'un polygone, o, 1, 2, 3, 4, 5… De o on mène une parallèle au côté 1-2, de 2 une parallèle au côté 1-0, on a ainsi le premier losange ; du 4º sommet 1′ de ce losange on mène une parallèle à 2-3, de 3 une parallèle à 2-1′, on a le second losange. Du point 2′ on mène une parallèle à 3-4, et de 4 une parallèle à 3-2′, on a le troisième losange ; on continue ainsi indéfiniment pour tous les sommets. On remarquera que les polygones d'un nombre impair de côtés ont un nombre limité de losanges qui laissent un vide irrégulier, qu'au contraire les polygones d'un nombre pair se peuvent couvrir intégralement par des losanges juxtaposés et qui ne laissent aucun vide. De plus, le nombre total des losanges se réduit à un nombre limité de losanges différents (fig. 48, 49 et 50).

En général, si n est le nombre des côtés du polygone, la formule $\frac{n}{4}\left(\frac{n-2}{2}\right)$ donne le nombre total des losanges, dans le cas où n est un nombre pair. Si au contraire n est impair, on obtient le nombre total des losanges par la formule $\left(\frac{n-1}{4}\right)\left(\frac{n-3}{2}\right)$.

Si n est impair, la formule $\frac{n-3}{2}$ donne le nombre de losanges différents.

Si n est pair, la formule $\dfrac{n-2}{4}$ donne le nombre de losanges différents.

Si n est pairement pair, la formule $\dfrac{n}{4}$ donne le nombre de losanges différents.

Soient par exemple les polygones de 16, de 10 et de 9 côtés, Pour le polygone de 16, on a $\dfrac{16}{4}\left(\dfrac{16-2}{2}\right) = 28$ losanges qui couvrent exactement la figure. Ces 28 losanges se réduisent à $\dfrac{16}{4} = 4$ losanges différents. Le décagone a un total de $\dfrac{10}{4}\left(\dfrac{10-2}{2}\right)$ $= 10$ losanges qui se réduisent à $\dfrac{10-2}{4} = 2$ losanges différents. L'ennéagone a un total de $\left(\dfrac{9-1}{4}\right)\left(9\dfrac{-3}{2}\right) = 6$ losanges qui laissent un vide ; ces 6 losanges se réduisent à $\dfrac{9-3}{2} = 3$ losanges différents.

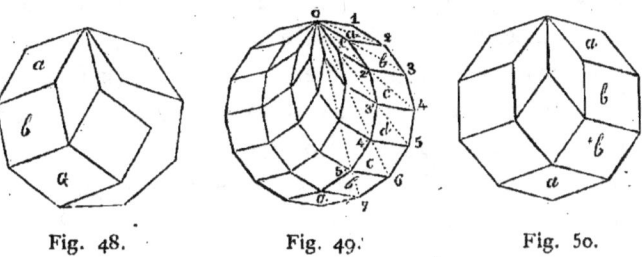

Fig. 48.   Fig. 49.   Fig. 50.

Le polygone de 16 côtés a 4 losanges, dont les angles ont pour valeur savoir : le losange a, $\frac{1}{4}$ pour les angles aigus et $\frac{7}{4}$ pour les angles obtus ; le losange b, $\frac{1}{2}$ et $\frac{3}{2}$, c'est le losange propre de l'octogone ; le losange c, $\frac{3}{4}$ et $\frac{5}{4}$; enfin le losange d, dont les angles sont égaux à 1 et qui est par conséquent un carré.

Si les angles des losanges sont fractions exactes de 4 droits, on les peut réunir autour d'un même point, et l'on a ainsi des étoiles régulières dont les pointes saillantes ont la même grandeur que les girons juxtaposés. Le losange a donne une étoile de 16 losanges ou de 16 pointes. Le losange b donne une étoile de 8 pointes, c'est l'étoile de l'octogone. Le losange c, dont les angles ne sont pas des fractions exactes de 4 droits, ne donne pas d'étoile. Le carré d assemblé par 4 donne un carré.

Les losanges du décagone ont pour valeur, savoir : a, $\frac{2}{5}$ et $\frac{8}{5}$; et b, $\frac{4}{5}$ et $\frac{6}{5}$; ce dernier est le losange du pentagone, qui donne l'étoile du pentagone; le premier a donne une étoile de 10 pointes.

Les losanges de l'ennéagone ont pour valeur, savoir : a, $\frac{4}{9}$ et $\frac{14}{9}$; ce losange donne une étoile de 9 pointes; le losange b, $\frac{8}{9}$ et $\frac{10}{9}$, ne donne pas d'étoile; le losange c, $\frac{6}{9}$ et $\frac{12}{9}$, est le losange trigone ou de l'hexagone, il donne l'étoile hexagonale.

Tous les losanges ainsi obtenus ont leur côté égal au côté du polygone générateur.

Il est évident que le triangle et le carré n'ont point de losange dérivé. L'hexagone en a un, c'est le losange trigone. L'octogone en a deux, son losange propre et un carré. Le pentagone n'en a qu'un, l'heptagone en a deux. Le dodécagone a un losange propre, un losange trigone et un carré, etc.

En répétant circulairement les polygones décomposés intégralement en losanges, en obtiendrait des rosaces, comme celle

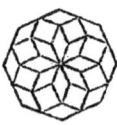 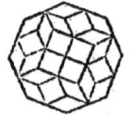

Fig. 51.   Fig. 52.

obtenue de l'octogone (fig. 51 et 52). En décomposant les losanges en losanges plus petits, on découperait la figure en partie de plus en plus petites qui, assemblées de toutes les manières possibles, détermineraient une variété infinie de combinaisons.

101. 2. *Éléments cunéiformes et décomposition des polygones en coins.* — Si l'on joint les points milieux des côtés, du polygone générateur et les sommets des angles rentrants des

polygones dérivés au centre, on décompose la figure en coins qui ont pour angle au centre, l'angle au centre du polygone, et pour angle opposé, successivement tous les angles du polygone générateur et des polygones étoilés qui en dérivent.

En général, si n est le nombre des côtés du polygone, la formule $\frac{n}{4}$ donne la valeur de l'angle au centre, et $\frac{2\,(n-2)}{n}$ la valeur de l'angle du polygone.

Si n est pair, la suite des formules $\frac{2\,(n-2)}{n}$, $\frac{2\,(n-4)}{n}$, $\frac{2\,(n-6)}{n}$ .... $\frac{4}{n}$ donne succes-sivement la suite des angles de tous les polygones dérivés.

Si n est impair, la suite des formules $\frac{2\,(n-2)}{n}$, $\frac{2\,(n-3)}{n}$, $\frac{2\,(n-4)}{n}$, $\frac{2\,(n-5)}{n}$ .... $\frac{2}{n}$ donne la suite des angles de tous les polygones dérivés.

On a ainsi pour chaque polygone une suite finie d'angles, si l'on conjugue deux à deux ces angles entre eux ou avec l'angle au centre, on obtient ainsi les losanges examinés précédemment et les coins.

Pour le pentagone on a la suite d'angles $\frac{6}{5}, \frac{4}{5}, \frac{2}{5}$. Ces angles conjugués deux à deux donnent $\frac{6}{5} > \frac{4}{5}$ coin du pentagone ; $\frac{6}{5} > \frac{2}{5}$ coin du premier décagone étoilé, $\frac{4}{5} > \frac{2}{5}$ coin du pentagone étoilé, et enfin $\frac{6}{5} + \frac{4}{5}$ ou le losange du pentagone.

On remarquera l'artifice des signes $>$ (plus grand que) pour désigner les coins, et $+$ (plus) pour désigner les losanges.

L'hexagone donne la suite des angles $\frac{8}{6}, \frac{4}{6}$. Ces angles conju-gués deux à deux donnent $\frac{8}{6} > \frac{4}{6}$ ou le coin hexagonal, qui assemblé par trois donne le trigone et assemblé par six donne l'hexagone, et $\frac{8}{6} + \frac{4}{6}$ ou le losange trigone, qui assemblé par trois donne l'hexagone et assemblé par six donne l'étoile hexagonale.

L'octogone donne la suite des angles $\frac{12}{8}, \frac{8}{8}, \frac{4}{8}$. Ces angles con-jugués deux à deux, savoir : $\frac{12}{8} > \frac{8}{8}$ le quart de l'octogone ; $\frac{12}{8} > \frac{4}{8}$ le coin de l'octogone ou le huitième ; $\frac{8}{8} > \frac{4}{8}$ le coin de l'octogone étoilé ; $\frac{12}{8} + \frac{4}{8}$ le losange de l'octogone ; $\frac{8}{8} + \frac{8}{8}$ le carré.

L'heptagone donne la suite des angles $\frac{10}{7}, \frac{8}{7}, \frac{6}{7}, \frac{4}{7}, \frac{2}{7}$. Ces angles conjugués deux à deux donnent : $\frac{10}{7} > \frac{2}{7}$ le coin du 1° polygone étoilé de 14 côtés ; $\frac{10}{7} > \frac{4}{7}$ le coin de l'heptagone ; $\frac{10}{7} > \frac{6}{7}$ et $\frac{10}{7} > \frac{8}{7}$ des coins dérivés des polygones étoilés du polygone de 14 côtés ; $\frac{8}{7} > \frac{2}{7}$ donne une étoile de 14 pointes ; $\frac{8}{7} > \frac{4}{7}$ une étoile de 7 pointes ; $\frac{8}{7} > \frac{6}{7}$ ne donne pas d'étoile; $\frac{6}{7} > \frac{2}{7}$ donne une étoile de 14 pointes ; $\frac{6}{7} > \frac{4}{7}$ est le coin du premier heptagone étoilé; $\frac{4}{7} > \frac{2}{7}$ est le coin du 1.° polygone étoilé de 14 côtés, il donne une étoile de 14 pointes et une de 7 pointes. $\frac{10}{7} + \frac{4}{7}$ est le losange qui donne une étoile ; $\frac{8}{7} + \frac{6}{7}$ est un losange qui ne donne pas d'étoile.

La série des angles de l'ennéagone est $\frac{14}{9}, \frac{12}{9}, \frac{10}{9}, \frac{8}{9}, \frac{6}{9}, \frac{4}{9}, \frac{2}{9}$. Ces angles conjugués deux à deux donnent 3 losanges et 6 coins. Savoir :

$\frac{4}{9} + \frac{14}{9}$ ou le losange a de la figure 50 qui donne une étoile de 9 pointes correspondant au premier ennéagone étoilé (D).

$\frac{6}{9} + \frac{12}{9}$ ou le losange trigone; $\frac{8}{9} + \frac{10}{9}$ ou le losange g qui ne donne pas d'étoile.

$\frac{14}{9} > \frac{4}{9}$ coin de l'ennéagone.

$\frac{12}{9} > \frac{4}{9}$ donne une étoile de 3 pointes et une de 9 pointes.

$\frac{10}{9} > \frac{4}{9}$ donne une étoile de 9 pointes (C).

$\frac{8}{9} > \frac{4}{9}$ donne une étoile de 9 pointes (D).

$\frac{6}{9} > \frac{4}{9}$ donne une étoile de 6 pointes (A') et une de 9 pointes (A).

$\frac{4}{9} > \frac{2}{9}$ donne une étoile de 18 pointes (B') et une de 9 pointes (B).

La série des angles du décagone est $\frac{8}{5}, \frac{6}{5}, \frac{4}{5}, \frac{2}{5}$. Ces angles conjugués deux à deux donnent toutes les figures du pentagone et spécialement un losange propre $\frac{8}{5} + \frac{2}{5}$ et un coin, propre $\frac{8}{5} > \frac{4}{5}$ qui donne une étoile de 10 pointes.

La série des angles du dodécagone est $\frac{5}{3}, \frac{4}{3}, \frac{3}{3}, \frac{2}{3}, \frac{1}{3}$. Ces angles conjugués deux à deux donnent un losange propre $\frac{5}{3} + \frac{1}{3}$ qui

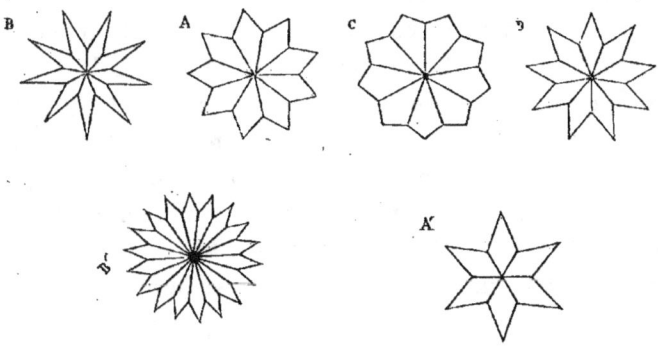

Fig. 53.

détermine une étoile de 12 pointes ; le losange trigone et le carré, et 4 coins : le premier $\frac{5}{3} > \frac{1}{3}$ donne une étoile de 12 pointes ; le second $\frac{4}{3} > \frac{1}{3}$ donne une étoile de 3 pointes et une de 12 pointes ; le troisième $\frac{3}{3} > \frac{1}{3}$ donne une étoile de 4 pointes et une de 12 pointes ; le quatrième enfin $\frac{2}{3} > \frac{1}{3}$ donne une étoile de 6 pointes et une de 12 pointes.

Il est inutile de prolonger plus loin cet examen, et nous finirons ce paragraphe en faisant observer que cette génération particulière se lie étroitement à la théorie générale des polygones dérivés qui contient esthétiquement le lien harmonique de toutes les figures assemblées. C'est par cette théorie générale et très-simple que l'on obtient aisément chacun des éléments fondamentaux qui autrement seraient d'une élaboration difficile, si non impossible, quand on tient compte des strictes exigences de l'art, qui n'admet pas que l'on obtienne avec grand labeur ce qui peut être obtenu d'une manière plus simple et moins tendue, et qui ne reconnaît aucun mérite esthétique à la difficulté vaincue. Qu'on nous permette encore une dernière observation qui est d'importance. Nous aurions pu nous étendre sur les relations curieuses qui existent entre la théorie des nombres, l'algèbre et la géométrie. Il y a dans l'étude de ces matières et des rapprochements qui en surgissent, comme une sorte d'entraînement secret, dont nous-mêmes n'avons pas toujours su nous garder; mais si l'on prend soin de ne jamais perdre de vue les figures elles-mêmes, et que, pour la vaine satisfaction d'une curiosité dissolue, on n'aille pas sacrifier les opinions et les goûts qui sont propres à notre race et que les artistes ont pour mission de révéler, on abandonnera aux mathématiciens ce qui, de ces matières, relève de la curiosité scientifique, et aux Orientaux, les développements souvent extraordinaires, qu'au seul point de vue purement ornemental on en peut tirer.

CHAPITRE XII.

LES POLYGONES ASSEMBLÉS.

102. D'après l'examen précédent, on peut conclure qu'à l'inverse, des figures polygonales sont assemblées et déterminent des figures composées. Deux triangles ou quatre triangles détermineront un quadrilatère. Des triangles isocèles détermineront des polygones convexes, et des coins ou des losanges

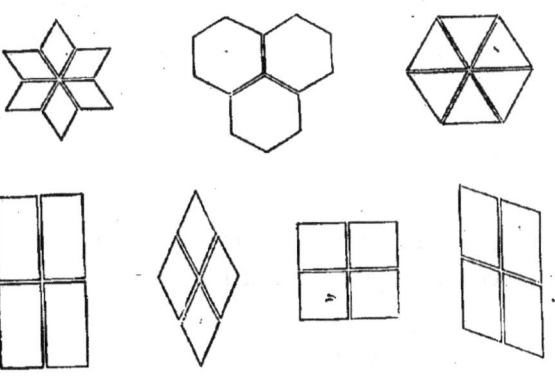

Fig. 54.

détermineront des polygones étoilés. Mais pour cette composition synthétique, une condition est absolument nécessaire, c'est que les figures aient des angles tels, que réunis autour d'un même point, leur somme soit égale à quatre angles droits, c'est-à-dire que juxtaposés ils ne laissent aucun vide. A cette condition, on peut assembler autour d'un même point un certain nombre de figures égales, quand l'angle de la figure est une fraction exacte de 4 droits, ou de figures différentes, si ces angles s'ajoutent et forment une somme égale à 4 droits.

On peut assembler autour d'un point, 6 trigones, 6 ou 3 losanges trigones, 3 hexagones. Les parallélogrammes, les rectangles, les losanges et les carrés s'assemblent au nombre de 4 autour d'un point (fig. 54 et 46).

Pour les figures différentes, les assemblages fondamentaux sont les suivants.

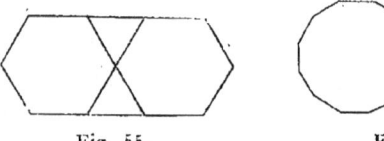

Fig. 55.   Fig. 56.

1° 2 hexagones et 2 trigones (fig. 55).
2° 2 dodécagones et 1 trigone (fig. 56).

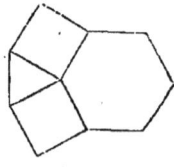   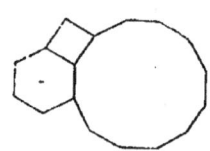

Fig. 57.   Fig. 58.

3° 1 hexagone, 2 carrés et 1 trigone (fig. 57).
4° 1 dodécagone, 1 hexagone et 1 carré (fig. 58).

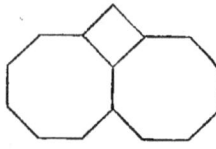   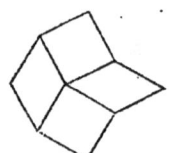

Fig. 59.   Fig. 60.

5° 2 octogones et 1 carré (fig. 59).
6° 2 losanges et 2 carrés (fig. 60).

7° 2 rectangles et 2 carrés (fig. 61).

8° 2 losanges et 2 rectangles (fig. 62).

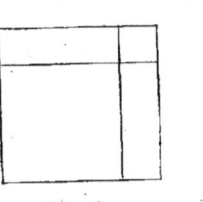

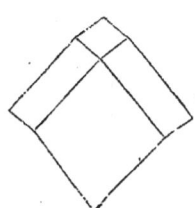

Fig. 61.   Fig. 62.

9° 1 décagone et 2 pentagones (fig. 63).

10° 1 pentédécagone, 1 décagone et 1 trigone (fig. 64).

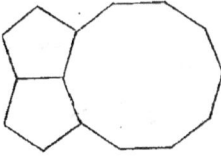

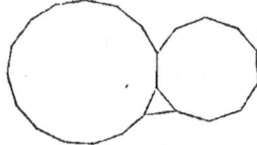

Fig. 63.   Fig. 64.

Un hexagone enveloppé de 6 carrés et de 6 trigones donne un dodécagone. L'assemblage du dodécagone et du trigone revient donc à l'assemblage des quatre figures de l'hexagone, du carré, du trigone et du losange trigone.

Le 6ᵉ assemblage est variable suivant l'accent du losange; le 7° est variable suivant la proportion du rectangle; le 8° est variable par la variation simultanée d'un losange et d'un rectangle.

Les huit premiers assemblages peuvent se répéter indéfiniment sur toute la surface du plan.

Le 9° assemblage est fini et composé d'un décagone avec une couronne de pentagones. Le 10ᵉ assemblage est également fini et se compose seulement de quatre figures, un pentédécagone, un décagone et deux trigones.

On pourrait encore assembler autour d'un même point un dodécagone, un octogone mi-régulier dont les axes sont transverses et un triangle isocèle (angle du dodécagone $= \frac{5}{3}$, angle de l'octogone $= \frac{3}{2}$; angle de l'isocèle $\frac{5}{6}$, celui du sommet étant égal à $\frac{1}{3}$. Somme, $\frac{5}{3} + \frac{3}{2} + \frac{5}{6} = \frac{10}{6} + \frac{9}{6} + \frac{5}{6} = \frac{24}{6} = 4$ droits). Cet assemblage serait indéfini (fig. 65).

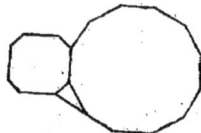

Fig. 65.

103. Les polygones dérivés par le rabattement des angles se peuvent aussi assembler et donnent lieu à des combinaisons infiniment variées. Nous prendrons pour exemple quelques-unes des figures dérivées de l'hexagone et de l'octogone.

Pour l'hexagone, on assemble 2 hexagones et deux étoiles hexagonales (fig. 66); 1 hexagone, une étoile, 1 dodécagone à

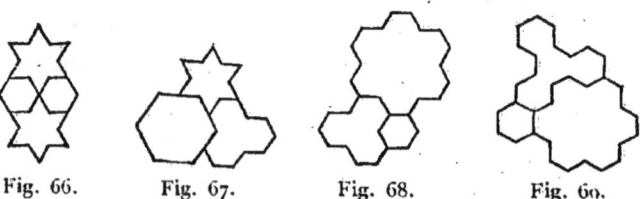

Fig. 66.   Fig. 67.   Fig. 68.   Fig. 69.

trois angles rentrants (fig. 67); 1 hexagone, 1 pairle hexagonal et une rosace de six saillants hexagonaux (fig. 68); 1 hexagone, une rosace de 7 hexagones assemblés, 1 pairle de 4 hexagones assemblés (fig. 69).

Les figures composantes peuvent se décomposer, à leur tour, en trigones, en losanges trigones et en hexagones, et finalement en losanges trigones dont le côté serait le plus petit de tous les

11

traits des figures, et qui assemblés par trois, par 6, par 9, par
12, en général par multiples de 3, reproduisent toutes les figures
composantes.

Pour l'octogone, on assemble : 4 octogones à deux angles
rentrants (fig. 70); 2 octogones et 2 étoiles à quatre pointes
(fig. 71); 1 octogone, l'octogone étoilé de 2 carrés et le polygone

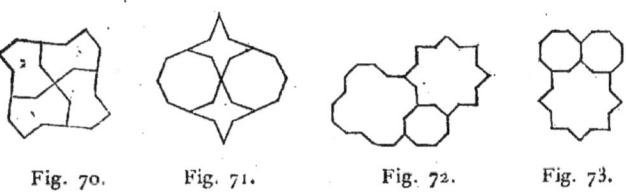

Fig. 70.   Fig. 71.   Fig. 72.   Fig. 73.

de 16 côtés à quatre saillants (fig. 72); le premier octogone
étoilé, 2 octogones et ultérieurement un carré (fig. 73). Cet
assemblage réduit à l'étoile et aux 2 octogones donnerait une
disposition finie composée de l'étoile et de 8 octogones répartis
circulairement; mais moyennant l'insertion d'un carré, l'assemblage devient indéfini et applicable sur toute l'étendue du
plan.

Nous nous en tiendrons à ces seuls exemples, laissant à nos
lecteurs le soin de les développer et de les étendre au gré de
leurs caprices et de leur fantaisie.

CHAPITRE XIII.

LES DÉLINÉATIONS POLYGONALES DÉRIVÉES.

104. Il faut concevoir les contours des figures polygonales comme engendrés de deux manières : la première, conforme au cours linéaire, considère des lignes qui se suivent bout à bout sous une inclinaison quelconque ; la seconde, conforme au diagramme de la disposition ou à l'ordre circulaire, considère les côtés ou les plis angulaires comme répartis régulièrement autour d'un point ou centre.

I. *Construction générale des délinéations polygonales.* — Les éléments irréductibles et derniers des délinéations polygonales sont les angles et les côtés ou segments de droite, ces segments se succédant bout à bout en faisant successivement des angles entre eux. Les segments sont variables en grandeur linéaire et les angles sont variables en grandeur angulaire. Il faut donc considérer séparément ou simultanément les angles et les segments qui délimitent ces angles ; les segments peuvent être uniformes ou variés, les angles peuvent être uniformes ou variés : ce qui donne lieu à quatre modes de génération des délinéations polygonales.

1° *Des segments égaux et des angles égaux.* — Partant d'un segment quelconque mais fixe, et d'un angle quelconque mais fixe, puis traçant ou répétant successivement ce segment et cet angle, on obtient en général deux sortes de figures polygo-

nales : des polygones réguliers convexes, ou des polygones
étoilés continus. Si par exemple l'angle adopté était celui de
l'octogone on aurait l'octogone convexe ; si l'angle était celui
du pentagone étoilé, on aurait le pentagone étoilé.

2° *Des segments égaux et des angles variés.* — Si les segments
uniformes se succèdent bout à bout en s'inclinant sous des angles successivement de plus en plus petits ou de plus en plus
grands, on obtient un contour polygonal décliné qui inscrit ou
circonscrit une recourbée (fig. 74). Les angles peuvent être va-

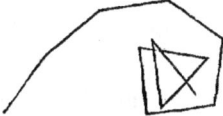

Fig. 74.

riés de toutes les manières, soit uniformément ou par une déclination régulière, soit d'une manière variée, les angles étant
égaux de deux en deux, etc.

3° *Des angles égaux et des segments variés.* — Les segments

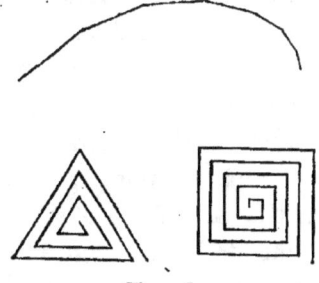

Fig. 75.

diminuant régulièrement de grandeur en même temps qu'ils
s'inclinent toujours sous un même angle, déterminent un contour polygonal recercelé, qui inscrit ou circonscrit une recourbée ou un enroulement. Si les segments étaient égaux par deux
et que les angles fussent droits, le contour inscrirait un enrou-

lement à intervalle spirulaire égal et uniforme. Si les angles
sont ceux du trigone, du carré, du pentagone, de l'hexagone,
etc., on obtient les enroulements rectilignes qui sont inscrits
dans ces figures (fig. 75).

4° *Des angles variés et des segments variés.* — En même
temps que les angles varient de grandeur, les segments varient
de grandeur, et la figure inscrit une recourbée qui peut aller
se prolongeant jusqu'à l'enroulement selon les degrés de la
progression (fig. 76). Cette déclination inscrit aussi une boucle,

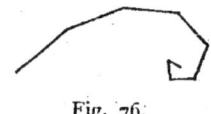

Fig. 76.

et la progression ou la déclination se continue en sens contraire
selon la variation des grandeurs angulaires.

Ce dernier mode de génération le plus complexe (par opposition aux modes logiques qui précèdent) et le plus naturel
parce qu'il est le plus simple et se prête le mieux à toutes les
variations, existe virtuellement au fond de tous les tracés spon-
tanés qui déterminent les dessins des crosses de l'ornement, des
doucines dans les moulures, des panses de vases, etc.

On peut considérer ces délinéations comme obtenues par la
succession de plis angulaires uniformes ou variés juxtaposés
par un côté, ce qui implique une directrice qui gère et contient la succession des plis. En prolongeant les segments de
toutes parts, on obtiendrait des délinéations compliquées qui
correspondent aux polygones étoilés.

II. *Construction générale des délinéations polygonales rectilignes ou curvilignes.* — Les côtés des polygones appartiennent
par moitié à chacun des angles. On peut donc considérer ces
polygones comme déterminés par la répartition circulaire de
plis dont l'axe de symétrie coïncide avec les rayons du diagramme de disposition. Si l'on part d'un pli quelconque et d'un

diagramme de radiation quelconque aussi, la bissectrice de l'angle se confond avec la bissectrice des girons, et les extrémités de l'angle déterminent une corde commune au pli et au giron. Ces plis peuvent être orientés dans un sens ou dans l'autre, c'est-à-dire qu'ils peuvent avoir leur sommet tourné vers le centre ou vers la périphérie. Si l'angle est déterminé conjointement avec la radiation du diagramme, on a un polygone déterminé; par exemple, l'angle du trigone, distribué suivant la radiation ternaire, donne un trigone, distribué suivant la radiation sénaire, il donnerait l'étoile hexagonale, etc. Si cet accord ou cette adaptation géométrique n'existait pas, la révolution circulaire accomplie, le contour ne serait pas fermé exactement; et si l'on prolongeait la révolution, il y aurait pénétration de plis les uns dans les autres, comme dans les polygones étoilés. Un contour polygonal étant tracé, on peut en tirer de nombreuses figures dérivées par le rabattement des angles; c'est ce que nous allons montrer sur les deux exemples de l'octogone et de l'hexagone. Partant de l'octogone, si l'on rabat deux plis opposés, on a la fig. 1; si l'on rabat les quatre plis, on a la fig. 2; si prenant les points milieux des côtés on rabat les 8 angles, on a la fig. 3; si on le rabat seulement de deux en deux, on a la fig. 4; la fig. 5 est obtenue de la fig. 2, par le rabattement des angles rentrants. La fig. 6 est obtenue de la fig. 3 par le rabattement des angles de deux en deux. La fig. 7 est obtenue de la fig. 3 par le rabattement de tous les angles. La fig. 8 est tirée de la fig. 7 par le rabattement en dedans des angles saillants. La fig. 9 est obtenue de la fig. 7 par le rabattement des angles rentrants droits, etc. Si l'on envisage l'à-plat de ces figures, on voit que ces rabattements successifs reviennent à détacher des losanges de la figure; ces losanges ont pour côté le côté de l'octogone primitif, ou la moitié de ce côté.

Partant de l'hexagone et prenant les points milieux des côtés, en rabattant les angles, on a la fig. 1; les rabattant seule-

ment de deux en deux, on a la fig. 2. Partageant les côtés en
trois parties égales, et rabattant les angles, on a la fig. 3; ra-

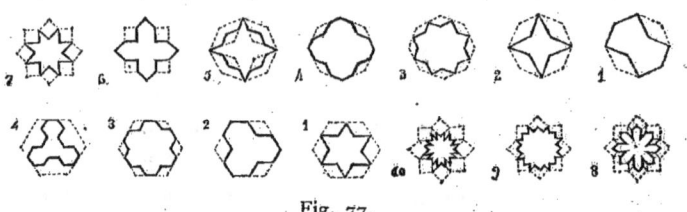

Fig. 77.

battant de deux en deux les saillies hexagonales de la fig. 3, on a
la fig. 4, etc. — Du dodécagone et en général de tous les autres
polygones on obtiendrait des figures infiniment variées, mais
dont le détail serait trop long et trop monotone pour que nous
nous y arrêtions davantage.

105. Si après avoir partagé en deux parties les côtés de la figure, on développe le contour en ligne droite, on aura une
suite de zigzags qui revient à une suite d'angles répétés les uns
à la suite des autres. A l'inverse, une engrêlure rectiligne étant
repliée circulairement, engendrera, suivant l'espèce de l'angle,
un polygone convexe ou un polygone étoilé. Ces engrêlures
ont un axe de symétrie, qui est la directrice droite; les contours
circulaires devront donc avoir aussi une directrice circulaire,
qui est un polygone de l'espèce de l'angle. On aperçoit maintenant la liaison de l'ordre linéaire avec l'ordre circulaire, et
toutes les rangées, alignements et engrêlures pourront avoir
une directrice droite ou circulaire.

En général, si partant d'une droite on la conçoit comme
subdivisée en parties égales, et qu'on replie ses segments sous
des angles déterminés, on engendrera les lignes brisées à directrice rectiligne, les polygones convexes et les polygones
étoilés. Si les segments étaient variés et que leur grandeur
suivît une déclination régulière, en les repliant sur des angles
conformes, on obtiendrait des recourbées polygonales. Il y a

donc comme un lien de nature qui rapproche la droite, la ligne
brisée, le contour polygonal, le contour étoilé, et la recourbée
polygonale ou rectiligne. De plus, rien ne limitant *à priori* la
subdivision de la droite, on en conclut qu'esthétiquement la transition est continue qui relie la ligne droite à la ligne courbe. Les
termes extrêmes de cette analogie sont : la droite et la circonférence, et moyennant les deux principes de la répétition et de la
déclination et les trois modes de construction, la succession
linéaire ou le rabattement, la succession circulaire ou le gironnement pour la répétition, et la succession spirulaires ou l'enroulement pour la déclination; toutes les figures polygonales
rectilignes ont leurs analogues dans les figures curvilignes,
continues, ou discontinues, uniformes ou variées. Toutes ces
figures curvilignes sont obtenues en substituant des arcs aux
droites et des rebroussements, des raccords ou des bouclements
aux plis angulaires.

A un arc quelconque répond un contour polygonal quelconque uniforme.

A une recourbée répond un contour polygonal quelconque.

Aux polygones quelconques convexes ou étoilés répondent
toutes les rosettes empiriques ou géométriques, les guillochis
de l'industrie, les épicycloïdes ou trochoïdes obtenues par des
moyens mécaniques, et qui sont fort peu intéressantes partout
ailleurs que dans le milieu spécial et ennuyeux où elles éclosent.
Nous n'insisterons pas plus longtemps, il nous suffit de signaler cette analogie générale qui subsiste indépendamment de
l'usage bon ou mauvais qu'on en peut faire.

SECTION QUATRIÈME.

L'ÉTENDUE ET LES FORMES CORPORELLES.

106. On a la perception ou l'intuition immédiate des formes corporelles qui existent dans l'étendue. Pour les préciser et les définir on les conçoit comme déterminées par la subordination de l'étendue à des coordonnées. Ces coordonnées sont de plusieurs espèces : les coordonnées mathématiques ou les dimensions, qui déterminent la quantité de grandeur ; les coordonnées géométriques, qui déterminent l'espèce de la forme par la considération de l'ordre et de la situation ; les coordonnées esthétiques, qui déterminent le sens esthétique de la forme ; les coordonnées harmoniques, qui se rapportent à l'individualité ou à l'individualisation des formes.

L'étendue homogène a trois dimensions de même nature et essentiellement uniformes, la grandeur de ces dimensions mesure l'étendue ; à ces trois dimensions correspondent trois coordonnées qui déterminent l'ordre et la situation dans l'étendue, telles sont les coordonnées mathématiques à la fois numériques et géométriques.

L'étendue au sens esthétique a trois dimensions qui déterminent la grandeur de cette étendue ; suivant que l'une des dimensions ou deux dimensions ensemble dominent, l'étendue

n'est pas seulement plus grande dans le sens de ces dimensions, mais elle a encore un caractère esthétique différent ;
donc, en ce sens, les dimensions elles-mêmes de l'étendue ne
sont déjà plus homogènes ou de même nature. A ces trois dimensions qui caractérisent les formes de l'étendue, correspondent trois coordonnées qui déterminent l'ordre, la situation
et le sens de cette étendue. Ces trois coordonnées sont essentiellement uniformes ; ce sont : la hauteur, la largeur et la
profondeur. Telles sont les coordonnées géométriques, à la
fois mathématiques et architectoniques, qui déterminent la
grandeur et la forme.

L'étendue, au sens purement esthétique, a pour coordonnées : la verticale, ou l'ordre vertical, qui se compose d'une
base ou d'un départ et d'un intervalle qui relie la base au sommet ; à cet ordre vertical, ou de bas en haut, correspondent les
épithètes esthétiques de hauteur, d'élévation, d'altitude, etc.;
l'horizontale, ou l'ordre horizontal, qui se compose de la
subordination symétrique des parties situées à droite et à
gauche de chaque côté de la verticale ; à cet ordre horizontal
correspondent les épithètes de front, de façade, etc. ; enfin la
sagittale, ou l'ordre sagittal, qui se compose de la subordination symétrique des parties latérales et des parties successives,
dans le sens de l'arrière et de l'avant ; à cet ordre sagittal correspondent les épithètes de profondeur, de fuyant, etc. Ces
coordonnées, essentiellement hétérogènes mais harmoniques à
la nature de l'homme, sont à la fois architectoniques et esthétiques. Ce sont ces coordonnées qui gouvernent l'ordonnance
monumentale et qui déterminent les formes esthétiques.

Les formes particulières de l'étendue ont en outre deux
sortes de coordonnées qui les déterminent essentiellement :
les coordonnées géométriques ou génératrices des formes, et
les coordonnées spécifiques et harmoniques à l'espèce esthétique de la forme.

Les coordonnées harmoniques sont à la fois géométriques

et esthétiques, elles déterminent les formes esthétiques individuelles et le plan de décoration qui leur est corrélatif.

107. S'il est facile de tracer sur un plan des lignes courbes ou des figures quelconques, dont on connaît un nombre fini de points, on manque de procédés commodes pour figurer dans l'espace une surface dont on ne connaît qu'un nombre fini de points, ou même une surface dont on connaît la loi de génération ; et cette difficulté a fait naître la branche de géométrie à laquelle on a donné le nom de géométrie descriptive, dont l'objet est de ramener les constructions qui devraient se faire dans l'espace à des opérations graphiques sur un plan.

Cette difficulté de représentation réelle quand il s'agit de déterminations mathématiques rigoureuses est comme non avenue au point de vue de l'art, par cette raison topique que, dans les arts, les surfaces réelles ou les formes sont ouvrées directement par une manutention plus ou moins simple et plus ou moins mécanique selon que cette surface est plus ou moins définie. Toutes les idées de définitions géométriques, de manutention mécanique et de traduction graphique sont accessoires et ne font que s'adapter avec plus ou moins d'à-propos et de mesure à la notion plus générale et tout à fait innée de surface ou de forme.

Examinons donc cette notion, en nous appuyant essentiellement sur la réalité corporelle et palpable, corrélative au *toucher actif*. Une surface modelée d'une manière arbitraire comporte à tous les degrés des variations continues de courbure, la courbure variant quant à la grandeur et quant à l'accent. Toutes ces variations de courbure se suivent ou s'infléchissent les unes les autres, ce qui determine une suite d'ondulations, de concavités ou de convexités. Sur une telle surface on peut concevoir une infinité de lignes planes à courbure continue et infléchie, plus généralement des courbes planes et des courbes à double courbure. Ces lignes peuvent être tracées d'une manière arbitraire ou résulter d'un système de sections,

comme, par exemple, celui qui serait obtenu par une série de
plans parallèles, ce qui est le procédé le plus général et qui
détermine des courbes de sections ou des lignes de niveau.
Ces lignes projetées sur un plan déterminent une représentation topographique de la surface.

Une surface taillée d'une manière arbitraire comporte également et à tous les degrés des variations de courbure et des
inflexions, mais spécialement cette surface peut présenter aussi
d'autres particularités : des facettes planes où la courbure est
nulle ; des arêtes déterminées par le passage brusque d'une
facette plane à une autre facette également plane, ou d'une
facette plane à une concavité ou à une convexité : ces arêtes
sont ou rectilignes, ou curvilignes, ou volubiles ; des points
saillants, des sommets déterminés par des saillies arrondies ou
par la rencontre de trois ou plusieurs segments de surface ;
des segments plans ou arrondis, etc., etc.

108. Entre toutes les surfaces arbitraires modelées ou taillées, on distingue des surfaces dénommées d'une manière
usuelle par analogie avec des formes connues et qui nous sont
familières, ou théoriquement définies par un mode de génération mécanique, géométrique ou architectonique.

La définition géométrique d'une surface consiste à assigner
la loi de la description de la surface par une ligne, soit que la
ligne se meuve simplement dans l'espace sans changer de
forme, soit qu'elle change de forme en même temps qu'elle se
déplace. En général, on appelle lignes directrices celles sur
lesquelles s'appuie la ligne génératrice pour décrire une surface déterminée. Toutes les espèces de surface définies quant
à leurs caractères génériques sont comprises dans la classification suivante :

Ire classe. — Surfaces réglées.

Ces surfaces planes ou courbes sont engendrées par le mouvement d'une droite; cette classe comprend :

    1° L'ordre des *surfaces développables;*

    2° L'ordre des *surfaces gauches.*

L'ordre des surfaces développables comprend principalement :

    1° La famille des *surfaces cylindriques;*

    2° La famille des *surfaces coniques.*

IIe classe. — Surfaces - enveloppes.

Cette classe comprend principalement ;

    1° L'ordre des *surfaces de révolution;*

    2° L'ordre des *surfaces-canaux.*

C'est là une classification très-rationnelle si l'on veut, mais exclusivement basée sur des conceptions géométriques et spéciales à la science pure. Une surface définie n'est point cantonnée exclusivement dans telle case de la classification, elle peut appartenir à plusieurs de ces groupes : ce qui revient à dire qu'une forme quelconque, même considérée au seul point de vue géométrique, admet bien autrement de diversité ou de caractères particuliers qu'il n'en est indiqué dans la classification. Ainsi, le cylindre droit ordinaire est à la fois une surface réglée parce qu'on peut le concevoir comme engendré par une droite ou génératrice qui se meut parallèlement à elle-même, suivant un contour ou une directrice circulaire ; une surface-enveloppe ou surface-canal, parce qu'on peut le concevoir comme engendré par la progression uniforme d'un cercle ou d'une sphère suivant une directrice droite. De plus, le cylindre est une surface développable parce qu'on en peut étaler la surface sur un plan, c'est aussi une surface de révolution qui peut être décrite par une droite ou un rectangle, etc.

109. Voici une autre classification également artificielle, mais pourtant moins abstraite, et serrant de plus près le vrai si abondant et si divers.

Toutes les surfaces, et plus généralement toutes les formes, peuvent être conçues comme engendrées par la progression d'une ligne ou d'une figure plane, suivant une directrice. Cette progression est uniforme ou déclinée ou variée, suivant les différents profils qui guident et circonscrivent l'étendue du mouvement générateur. De plus, ces formes sont rapportées à un plan de construction ou de coordination symétrique.

CHAPITRE I.

LES FORMES SUIVIES OU LINÉAIRES.

110. Toutes ces formes sont engendrées par la progression uniforme d'une génératrice suivant une directrice. La génératrice peut être : 1º une droite, un arc, une recourbée, une anse, etc.; 2º une figure polygonale ouverte ou fermée ; 3º une figure curvitale, simple ou variée, un cercle, un arc, un ove, un ovale, etc.; une rosette infléchie, rebroussée, etc.; 4º enfin, une délinéation plane, variée d'une manière quelconque.

La directrice peut être une droite, un arc, un cercle, une recourbée, un ove, une hélice, une hélice déclinée, etc. Les conjugaisons deux à deux d'une génératrice et d'une directrice engendrent une infinité de formes, par exemple : une génératrice droite et une directrice droite engendrent le plan ; une génératrice circulaire et une directrice circulaire engendrent le tore ; une génératrice circulaire et une directrice hélicoïdale engendrent le serpentin ou la colonne torse, etc., etc.

CHAPITRE II.

LES FORMES DÉCLINÉES.

111. Ces formes sont engendrées par la progression déclinée d'une génératrice suivant une directrice.

Les génératrices et les directrices sont identiques aux précédentes ; seul le principe de déclination intervient pour la détermination des formes. Ainsi, prenant une directrice droite et une génératrice circulaire, et guidant la progression par une droite inclinée sur la directrice, on obtient un cône dont la solidité va en déclinant depuis l'ouverture de l'angle jusqu'au sommet. La progression ayant lieu le long d'une recourbée ou d'une arquée, toutes les autres conditions restant les mêmes, qu'on obtiendrait une forme ovoïde. Si partant d'une génératrice circulaire et d'une directrice hélicoïdale, et que la progression soit déclinée au lieu d'être uniforme, on obtient, au lieu d'un serpentin cylindroïde, un serpentin conoïde, etc., etc.

DE LA SYMÉTRIE DANS CES DEUX CLASSES DE FORMES.

112. La symétrie, dans les formes solides, est rapportée soit à un point, soit à une droite, soit à un, deux ou trois plans qui se coupent rectangulairement. Par le point passent une infi-

nité de plans situés de toutes les manières possibles. Par la droite passent également une infinité de plans, mais tous ces plans contenant la droite sont orientés dans le même sens. Ainsi, la sphère et les polyèdres réguliers ont un centre de symétrie; le cylindre, le cône, les prismes, les pyramides, etc., ont un axe de symétrie. Les ovoïdes, les ovaloïdes ont un, deux ou trois plans de symétrie.

D'après cela, et en ce qui concerne les formes cylindroïdes et conoïdes, on remarque qu'en général, si la directrice est droite et la section ou la génératrice circulaire, il passe par la droite une infinité de plans; si la directrice est droite et la génératrice polygonale ou variée, il passe par la droite un nombre fini de plans. Si la directrice est un axe ou une recourbée, il n'y a plus qu'un plan de symétrie qui passe par la directrice. Si la directrice est spirulaire ou volubile, il n'y a plus de symétrie, mais seulement un axe imaginaire autour duquel s'enroule le solide, etc.

CHAPITRE III.

LES FORMES SPHÉROÏDALES.

113. La sphère est une forme absolue dont la surface et la solidité sont tout entières rapportées à un point ; c'est donc une forme unique et dont tous les exemplaires sont identiques. Cela n'empêche pas, d'ailleurs, de la convevoir comme une surface de révolution produite par la rotation d'un cercle, ou comme une surface conoïde décrite par la progression d'un cercle suivant une directrice rectiligne et une déclinatrice circulaire.

Mais si la génératrice de forme circulaire, ovée ou ovale, se meut suivant une ligne finie, et que la déclinatrice soit un cercle, un ove ou un ovale, on obtient l'infinie variété des ovoïdes ou ovaloïdes qui peuvent avoir un plan, deux plans, trois plans de symétrie ou une infinité.

CHAPITRE IV.

LES FORMES VARIÉES.

114. Toutes les formes cylindroïdes, conoïdes et ovoïdes
sont engendrées par la progression uniforme ou déclinée, suivant des déclinatrices qui sont des droites, des arcs ou des
recourbées ; mais si, au lieu de ces lignes simples, on em-
ployait des déclinatrices variées et composites qui compren-
draient un nombre quelconque des affections fondamentales
des lignes, on obtiendrait des formes infiniment variées : en
général les formes ouvrées, les parties essentielles des vases,
les membres d'architecture, etc., etc.

Selon la situation relative des directrices et des génératrices,
et selon la nature réciproque de leur forme, on obtient avec
les mêmes éléments des formes essentiellement différentes. Par
exemple, prenant pour directrice une droite, pour génératrice
un cercle, et pour déclinatrice, ou profil, une recourbée, selon
que la recourbée tourne sa concavité ou sa convexité du côté
de la directrice, on obtiendra une forme conoïde, ou bombée,
ou bien une forme évasée. Dans le premier cas, toutes les sections faites dans tous les sens ont leur concavité tournée en
dedans ; dans le second cas, les sections faites suivant la directrice ont leur concavité en dehors, et toutes les autres sections
perpendiculaires ou obliques ont leur concavité en dedans.
Dans le tore, on a également ces deux systèmes de courbure.

Dans le cylindre ordinaire, toutes les sections perpendiculaires ou obliques à la directrice sont des lignes courbes ; toutes les sections, au contraire, qui passent par la directrice ou qui lui sont parallèles, sont des droites.

D'après cela, on est amené à distinguer trois genres de surfaces courbes : 1° les surfaces courbes qui ont toutes leurs courbures dans le même sens, à partir d'un même point, comme la sphère, les ovoïdes, les ovaloïdes, en général, les surfaces bombées ; 2° les surfaces courbes qui ont leurs courbures constamment en sens contraire, comme le tore, le serpentin, les campanules, en général, les surfaces infléchies ; 3° enfin les surfaces simplement arrondies, ou qui n'ont de courbure que dans un sens, comme les surfaces cylindriques et les surfaces coniques.

115. L'analogie entre les figures superficielles et les figures dans l'espace est si complète, qu'il serait inutile de recommencer les longs développements dans lesquels nous sommes entrés à propos de l'étendue superficielle ; il nous suffira de signaler quelques points seulement.

L'étendue superficielle a deux dimensions et deux coordonnées : l'étendue corporelle a trois dimensions et trois coordonnées ; une dimension domine sur l'autre ou se confond harmoniquement avec l'autre en donnant le cercle ; une dimension domine sur les deux autres confondues ou distinctes, ou les trois dimensions se confondent harmoniquement dans la sphère. Les formes fondamentales de l'étendue linéaire sont le plan, le cercle, la bande et l'angle ; les formes fondamentales de l'étendue corporelle sont le cube, la sphère, le parallélipipède prismatique et le trièdre pyramidal. Les segments des formes fondamentales de l'étendue superficielle sont les triangles, les quadrilatères et les polygones ; les segments ou les clivages des formes de l'étendue sont les pyramides triangulaires ou polygonales, les parallélipipèdes et les prismes, et les polyèdres. Les dominantes des à-plats sont quadrangu-

laires, circulaires, linéaires et angulaires ; les dominantes de
l'étendue sont cubiques, sphériques, prismatiques ou linéaires,
polyédriques ou pyramidales. Deux des dimensions de l'étendue se composant harmoniquement pour laisser dominer la
troisième, on peut dire en général qu'aux polygones réguliers
répondent les prismes réguliers, les pyramides régulières et
les polyèdres sphéroïdriques. Aux polygones étoilés répondent
les prismes et les pyramides côtelés, et les polyèdres étoilés
qui dérivent des polyèdres ordinaires par des plans diagonaux, comme les polygones étoilés dérivent des polygones
ordinaires par des lignes diagonales ; au cercle, répondent le
cylindre et le cône, ou la sphère. Aux polygones à dominantes
ovalaires répondent les polyèdres à dominantes ovoïdes,
comme à l'ove répondent les ovoïdes. Aux éléments triangulaires, rhombiques ou cunéiformes des polygones, répondent
les éléments pyramidaux, rhombiques ou plus composés des
polyèdres. Aux contours des à-plats répondent les surfaces des
solides, etc., etc. Nous terminerons par une observation générale : l'étendue proprement dite ayant trois dimensions ou
trois coordonnées, les combinaisons de ces trois coordonnées
sont infiniment plus multipliées que les combinaisons des deux
coordonnées de l'étendue superficielle ; et l'on pourrait dire
que si les formes linéaires sont du premier degré, ou à la première puissance, les formes superficielles seraient du deuxième
degré ou à la seconde puissance, et les formes corporelles du
troisième degré ou à la troisième puissance ; puis, rappelant
les observations déjà faites, que les lignes, le mouvement qui
les décrit et le langage, sont essentiellement linéaires ; que les
à-plats, les figures planes et les rapports à deux termes, ou les
tables à double entrée, trouvent immédiatement leur représentation sur un plan ; que les formes de l'étendue, les rapports à trois termes, l'ordre dans l'espace, n'ont pas de représentation immédiate, et qu'il y faut l'artifice du trait ou de
dessin qui secondent la conception mentale et l'imagination

vaste qui, seules, peuvent les embrasser dans leur totalité, et
mettre l'ordre ou la détermination dans des rapports aussi
multipliés, et inexprimables par les voies ordinaires de la logique, on se rendra compte pourquoi il est impossible d'embrasser *à priori*, dans une théorie générale, les faits infiniment
multipliés qui relèvent de la conception de l'étendue. La notion de la forme se modifie en raison des matériaux réels qui
la traduisent et des conceptions diverses qui s'y adjoignent.

116. Toutes les considérations théoriques qui précèdent et
beaucoup d'autres encore qui les continuent appartiennent à
la géométrie élémentaire et à la géométrie générale. Si l'on se
préoccupe de ces théories, ce ne peut être qu'en qualité de
géomètre et parce que rien n'empêche l'artiste ou l'artisan de
faire de la science à ses momets perdus. Monge est sans con-
teste une grande figure dans le monde des académies et des
écoles spéciales, mais son œuvre pour si considérable que
l'aient rendue son génie et les travaux de ses continuateurs
n'a rien fait de plus que d'agrandir la sphère de la spéculation
mathématique, bien loin qu'elle ait contribué (comme le prétendent si volontiers les géomètres) à augmenter le dépôt des
notions vraiment importantes et souveraines. A dire vrai, aucune notion de cet ordre n'y est contenue; l'œuvre entière est
exclusivement le développement logique et scolastique à la
fois de définitions évidentes. Comme dans toutes les sciences
positives on s'est préoccupé seulement d'y retenir et d'y assu-
rer les choses incontestables et rigoureusement définies, et
bien loin de faire remarquer qu'on laissait ainsi en dehors de
la méthode tout ce qui est indémontrable, tout ce qui ondoyant et divers appartient au plus adroit et au mieux doué,
on a prétendu au contraire que le géomètre avait établi, une
fois pour toutes, les fondements inébranlables d'une doctrine
universelle qui, agrandissant désormais les pouvoirs des artisans, leur permettrait de produire à l'avenir des œuvres bien
autrement grandes et rationnelles que toutes celles de ces

temps obscurs où l'artisan encore dans l'enfance de l'art était
privé de cette flamme.

Quoi qu'il en soit de ces ambitions, et quelque persistantes
que les maintiennent encore les convictions intrépides des
hommes de progrès, un fait brutal n'en demeure pas moins :
l'artisan, bien loin qu'il ait grandi, a disparu pour faire place
à l'ouvrier, l'homme de l'avenir pour qui se bâtissent toutes
les rénovations, l'homme appauvri et appesanti à qui s'adres-
sent tous ces mirages.

117. Dans les arts et métiers, les surfaces et les formes sont
ouvrées directement et le plus simplement par le modelé ou
la plastique, et par la taille ou la sculpture. Le mode de manutention est plus ou moins défini selon que la forme est plus
ou moins définie ; mais tous les perfectionnements mécaniques
apportés aux outils, aux engins, et aux modes de manutention,
n'ajoutent rien à la notion de la forme. Ce n'est pas dans le
perfectionnement industriel du mode d'élaboration que réside
le développement de l'art des formes ; au contraire, ce perfectionnement qui est tout entier dans le sens économique et
organisé en vue d'une production rapide, abondante et vénale,
nuit singulièrement, bien loin qu'il aide au pouvoir d'invention et de création.

Les deux préoccupations malsaines de la géométrie scolastique et de l'industrie mécanique anéantissent rapidement
chez les modernes le sens vrai de la forme. Rien de plus in-
croyablement barbare que les théories esthétiques des géomètres, des industriels, et aussi, il faut bien le reconnaître, de
quelques artistes ; de ceux-là, du moins, qui atteints de la
manie spéculative et enseignante, abandonnent leurs nobles
occupations pour prétendre à bâtir un système d'art à l'aide
des quelques bribes de science empruntées aux métaphysiciens
et aux positivistes. Que les géomètres, dans leur aveuglement
et leur ignorance absolue de tout ce qui n'est pas la géométrie,
aient de telles velléités, cela n'a rien après tout qui doive sur-

prendre. Mais il faut se récrier bien haut quand on voit des artistes (les mieux doués d'entre les mortels, puisqu'ils ont ce beau pouvoir de créer toutes les réalités possibles par delà les sensations confuses et d'aventure, et l'heureux privilége de les imposer sous cet aspect aux autres hommes), s'abandonner à ce point de prétendre subordonner les notions qui les animent au cadre étroit des définitions abstraites et conventionnelles.

C'est une des misères du temps présent que la science positive y ait compris ce privilége d'être à la fois acclamée et chantée par ceux-là qui la servent et par ceux-là aussi pour qui elle est impénétrable. Heureusement que les véritables artistes, ceux-là qui ont encore l'esprit honnête et viril, ne s'y trompent pas, et quand ils avouent hautement leur profonde répulsion pour les sciences exactes, ils ont grandement raison. Ils sentent bien instinctivement quel immense intervalle sépare la connaissance vivante, devinée ou reçue d'un maître, de la connaissance alambiquée, sèche et appauvrie des savants. Ils savent bien que jamais l'art (non plus d'ailleurs que la philosophie, la morale ou la politique) ne pourra revêtir la forme d'un corps de doctrine scientifique qui aurait ses princincipes, sa méthode, ses définitions et ses classifications. Ils se contentent dans leur sagesse des aphorismes et des maximes générales que des maîtres d'un génie heureux ont l'art de formuler et d'imposer avec cet accent d'autorité qui leur gagne des disciples. Les médiocres, au contraire, ceux d'entre les artistes qui, trouvant toutes barrières rompues, entendent prendre la place et la prendre toute, s'efforcent de substituer à la longue acquisition, au développement incessant et prolongé que l'expérience et la maturité seules permettent, les quelques définitions ineptes qu'ils ont recueillies en quelques années de préparation hâtive, et au milieu des hasards qui suivent le désordre, l'absence de sincérité, le manque de sérieux et d'élévation.

SECTION CINQUIÈME.

LA RÉGULARITÉ ET LA SYMÉTRIE.

118. Un motif quelconque, trait, délinéation, figure, forme ou ornement, est simple, composé, complexe ou composite.

Un motif est simple quand on peut le décomposer en parties, gardant encore une forme, ou bien quand il est le point de départ de compositions ou d'arrangements, où cette forme se retrouve toujours dans le dessein définitif. Un motif est composé quand on y peut reconnaître des parties distinctes qui concourent à sa formation, mais tellement solidaires les unes des autres, qu'on ne les puisse séparer sans rompre l'unité de la forme. Un motif est complexe quand il est formé de parties distinctes; le lien qui réunit ces différentes parties est apparent et accusé, ces parties sont des subdivisions prononcées de la forme totale. Une forme est composite quand les parties formatives qui la déterminent sont d'espèces différentes, et que l'art y intervient expressément.

119. Un motif est régulier ou irrégulier. Un motif est régulier quand il est construit suivant une loi apparente ou plus ou moins dissimulée; quand on y peut reconnaître une régularité dans la succession ou l'arrangement des parties disjointes; enfin quand on peut constater ou concevoir un lien harmonique dans la succession de ses diverses parties artificiellement séparées ou seulement distinguées par l'analyse.

L'idée de régularité prend deux acceptions bien distinctes, selon qu'on l'applique aux êtres de la nature ou bien aux œuvres de l'homme. Dans le premier cas, l'idée de régularité est l'idée de conformité à une loi naturelle qui régit les phases d'un phénomène ou les différentes périodes de la vie d'un être organisé en tant que les périodes se traduisent extérieurement dans l'organisation anatomique ou dans la disposition des organes. Dans le second cas, l'idée de régularité entraîne les idées connexes de symétrie et d'eurhythmie : de symétrie dans la situation réciproque des parties, d'eurhythmie dans l'unité ou l'harmonie de ces différentes parties. Soit, pour exemple, une inflorescence naturelle de l'héliotrope, du myosotis, de la grande consoude, etc., et une disposition recourbée comme les crosses de l'ornementation grecque. Il y a dans l'inflorescence un ordre légal ou une régularité dans les différents degrés d'épanouissement ou de développement des fleurs, conformément aux phases naturelles de la vie inhérente aux végétaux. Dans les crosses grecques, analogues comme disposition, il n'y a pas lieu à l'intervention d'une loi semblable de développement. Le lien harmonique qui relie les différentes parties de la disposition et qui consiste en une déclination régulière : 1º dans la position suivant la recourbée; 2º dans la grandeur des parties ; 3º dans l'accentuation de leur forme, est d'une nature spéciale et n'oblige en aucune façon à l'intervention de l'idée d'une loi de développement à laquelle puisse être subordonnée la forme sensible et immédiate.

Un motif régulier peut être symétrique, décliné et varié, c'est-à-dire que la régularité ornementale est déterminée séparément ou conjointement : 1º par la symétrie ; 2º par la déclination; 3º par la variation.

CHAPITRE I.

DE LA SYMÉTRIE.

120. Un motif quelconque a ses différentes parties constitutives ou composantes, soumises à un diagramme ou plan
géométrique de construction, ou bien ce motif est répété par
rapport à un diagramme géométrique de disposition. Selon
que les parties d'une figure ou d'une disposition sont rapportées au point, à la ligne ou au plan, la symétrie est d'espèce
différente, le motif est défini et porte une épithète assortie.

Les formes solides de constitution uniforme ont leur masse
rapportée à un point, comme les polyèdres et la sphère ; à
une ligne ou axe, comme les prismes, les pyramides, les cylin-
dres et les cônes ; à un ou plusieurs plans, comme la sphère,
le cube, les ovoïdes, les ovaloïdes, etc. Il n'y a aucun avantage
à développer d'une manière didactique ces différents cas de
symétrie. Les formes solides ont un principe d'unité, d'individualité qui prime singulièrement la construction géométrique
à laquelle on les peut ramener. Ce n'est point dans la variété
géométrique de cette construction que résident les particularités de forme qui donnent à chacune d'elles une valeur esthétique. Il est important de remarquer que les habitudes logiques des modernes ont singulièrement diminué leur pouvoir de
conception. Si l'on veut bien y penser un instant, on se con-
vaincra aisément qu'il est autrement facile de concevoir d'em-

blée dans l'espace une forme solide, fût-elle de construction
compliquée, que de percevoir une représentation ou une
image qui la traduise. Dans le premier cas, l'intuition est naturelle ; dans le second cas, au contraire, il y faut une éducation préalable. Il faut consulter là-dessus les sculpteurs et les
artisans plutôt que les architectes, et surtout penser aux
Grecs. D'ailleurs, et si l'on persiste à imaginer suivant le
mode logique, rien n'est plus facile que d'appliquer aux formes
solides les différents modes de symétrie que nous allons énumérer et qui se rapportent aux formes planes.

Dans une exposition didactique on est obligé de procéder
par voie de construction successive, et en allant du simple au
composé. Mais une fois les notions définies et gravées dans
l'esprit, il faut au contraire se conformer au mode intuitif, et
pour la juste conception des choses percevoir d'emblée l'ensemble, l'unité, sauf à y reconnaître ultérieurement les détails
analytiques. On a donc l'intuition entière et totale d'une forme
solide, d'une forme plane ou d'une délinéation, et quelle que
soit l'acuité de l'esprit qui analyse ou dissèque, on n'est
jamais autorisé à perdre de vue l'intuition première. Ces réser-
ves faites, énumérons maintenant les différents cas de symétrie sans les séparer des motifs ou des formes qui les contiennent.

121. Envisageant les motifs dans leur unité formelle et l'intégrité de leur image, on est amené à les distinguer, et à les
définir de la manière suivante : un motif est impair, pair, diagonal, écartelé ; ternaire, senaire, en général gironné ; révolvé
et radié.

1° *Motif impair.* — Un motif est impair quand il n'a ni
axe ni centre de symétrie. Un motif impair est régulier ou
irrégulier ; la régularité consiste alors dans une variation progressive et harmonique de ce qui constitue l'essence de la
forme : par exemple, une recourbée est régulière parce qu'il
y a changement continu et modification progressive dans la

courbure. Un angle curviligne impair est régulier parce qu'il
y a variation continue dans la déclination de l'à-plat ou bien
variation continue dans la succession des différentes coordonnées de symétrie rapportées à l'axe curviligne ou diamétral de
l'angle. Un motif impair est simple ou composé ; il est simple
quand son principe d'unité tient tout entier à sa nature essentielle ; une recourbée, un enroulement, une angulation crochue, etc., sont des motifs simples parce qu'il y a continuité
dans la déclination de la courbure ou de l'à-plat. Une palmette grecque impaire est complexe parce que les parties qui
la composent sont distinctes et forment chacune une unité ou
un motif simple. Ce n'est plus à proprement parler un motif,
mais bien une disposition. Un rameau, une branche avec ses
feuilles et ses fleurs, sont des motifs simples, bien que physiquement ils soient composés de parties. Ils sont simples comme
objets propres et distincts ; un rameau est plus ou moins élé-
gant, ou d'un beau dessin, sans que cela tienne à une régularité géométrique, comme dans les motifs abstraits ou inventionnels ; la localisation du rameau, son aspect, sa couleur,
l'association d'idées dont il est l'occasion, etc., vont bien au
delà d'une régularité géométrique, si nécessaire pour les objets
dépouillés d'attributs sensibles et naturels.

2° *Motif pair.* — Un motif est pair quand il a un axe de
symétrie qui le partage en deux moitiés identiques et qui se
correspondent par retournement. L'arc, les anses, l'ove, les

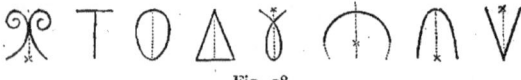

Fig. 78.

angulations droites, le triangle isocèle, etc., sont des motifs
pairs les plus simples de tous. En général, la symétrie partage,
pour ainsi dire, l'objet en deux, place au milieu les parties uni-
ques, et à côté celles qui sont répétées, ce qui forme une sorte

de balance et d'équilibre qui donne de l'ordre, de la liberté,
de la grâce à l'objet.

3° *Motif diagonal.* — Un motif diagonal est construit par
rapport à un point ; il a ses deux moitiés inversement placées,
l'une d'un côté, l'autre en sens contraire, par rapport à l'une
quelconque des droites en nombre infini qui passent par le
centre ou le point de symétrie. En général, un motif diagonal
est déterminé par le redoublement d'un motif impair ou pair.
Un motif diagonal a toujours un motif qui lui est conjugué ou
qui le répète par inversion (6e et 7e, 8e et 9e figures).

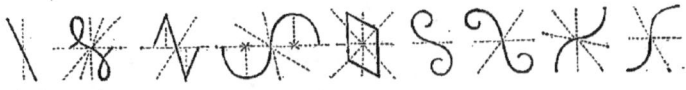

Fig. 79.

4° *Motif écartelé.* — Les deux symétries paire et diagonale
combinées déterminent la symétrie écartelée. Un motif écartelée a deux axes de symétrie qui se croisent en un point qui
est un centre de symétrie. Il y a symétrie droite en croix et

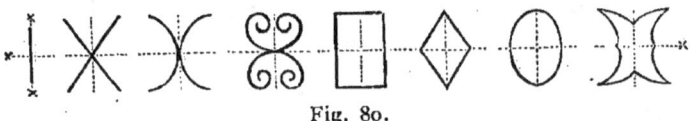

Fig. 80.

symétrie diagonale en sautoir. La droite, le sautoir, le rectangle, le losange, l'ovale, etc., sont des motifs écartelés ou de
composition à la fois paire et diagonale.

5° *Motif quaternaire.* — Un motif est quaternaire quand il

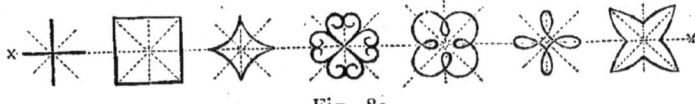

Fig. 81.

a quatre axes de symétrie entremises en un point ou rayonnant
de ce point.

6° *Motif ternaire ou senaire.* — Un motif est ternaire ou

senaire quand il a trois axes de symétrie qui se coupent en un point, ou bien qui rayonnent de ce point au nombre de trois ou de six. Un motif senaire a pour forme-enveloppe un hexagone ou un cercle. Un motif ternaire a pour forme-enveloppe un trigone ou un cercle.

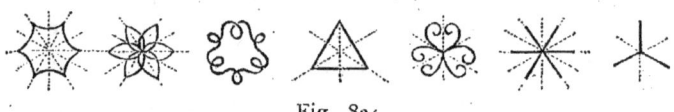

Fig. 82.

Les motifs quaternaire, ternaire et senaire, quinaire, etc., sont des motifs gironnés, c'est-à-dire dont les pièces sont rabattues circulairement; le motif écartelé est aussi un motif gironné, mais il importe pourtant de le dénommer particulièrement parce qu'il implique deux axes plutôt qu'un centre et des rayons, dans le cas où le nombre des pièces est impair ou multiple d'un nombre impair, et un centre et des axes dans le cas où le nombre est pair ou multiple d'un nombre pair.

4° *Motif révolvé.* — Un motif est révolvé quand il a toutes ses parties disposées circulairement autour d'un point réel ou imaginaire et tournées dans le même sens. Un motif révolvé est un motif impair si le nombre des pièces est impair; le point imaginaire est alors un centre de disposition, puisque la figure

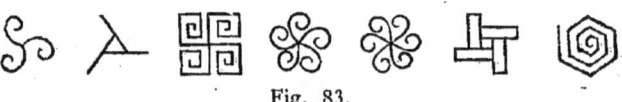

Fig. 83.

n'a ni axe, ni centre de symétrie. Un motif révolvé est à symétrie diagonale si le nombre des pièces est pair; le centre de disposition est alors un centre de symétrie par lequel passe un nombre infini d'axes. Un enroulement régulier rectiligne ou curviligne est un motif révolvé impair. Deux enroulements égaux rapprochés par leurs départs et tournés dans le même sens donnent un motif révolvé impair; si ces enroulements se

raccordent linéairement en un point d'inflexion, le motif révolvé est diagonal. En général, un motif diagonal est un motif
révolvé de deux pièces.

8° *Motif radié.* — Un motif est radié quand les axes de
symétrie sont en nombre indéterminé et assez grand pour qu'il
ne vienne pas à l'esprit l'idée de les compter ou le besoin de
les reconnaître. L'image la plus simple est le cercle qui a un
nombre infini d'axes.

En général, les motifs gironnés ont pour limites extrêmes le
motif écarfelé, qui est le motif gironné le plus simple, et le motif radié, qui est le motif gironné le plus compliqué. Le gironnement est donc essentiellement le rabattement circulaire indéfiniment symétrique.

122. Tout motif impair, pair, diagonal, écartelé comporte à
un degré quelconque l'idée d'une figure-enveloppe qui l'inscrit, et qui peut être une figure irrégulière ou plus particulièrement le triangle isocèle, le quadrilatère ou le cercle. Tout
motif gironné, révolvé et radié, (c'est-à-dire tous les motifs
construits circulairement autour d'un point), implique comme
figure-enveloppe l'image d'un polygone régulier depuis le trigone jusqu'au cercle.

Ces remarques se rapportent à la construction intrinsèque
des figures, mais ces figures ou ces motifs peuvent être à leur
tour répétés ou multipliés par rapport à un axe ou à deux
axes écartelés, ou encore à un nombre indéfini suivant une
directrice rectiligne ou circulaire, ce qui implique dans ce second cas un point directeur ou un centre qui gouverne tout le
système. Tels sont les points de départ de la théorie de l'ordre
dans les dispositions ornementales. Afin d'envisager la question dans toute sa généralité, il nous faut considérer maintenant deux points fort importants : 1° les positions diverses que
que peut occuper tel motif déterminé ; 2° les positions réciproques ou les conjugaisons de deux positions identiques ou différentes d'un motif déterminé.

I. — POSITIONS DES MOTIFS.

123. Les motifs et les formes étant rapportés aux coordonnées naturelles ou instinctives peuvent occuper des positions diverses ou être orientés dans un sens déterminé, qui varie avec la construction intrinsèque de ces motifs ou de ces formes. Ces positions sont conformes à l'horizontale, à la verticale et à la sagittale, ou bien sont obliques, et rapportées à l'une des trois directions cardinales, en même temps qu'elles sont composées avec deux ou trois de ces directions. Les motifs à-plat se rapportent naturellement à la croix d'écartèlement composée de l'horizontale et de la verticale prolongée en dessous de l'horizontale.

Un motif quelconque a une forme-enveloppe qui cadre ou ne cadre pas avec la construction intrinsèque ou la symétrie intérieure du motif. Par exemple, le trigone qui est à symétrie ternaire ou à trois axes peut inscrire un motif impair, un motif pair, un motif ternaire et un motif radié, ou composé de parties multiples de trois ; un losange et un rectangle inscrivent un motif impair, un motif pair, un motif diagonal et un motif écartelé ; un carré inscrit un motif impair, diagonal, pair, écartelé, quaternaire ou radié ; un hexagone inscrit un motif impair, pair, diagonal, écartelé, ternaire, senaire ou radié. On peut donc considérer le motif en lui-même, ou bien dans sa forme-enveloppe, et l'une ou l'autre considération soumettent l'objet à des positions corrélatives.

1° *Motifs radiés.* — Un motif radié ayant plus de quatre axes de symétrie et dont la forme-enveloppe est un polygone de plus de huit côtés ou bien un cercle n'est point susceptible d'orientation et demeure indifférent.

2° *Motifs révolvés.* — Un motif révolvé d'une pièce est impair, un motif révolvé de deux pièces est impair ou diagonal, un motif révolvé de trois pièces ayant pour forme-enveloppe un contour triangulaire, peut occuper huit positions, comme le triangle. Un motif révolvé de quatre pièces ayant pour forme-enveloppe un quadrilatère, peut occuper quatre positions. Un motif révolvé d'au moins cinq pièces ayant pour forme-enveloppe un contour circulaire, n'est plus guère susceptible de positions variées et demeure à peu près indifférent.

3º *Motifs gironnés*. — Un motif gironné qui a quatre axes de symétrie et pour forme-enveloppe un contour octogonal ou circulaire, peut occuper deux positions. Un motif gironné senaire ou à trois axes de symétrie peut occuper huit positions, savoir : un axe étant horizontal, la pointe tournée à droite ou à gauche ; un axe étant vertical, la pointe tournée en haut ou en bas ; enfin un axe étant oblique dans deux positions à droite ou à gauche, peut avoir la pointe tournée dans un sens ou dans l'autre.

4º *Motifs écartelés*, — Un motif écartelé ou à deux axes occupe deux positions si la forme-enveloppe est un carré, ou quatre positions, l'une horizontale, l'autre verticale, les deux autres obliques, si la forme-enveloppe est barlongue, c'est-à-dire losange ou rectangle.

5º *Motifs diagonaux*. — Un motif diagonal ayant un centre de symétrie et des axes en nombre indéfini, occupe les positions qui sont dépendantes de la forme-enveloppe. La forme étant en général barlongue, le motif occupe quatre positions, l'une horizontale, l'autre verticale, les deux dernières obliques.

6º *Motifs pairs*. — Un motif pair ayant seulement un axe de symétrie, c'est-à-dire deux faces pareilles de chaque côté de l'axe, et deux faces différentes dans le sens de l'axe, peut occuper huit positions, savoir : l'axe étant horizontal, le motif est tourné d'un côté ou de l'autre ; l'axe étant vertical, le motif est tourné en haut ou en bas ; l'axe étant oblique à gauche, le motif est tourné dans un sens ou dans l'autre ; enfin l'axe étant

oblique à droite, le motif est tourné dans un sens ou dans l'autre : à ne compter que les quatre positions obliques importantes, se correspondant en sautoir et qui sont d'ailleurs les seules
qui forment une image nette.

7° *Motifs impairs.* — Un motif impair a quatre faces différentes, tandis que le motif pair n'en a que deux; il occupe
donc un nombre double de positions, c'est-à-dire seize, si tou-
tefois la forme-enveloppe est allongée ou triangulaire. Cette
forme-enveloppe étant à peu près circulaire, comme dans l'enroulement ou la volute, ou quadrangulaire, comme dans l'enroulement rectiligne de la grecque, le motif n'occuperait plus
que huit positions principales.

II. — CONJUGAISONS DES MOTIFS.

124. En combinant ou rapprochant deux à deux les positions ou directions d'un motif, on obtient les conjugaisons ou
les motifs binaires. Il faut considérer dans les conjugaisons :
1° les directions réciproques, un motif étant orienté dans un
sens, pendant que l'autre est orienté dans le même sens ou
dans un sens différent; 2° les positions réciproques, les deux
motifs étant considérés seulement quant à leurs directions; la
conjugaison ou la combinaison deux à deux de ces directions
détermine les positions réciproques; 3° les situations réciproques, un motif occupant un lieu déterminé; le second motif
qui lui est conjugué occupe un lieu distinct qui est, avec le premier, dans une situation relative quelconque.

C'est la position réciproque qui détermine l'espèce de la
conjugaison ; c'est le nombre des directions, ou l'espèce du
motif qui détermine les variétés de la conjugaison afférentes à
ce motif ; enfin, la situation réciproque détermine l'image ou
la forme actuelle des conjugaisons ; de plus, on obtient des
images variées, selon que les deux motifs restent distincts ou

séparés par un intervalle quelconque, selon qu'ils se touchent ou sont contigus ; ou, enfin, s'ils se pénètrent plus ou moins en s'entre-croisant ou en s'intersectant. La situation réciproque modifie les conditions de symétrie. (Voir les conjugaisons des motifs pairs.)

1° *Motifs impairs*. — Prenant pour exemple l'enroulement, et accouplant les positions diverses de ce motif, on obtient entre toutes six espèces de conjugaisons définies, savoir : 1° la conjugaison *impaire*, ou assymétrique, où les deux pièces n'ont aucune espèce de relation définissable ; 2° la conjugaison *révolvée*, impaire et assymétrique, mais régulière, parce que les points se correspondent circulairement par rapport à un axe ou diamètre curviligne ; 3° la conjugaison *suivie* : deux motifs étant répétés parallèlement, les distances des points correspondants sont toutes égales et toutes parallèles entre elles, c'est-à-dire que toutes ces distances sont orientées dans le même sens et suivant une directrice linéaire (fig. 84). Cette conjugaison est l'analogue de la précédente : dans un cas, les

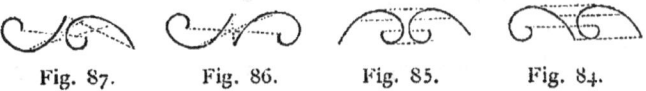

Fig. 87.   Fig. 86.   Fig. 85.   Fig. 84.

motifs sont suivis circulairement ; dans l'autre, ils sont suivis linéairement, ce qui est conforme à l'analogie essentielle de la droite et du cercle ; 4° la conjugaison *diagonale* : deux motifs étant répétés diagonalement, ou dans une situation réciproquement inverse, ont toutes les distances des points correspondants égales et toutes s'entre-croisant par le milieu en un même point qui est le centre de symétrie (fig. 86) ; 5° la conjugaison *à retour* : deux motifs étant répétés symétriquement par rapport à un axe, ont tous les points correspondants également distants de cet axe. Les distances sont toutes parallèles et coupées dans leur milieu par l'axe de symétrie qui leur est per-

pendiculaire (fig. 85) ; 6° la conjugaison *contrariée* : deux motifs étant répétés et contredits, ont les points correspondants
également éloignés, c'est-à-dire que les distances des points qui
se correspondent sont toutes égales ; mais ces distances ne sont
pas toutes orientées dans le même sens : elles sont tantôt parallèles, tantôt entre-croisées d'une manière variable et en des
points différents (fig. 87).

Considérant comme motifs ces diverses conjugaisons, il faut
observer : 1° qu'une conjugaison suivie est impaire, c'est-à-
dire qu'elle n'a ni axe ni centre de symétrie ; 2° qu'une conjugaison à retour est paire, c'est-à-dire qu'elle a un axe de
symétrie ; 3° qu'une conjugaison diagonale est diagonale, c'est-
à-dire qu'elle a un centre de symétrie ; 4° enfin, qu'une conjugaison contrariée est impaire, mais qu'elle a un axe transversal
ou un diamètre qui partage la figure en deux parties équiva-

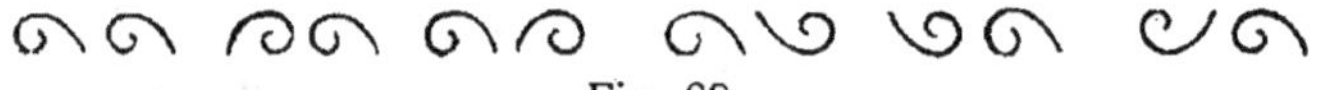

Fig. 88.

lentes comme quantité, et superposables par déplacement et
retournement.

Chacune de ces conjugaisons est, quant à la situation :

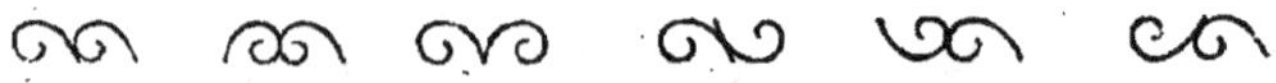

Fig. 89.

1° détachée (fig. 88) ; 2° contiguë (fig. 89) ; 3° entre-croisée
(fig. 90).

On peut s'exprimer simplement et brièvement en disant

Fig. 90.

d'un motif qu'il est suivi, pair, diagonal ou contrarié ; de
plus, ajouter que chacun d'eux est détaché, contigu ou entre-
croisé.

Pour construire aisément ces diverses conjugaisons, il suffit
de disposer le motif initial par rapport à la croix d'écartèlement ou trait carré, c'est-à-dire qu'un motif ou une disposition
écartelée contient les quatre positions qui, combinées deux à
deux, déterminent les conjugaisons. Savoir : les conjugaisons
suivies, *aa, bb, cc, dd ;* les conjugaisons à retour, *ab, ba ;*
les conjugaisons diagonales, *ac, ca ;* les conjugaisons contrariées, *ad, da.* (Voir le n° 171.)

2° *Motifs pairs.* — Si l'on ne perd pas de vue la croix de position, un motif pair a le plus naturellement son axe vertical
ou horizontal ; si la position de l'axe est oblique, le motif peut
être considéré comme impair. L'axe de symétrie pouvant occuper des positions et des directions variables, on obtient, par les
combinaisons réciproques de ces positions et de ces directions
et suivant la situation relative des parties, les conjugaisons suivantes :

I. — LES AXES SONT PARALLÈLES, DROITS OU OBLIQUES :

1° Dirigés dans le même sens.   2° Dirigés en sens contraire.

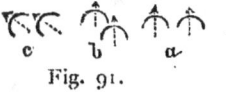

Fig. 91.   Fig. 92.

Soit trois espèces de conjugaisons : la première à la fois suivie et à retour si les motifs se correspondent directement *a ;* la
deuxième à la fois suivie et alterne si les motifs se suivent obliquement *b, c.* La première conjugaison est un motif pair, la
seconde un motif impair. La troisième conjugaison *d,* où les axes
sont tournés en sens contraire, est toujours diagonale, quelle
que soit la situation relative. C'est donc toujours un motif diagonal.

II. — LES AXES SONT DANS LE PROLONGEMENT L'UN DE L'AUTRE :

1º Dirigés dans le même sens.   2º Dirigés en sens contraire.

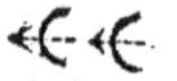

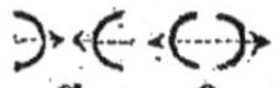

Fig. 93.   Fig. 94.

Dans le premier cas, la conjugaison est suivie et c'est un motif pair ; dans le second cas, la conjugaison est à retour et c'es
un motif écartelé.

III. — LES AXES SONT OBLIQUES OU PERPENDICULAIRES L'UN A L'AUTRE :

1º Dirigés dans le même sens.   2º Dirigés en sens contraire.

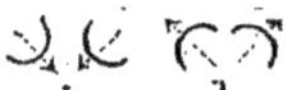

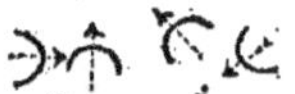

Fig. 95.   Fig 96.

Dans le premier cas, la conjugaison est à retour : c'est un
motif pair ; dans le deuxième cas, la conjugaison est contrariée
ou révolvée : contrariée si, partant d'un motif déterminé dans
sa position, on lui conjugue son contrarié ; révolvée dans tout
autre cas.

3º *Motifs diagonaux.* — Un motif diagonal détermine seulement deux conjugaisons : la conjugaison suivie et la conjugaison à retour. Les autres conjugaisons impaires b' ou a', étant
entre-croisées par le centre de symétrie, déterminent un motif
révolvé ou un motif écartelé. En entre-croisant, par le centre
de symétrie, les deux motifs d'une conjugaison à retour, on

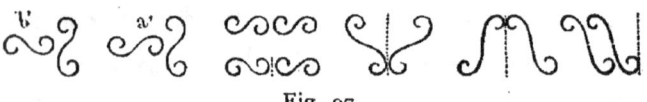

Fig. 97.

obtiendrait un motif écartelé. En entre-croisant deux motifs
réciproques, on obtiendrait un motif révolvé.

4° *Motifs écartelés.* — Deux motifs écartelés ayant un grand et un petit axe, peuvent avoir les axes de même nom parallè-

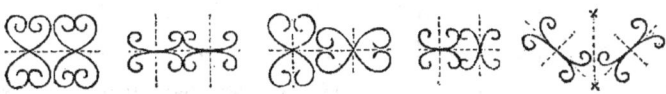

Fig. 98.

les; la conjugaison est alors suivie; les axes de même nom perpendiculaires l'un à l'autre, la conjugaison est alors contrariée, et, dans le cas où les motifs s'entre-croisent par leur centre de figure, on a un motif quaternaire; enfin, les axes étant obliques l'un à l'autre, on a la conjugaison symétrique ou à retour.

5° *Motifs révolvés.* — Les motifs révolvés sont impairs ou diagonaux. Les motifs révolvés impairs, d'au moins cinq pièces, sont à peu près indifférents et déterminent tout au plus les conjugaisons suivie et à retour. Le motif révolvé de trois pièces détermine lisiblement toutes les conjugaisons du motif impair le plus simple; la conjugaison à retour, étant entre-croisée ré--gulièrement, détermine un motif senaire. Les motifs révolvés de plus de quatre pièces sont à peu près indifférents, et déterminent tout au plus les deux conjugaisons suivie et à retour. Les motifs révolvés de quatre pièces déterminent les conjugaisons suivie et à retour; la conjugaison à retour entre-croisée détermine un motif quaternaire.

6° *Motifs gironnés, ternaires, senaires,* etc. — Un motif gironné qui a au plus quatre axes de symétrie, donne lieu à la conjugaison suivie et à la conjugaison réciproque, encore ces deux conjugaisons sont-elles peu accusées. Un motif ternaire ou à trois axes qui a une forme-enveloppe triangulaire doit être considéré comme un motif pair. Un motif senaire qui a une forme-enveloppe hexagonale ou circulaire donne lieu aux deux conjugaisons suivie et à retour.

7° *Motifs radiés.* — Un motif radié ne peut être soumis qu'à la conjugaison suivie ou au principe de répétition : il est et

demeure indifférent dans toutes les situations, étant exclusivement construit par rapport à un point de centre. En général,
et considérant comme motifs radiés tous les motifs qui ont au
moins trois axes de gironnement, un motif radié de 3, 5, 7, 9...
pièces est pair; un motif radié de 6, 10, 24... pièces est écartelé; un motif radié de 4, 12... pieces est quaternaire; un
motif radié de 8, 17... pièces est radié.

En disant d'un motif qu'il est centré, on exprimerait mieux
sa physionomie particulière; l'épithète de radié exprime plutôt
la construction par parties que l'image dans son intégrité et son
unité de forme.

CHAPITRE II.

RÉPÉTITION. — UNIFORMITÉ. — DÉCLINATION.

125. Une qualité, une quantité, une répétition s'écoulent uniformément par accroissements égaux, ou bien s'écoulent gra-
duellement et par accroissements ou décroissements incessamment variés, c'est-à-dire qu'elles déclinent uniformément. Déclination veut dire variation ou modification harmonique et
simple, tendant à une fin ou limite actuelle. Cette variation
est continue et comporte ou non des degrés apparents et réels,
ou imaginaires et imposés par convention ou institution. L'idée
d'uniformité est tout à fait abstraite et se rapporte à l'essence
même des qualités ; l'idée de déclination, tout aussi abstraite,
implique particulièrement une directrice de la déclination ;
l'idée de répétition, enfin, suppose des termes distincts ou la
multiplicité des éléments premiers.

Une disposition d'abord uniforme étant soumise à la déclination, d'indéfinie qu'elle était, devient finie et limitée, c'est-à-
dire qu'elle décline et arrive au terme de son cours. La déclination est alors une décroissance de grandeur, la forme du
motif composant restant la même et variant seulement quant à
la grandeur, et quant aux qualités corrélatives à l'idée de grandeur. C'est alors un enchaînement ou une série de motifs semblables. La notion de déclination se spécialise et prend une
acception particulière quand on y adjoint l'idée de mouvement,

c'est alors la *progression* qui est croissante ou décroissante selon le sens du mouvement. Si l'on introduit l'idée de termes ou de discontinuité dans le cours de la déclination, on a alors la *gradation* ou la déclination discontinue et par degrés appa-rents, réels et appréciables.

Dans une recourbée ou un enroulement il y a déclination de courbure, la courbure variant incessamment et continûment d'un point à l'autre de la ligne. Dans les dispositions centrées, la déclination de l'à-plat ou des parties d'à-plat a lieu du cen-tre à l'enveloppe ou de l'enveloppe au centre. Dans les dispo-sitions ramifiées, il y a déclination dans la grandeur et aussi dans le nombre des motifs composants qui sont branchés successivement les uns sur les autres.

La notion générale de déclination contient les idées de varia-tion, de continuité, d'unité, de limite, etc. ; elle s'applique à la courbure, aux grandeurs linéaires, superficielles et corpo-relles, à l'angulation, au nombre, à la couleur, au relief, etc., etc.

CHAPITRE III.

VARIATION. — UNITÉ. — VARIÉTÉ.

126. L'unité et la variété produisent la symétrie et la proportion : deux qualités qui supposent la distinction et la différence des parties, et en même temps un certain rapport de conformité entre elles. La variété suppose le nombre et la différence des parties présentées à la fois avec des positions, des gradations, des contrastes piquants. L'intérêt résulte de l'impression des différentes parties qui frappent toutes ensemble et chacune en particulier et qui multiplient ainsi les impressions. Ce n'est point assez de les multiplier, il faut les élever et les étendre; c'est pour cela que l'art est obligé de donner à chacune de ces parties différentes un degré exquis de force et d'élégance qui les fait paraître nouvelles. La multitude des parties fatigue si elles ne sont point liées entre elles par la régularité qui les dispose tellement qu'elles se réduisent toutes à un centre commun qui les unit. La proportion entre dans le détail des parties qu'elle compare entre elles et avec le tout et présente sous un même point de vue l'unité, la variété et le concert agréable de ces deux qualités entre elles.

La notion très-générale de variation résume les idées de changement, de modifications harmoniques, apportées au dessin (dessein) d'un motif, d'une disposition ou d'une forme, le diagramme ou le schème de la composition ou de la synthèse esthétique restant la même dans son unité. Cette variation qui maintient l'unité ou le type, purement intelligible du motif, de la disposition ou de la forme, en fait sortir une infinité d'exemplaires variables ou variés d'un individu à l'autre. La notion de la variation comprend aussi la notion de variation continue ou déclination; mais il importe cependant de considérer ces deux notions comme distinctes, la variation s'appliquant aussi bien à un motif décliné qu'à un motif uniforme.

127. Au point de vue mathématique, l'idée de variation continue comporte une définition précise et des procédés de mesure : c'est là l'objet principal de la géométrie analytique et du calcul infinitésimal. Mais, au point de vue esthétique, il ne sert de rien d'aller au delà du sentiment naturel que l'on a de cette variation. La main obéit instinctivement à ce sentiment, une définition précise serait toujours détournée et n'ajouterait rien à la chose essentielle : la forme pour les yeux.

Il ne faut pas confondre l'idée de variété avec la notion de variation. Quand on dit sous une forme aphoristique qu'il faut de l'unité dans la variété ou de la variété dans l'unité, on traduit d'une manière vague et ample un besoin très-évident et de premier instinct qui réunit deux appétits, celui de la simplicité et celui de la complexité. Par cela même que ce sont des besoins ou des appétits, ils peuvent fort bien exister inégalement développés chez un même individu par le fait de son tempérament particulier ou par le fait du génie de la race à laquelle il appartient. Ces formules commodes, qui tendent à la conciliation ou plutôt à la neutralisation, les unes par les autres, des manifestations diverses du génie humain, sont de peu d'utilité et meublent seulement un esprit cultivé sans aider le génie ou le pouvoir d'invention.

La notion de variation est une notion essentiellement active, et, comme toutes les notions de cet ordre, elle a cette vertu d'être claire et immédiatement intelligible. L'idée de variété, au contraire, exprime un résultat et ne peut être comprise si elle n'est spécifiée et limitée par des définitions expresses.

La régularité qui résulte de la variation, n'est point une régularité apparente ou géométrique et qui fasse image. C'est une régularité tout intellectuelle qui résulte expressément de la conformité de chacun des exemplaires pour variés et distincts qu'ils soient les uns des autres à la notion préconçue et demeurant en l'esprit du type qui les fournit. En l'absence de cette notion supérieure du type, il ne peut y avoir que les deux régularités actuelles de la symétrie et de la déclination.

Cette variation porte donc sur la figuration du schème ou du type de la forme, et sur les éléments intégrants de la disposition; elle peut en modifier la symétrie et la déclination, mais en maintenant toujours le diagramme de composition ou l'unité ou l'individualité du type, c'est-à-dire la forme essentielle.

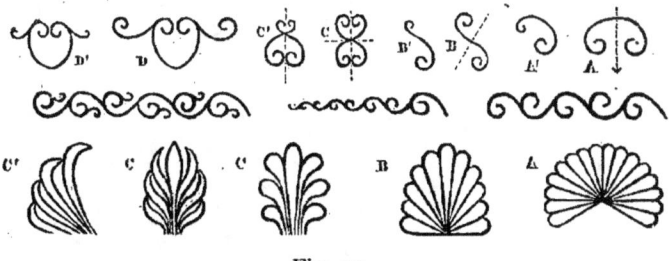

Fig. 99.

Un motif pair comme *a* devient impair comme *a'* s'il est varié; un motif diagonal comme *b* devient impair comme *b'*, un motif écartelé *c* devient pair *c'*; une rosace radiée devient révolvée si les parties composantes se posent successivement l'une sur l'autre, etc., etc. Des trois répétitions contrariées, la première est uniforme, la deuxième est déclinée, la troisième est variée. Des cinq dispositions palmées, la première (A) est uniforme, la seconde est déclinée (B), la troisième, la quatrième et la cinquième sont variées et constituent un ornement parfait : ce sont trois exemplaires entre tant d'autres du type de la palmette.

TROISIÈME PARTIE.

L'ORDRE ET LA DISPOSITION DANS L'ORNEMENT ET LES FORMES.

127. Entre toutes les formes ouvrées et les ornementations que les hommes ont créées et façonnées collectivement et spontanément, sans avoir conscience de la part qu'ils prenaient au travail commun, il faut distinguer celles qui ont été transmises en se modifiant ou en se dénaturant pour revêtir un caractère nouveau plus ou moins éloigné du caractère originel et primitif. C'est l'objet propre de l'*ornementation comparée* de reconnaître les affinités originelles, les emprunts inconscients et les imitations réfléchies qui caractérisent ethnologiquement et historiquement les styles des différentes races et des différents peuples.

On est habitué à regarder le dessin comme le principe et la condition nécessaire de la culture des arts, de sorte que l'idée de dessin serait inséparable de l'idée de culture artistique; mais quoique les faits soient inséparables, les idées ne le sont pas. Il est important de distinguer les formes et les ornementations que l'influence du dessin a plus ou moins modifiées, des

14

formes et des ornementations que l'élaboration esthétique, corrélative aux modes d'ouvrer, a développées spontanément et
naturellement. Ainsi, dans l'art égyptien, le dessin a une importance considérable, et certainement le dessin ou plutôt le trait
fut d'un emploi général; mais il faut entendre qu'il était essentiellement intermédiaire entre l'impulsion esthétique et l'exécution technique. Le dessin n'existait pas chez les Égyptiens à
l'état de langue, ils avaient le génie du trait plutôt que l'art de
dessiner qui suppose une culture bien autrement complexe et
dérivée, et dont la simplicité de vie et d'allures de ce peuple
extraordinaire ne pouvait leur faire concevoir l'idée. Chez les
Grecs, le dessin n'était que l'intermédiaire entre l'inspiration
souveraine de leur génie plastique et l'exécution incomparable
de leur ciseau. Le génie des Grecs n'était rien moins qu'unilatéral, il avait cette ampleur totale qui cadre si bien avec leur
imagination puissante et leur raison profonde, et c'est comprendre ce peuple admirable, d'une étrange manière, que de
lui prêter quelque chose de nos habitudes scolastiques si laborieuses, si monotones et si traînantes. Le dessin proprement
dit, considéré comme le principe et la condition de la culture
artistique, ne date véritablement que de la Renaissance, et les
Italiens en assimilant le dessin à l'art lui-même dans ce qu'il a
de plus fondamental et de plus persistant, fondèrent une langue
éminemment expressive et qui, s'adaptant naturellement aux
conditions très-particulières d'une culture délibérée et réfléchie,
soumettait et contraignait leur génie d'un chaud idéalisme, et
le faisait se plier aux exigences inéluctables que lui impose le
spectacle des merveilleux antiques de l'art gréco-romain. Chez
les modernes Européens, enfin, devenus raisonneurs, industriels et pratiques, le dessin n'est plus qu'une écriture comme
une autre, un instrument de métier, qui dans sa sécheresse abstraite ne reflète plus ni l'âme des artistes, ni l'âme des choses.
C'est alors que nos gouvernants se mettent en tête d'encoura-
ger l'enseignement professionnel du dessin, et stimulant le zèle

étrange des municipalités, ne craignent pas d'endosser la responsabilité d'une besogne singulièrement dommageable aux enfants, aux jeunes esprits sains et vivaces que Dieu fait.

Lorsqu'on rapproche les différents styles d'ornementation pour les comparer et finalement saisir leur affinité ou leur dissemblance originelle, on s'aperçoit qu'ils présentent un certain nombre de procédés systématiques, particuliers à chacun d'eux, ou bien communs à un groupe de styles analogues qui n'auraient plus alors entre eux que ce que les grammairiens appellent des différences dialectiques qui portent seulement sur la facture ou le dessin des motifs et sur quelques détails secondaires de la construction ou de la syntaxe. Ces procédés particuliers constituent ce qu'on pourrait appeler la *Syntaxe* des styles d'ornementation. En général, les différences dans le mode de construction syntaxique des ornementations n'ont de valeur et d'importance que par leurs rapports avec le génie propre des races, et leur netteté et leur rigueur logique ou géométrique ne sont nullement la mesure de la supériorité d'un style sur l'autre. Mais si l'on appelle du nom de *construction* cette syntaxe plus relevée qui est propre aux races supérieures et aux peuples éminents, et qui porte spécialement sur l'ordre, le rhythme et la mesure, ce qui constitue pour l'ornementation une métrique fort analogue à la prosodie des langues classiques, et dont l'art grec fournit d'admirables modèles; si, d'autre part, on appelle du nom de grammaire, l'ensemble des règles ou des procédés propres à chacun des styles et qui déterminent le thème des motifs et leurs formes particulières, qui considère dans ces motifs leur forme et le détail de leur composition, qui classe enfin ces motifs ou ces figures suivant qu'ils sont de formation régulière, ou qu'ils sont au contraire des altérations ou des modifications de la formation régulière, on sera amené à considérer la grammaire et la construction comme ayant une importance de premier ordre dans la caractéristique des styles, c'est ce qui ressortira de la comparaison rapide et très-abrégée établie entre trois styles très-particuliers d'ornementation :

1⁰ L'ornementation disjointe des Japonais est détachée, éparse, sans coordination régulière et comme éparpillée au hasard. Elle se compose de motifs empruntés à la nature, aux arts et à la société. Tous ces motifs, qui ont des silhouettes très-vives et très-accentuées, se heurtent les uns les autres sans lien d'aucune sorte et dans un désordre piquant. C'est le caractère particulier de ce peuple, à l'imagination sautillante et incisive, d'imprimer aux motifs de son ornementation une netteté et une précision qui traduisent d'une manière expressive le mode de perception qui lui est propre et qui consiste en la détermination immédiate des motifs dans leur à-plat et sous une échelle corrélative à sa myopie congéniale.

2⁰ L'ornementation multipliée des Asiatiques proprement dits est régulière et s'étale continûment sur toutes les surfaces. C'est une ornementation indéfiniment multipliée et luxuriante, qui n'est pas précisément le désordre, mais qui n'est pas l'ordre non plus, car cet épanouissement continu d'une ornementation incessante ne laisse point de repos et noie l'attention.

3⁰ L'ornementation ordonnée des Grecs, ou plus généralement l'ornementation classique, est essentiellement ordonnée et régulière, non pas seulement conformément à la syntaxe de symétrie qui existe aussi dans l'ornementation asiatique et même dans l'ornementation japonaise, et à un degré extraordinaire de développement dans l'art syro-arabe des peuples de l'Islam, mais en vertu des conditions supérieures de l'ordonnance claire et sobre qui se traduisent par l'intervention de la mesure, du rhythme, de la proportion, de l'harmonie, etc. Cette ornementation, au lieu de s'épancher en un revêtement somptueux et d'un luxe tout asiatique, au lieu de s'interrompre en détails piquants et d'une finesse toute japonaise, est contenue et distribuée en général sous la forme de rangées au rhythme lent et grave qui suivent les grandes lignes des édi-

fices, encadrent les surfaces et les nus, et se·limitent et s'arrêtent pour orner les différentes stations d'une ordonnance
monumentale.

L'art chinois ou japonais étonne par cette caractéristique
très-particulière qui consiste en ce que, simplement en renon-
çant à un avantage commun à tous les autres styles, par cette
privation seule, il en acquiert un qui ne se trouve dans aucun.
En dédaignant, autant que la nature même de l'ornementation le permet, la construction des motifs, leur disposition
syntaxique et leur enchaînement rhythmique et harmonieux,
il les fait ressortir, en les·répartissant les uns indépendamment des autres, de manière que leurs conformités et leurs
oppositions ne soient pas seulement senties et aperçues comme
dans les autres styles, mais qu'elles frappent chacune avec
leur accent propre et entier. La manière libre et isolée dont
les motifs tous expressifs d'une décision entière sont répartis
en supprimant hardiment tout ce qui pourrait leur servir de
liaison, est cause du plaisir vif et spirituel que nous procurent les œuvres originales et souvent bizarres de ce peuple
singulier si éminemment fin et artiste.

Dans l'art grec, au contraire, toutes les relations qui naissent des rapports qu'ont les motifs entre eux dans une disposition contribuent à l'expression en ajoutant par ce moyen des
modifications qui ne sont pas absolument requises par le fond
essentiel du motif ou de la disposition à laquelle on le soumet.
Les Grecs assimilent les motifs de leur ornementation à des
formes plastiques, les douent des qualités corporelles et esthétiques de ces dernières, et par là interviennent la mesure, la
proportion, le rhythme et les différentes sortes d'harmonie
d'où ressort enfin cette beauté de forme et cette richesse d'expression qui font de chacun de leurs ornements une création
complète et achevée.

Ces quelques remarques très-abrégées et très-incomplètes
parce que ce n'est point ici le lieu de les développer·et de les

étendre, font partie d'un ensemble de vues entièrement comparable, pour l'esprit et la méthode, à celui qui coordonne, à propos de l'étude générale des langues, les remarques qu'ont recueillies et que recueillent encore le logicien et le philosophe, l'ethnologue et le linguiste, le grammairien et le philologue.

128. Nous plaçant ici au seul point de vue du logicien, nous ferons remarquer que tous les procédés systématiques dont il va être question, et qui sont résumés en une classification rationnelle et abstraite, constituent ce qu'on peut appeler la grammaire générale, ou la syntaxe théorique de l'ornementation; non la grammaire naturelle et vraiment géniale, produit spontané du génie du peuple qui la possède, mais la grammaire artificielle établie et coordonnée en un corps de doctrine scientifique et qui domine sans les contenir expressément toutes les grammaires particulières. Cette grammaire générale n'a pas et ne peut avoir la vertu opérative de solliciter et de construire les styles particuliers d'ornementation; il y a dans ceux-ci trop de complication, trop de mélange des influences constitutionnelles et des influences fortuites, surtout trop de vague dans les nuances et d'obstacles dans la précision de l'analyse pour qu'on les puisse ramener à la construction purement artificielle des faits ou des principes très-généraux et très-abstraits qui constituent la grammaire générale.

CLASSIFICATION DES DISPOSITIONS

Les formes et l'ornementation régulièrement construites ont toutes leurs variétés réparties en deux grandes classes :

Ire classe. — Dispositions illimitées ou indéfinies.

1er ordre. — Les dispositions sériées.
2e ordre. — Les dispositions multipliées.
3e ordre. — Les dispositions agglomérées.

IIe classe. — Dispositions limitées ou finies.

1er ordre. — Les dispositions figurées.
2e ordre. — Les dispositions coordonnées.
3e ordre. — Les dispositions construites.

Toutes les dispositions régulièrement construites ont à côté d'elles des dispositions inordonnées, où la régularité est dépendante d'un certain balancement de toutes les parties, ce qui détermine un état général d'équilibre qui n'est pas précisément l'ordre, mais qui l'imite. Ainsi les semis peuvent être ordonnés régulièrement, ou inordonnés, c'est-à-dire éparpillés, mais se soutenant dans un état d'équilibre général qui varie avec l'échelle ou la grandeur des parties et des intervalles. Cette inordination, ce balancement harmonique, introduisent dans les dispositions régulières de l'agrément, du pittoresque et du décoratif, c'est-à-dire un élément essentiel d'harmonie qu'il est important de ne jamais négliger.

SECTION PREMIÈRE.

LES DISPOSITIONS ILLIMITÉES.

129. Cette classe comprend trois ordres de dispositions, savoir :

1° Les dispositions sériées ou rapportées à une ligne directrice : les motifs ou les éléments intégrants étant rangés à côté les uns des autres suivant une ligne de sa nature indéfinie comme la droite ou l'hélice, ou fermée, comme la circonférence, mais dans tous les cas homogène et d'un cours uniforme ;

2° Les dispositions multipliées ou rapportées aux coordonnées du plan dont elles embrassent les deux dimensions : les motifs ont entre eux des rapports ou des alignements multipliés, déterminés par les lignes et les réseaux du plan ;

3° Les dispositions agglomérées ou coordonnées solides qui embrassent les trois dimensions de l'espace.

CHAPITRE I.

ORDRE DES DISPOSITIONS SÉRIÉES.

130. Les dispositions sériées sont rapportées à une directrice
unique rectiligne, curviligne ou volubile; elles consistent dans
la succession indéfinie de motifs identiques ou différents. Il
est inutile d'examiner *à priori* la sériation volubile; l'analogie
très-étroite qui rapproche la ligne droite et la ligne volubile
fait que toutes les dispositions ordonnées par rapport à la
ligne droite peuvent être transposées et imaginées par rapport à
à l'hélice ou aux lignes volubiles. La répétition circulaire est au
fond identique à la répétition rectiligne, et toutes les dispositions ordonnées par rapport aux arcs ou aux cercles sont les
mêmes que pour la droite, à moins cependant que le cercle ne
soit construit à une petite échelle, car dans ce cas la disposition subit une modification particulière qui la fait rentrer dans
la série des formes ou des dispositions figurées de la deuxième
classe.

Les dispositions sériées, ou les rangées, sont obtenues par la
répétition ou la succession alignée d'un nombre indéfini de
motifs, ces motifs étant identiques ou différents les uns des autres. L'ordre et par suite le rhythme s'introduisent dans les
dispositions sériées par lintervention de l'un des cinq modes
fondamentaux d'arrangements : la répétition, l'alternance, l'intercalence, la période et la récurrence. Ces différents rhythmes

employés séparément ou combinés entre eux déterminent une variété infinie de dispositions sériées.

1° *La répétition.* — La répétition est la succession parallèle ou suivie d'un motif distinct dans les alignements et les rangées, ou d'une affection linéaire dans le cours continu d'une délinéation ou d'une engrêlure (fig. 100).

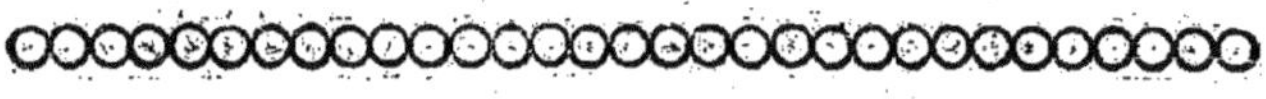

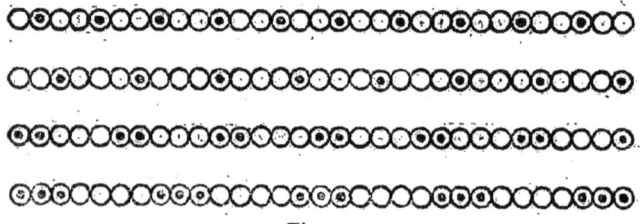

Fig. 100.

2° *L'alternance.* — Deux motifs différents (affections, formes, dessins, reliefs, couleurs, etc.) qui se suivent mutuellement, déterminent une alternance. L'alternance est simple quand les motifs se suivent un à un ; elle est composée quand elle a lieu

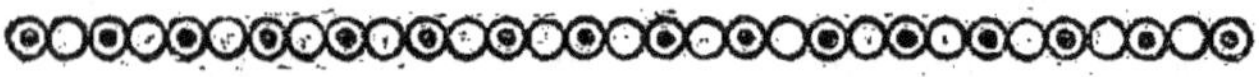

Fig. 101.

par groupes égaux en nombre et en étendue ; elle est variée quand les groupes sont inégaux, et cette inégalité peut aller jusqu'à l'intercalence (fig. 101).

3° *L'intercalence.* — Nous appellerons du nom d'interca-

Fig. 102.

lence toute disposition, suite, rangée ou série provenant d'une répétition coupée ou scandée par une incise qui est un motif différent. Ce motif pourrait être répété à son tour, ce qui reviendrait à des alternances de groupes égaux ou inégaux. Les intercalences sont très-variées, un motif intercalaire coupant une répétition de deux en deux, de trois en trois...; deux, trois,

quatre... motifs coupant une répétition de trois en trois, de
quatre en quatre, de cinq en cinq... et ainsi indéfiniment
(fig. 102).

4° *La période.* — C'est la répétition de groupes composés
de deux au moins, de trois, de quatre, etc., motifs différents.
Si le groupe composant n'a que deux motifs, la période est
une alternance. La régularité de ces dispositions consiste dans
la répétition parallèle ou suivie du groupe composant (fig. 103).

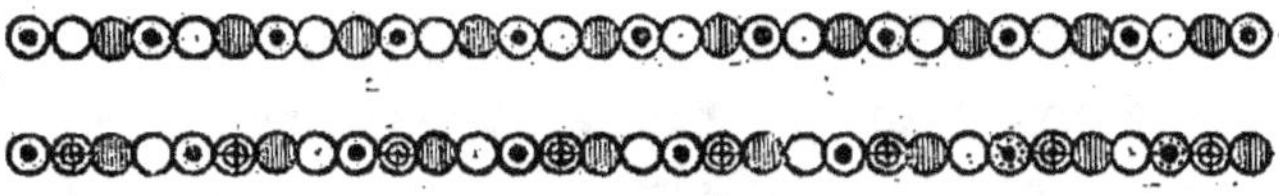

Fig. 103.

5° *La récurrence.* — La disposition périodique n'est pas
symétrique, c'est cependant une disposition régulière, parce
qu'il y a répétition uniforme d'un groupe de motifs se suivant
toujours dans le même ordre. L'alternance est à la fois périodique et récurrente, parce qu'il y a symétrie à droite et à gauche d'un motif. Si on intercale enfin un troisième motif dans
les intervalles d'une alternance, on a la disposition récurrente

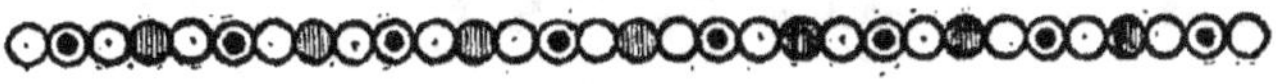

Fig. 104.

proprement dite et la plus simple. Si dans la récurrence la
plus simple on intercale un quatrième motif, on a la récurrence prolongée de quatre motifs; en intercalant ainsi successivement et de proche en proche un cinquième, un sixième...
motif, on obtiendrait des récurrences de plus en plus longues.

La récurrence a une période ou une coupure variable avec
le nombre des motifs. Trois motifs *a, b, c* donnent une coupure de quatre éléments *abac, abac...,* un motif s'y trouvant
répété deux fois. On obtient par transposition trois récurrences, autant que de permutations des trois lettres *a, b, c*
(fig. 104).

abac abac abac, babc babc babc, cacb cacb cacb.

Quatre motifs *a, b, c, d* donnent une période ou coupure de huit éléments *abacabad*, un motif s'y trouvant répété quatre fois, un autre deux fois et les deux derniers seulement une fois ; cette coupure est composée de deux périodes *abac, abad*, ce qui revient à une alternance de ces deux groupes. La récurrence peut être considérée comme une intercalence complexe : ainsi une répétition *ccccc...* reçoit dans ses intervalles l'incise symétrique *aba,* ce qui donne la récurrence fondamentale ; la récurrence de quatre motifs *abac abad abac abad...* peut être considérée comme une alternance *cdcdcdcd* dont les intervalles reçoivent comme incises le groupement symétrique *aba,* ou bien comme une intercalence *abaabaab...* recoupée dans les intervalles symétriques par l'alternance *cdcdcd...* (fig. 105).

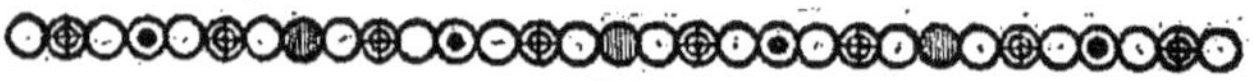

Fig. 105.

Les dispositions récurrentes peuvent être infiniment variées ; ainsi la récurrence (fig. 106) est variée en prenant pour un des

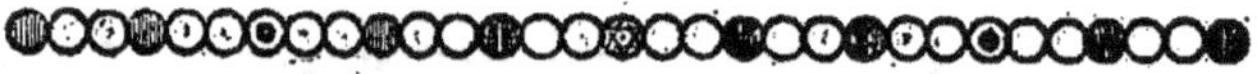

Fig. 106.

motifs le groupement symétrique tiré de l'intercalence *un de deux en deux* composé de huit éléments.

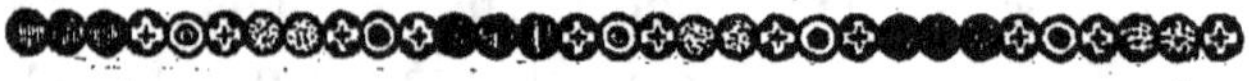

Fig. 107.

La récurrence (fig. 107) est composée de cinq éléments dont deux sont répétés l'un deux fois, l'autre trois fois.

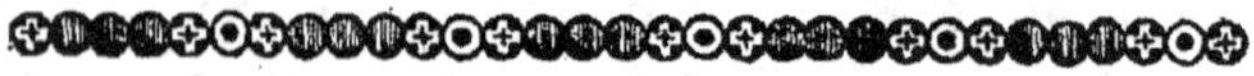

Fig. 108.

La récurrence (fig. 108) est de trois éléments, l'un d'eux étant répété trois fois.

La récurrence fig. 109 est composée de quatre éléments; elle peut être considérée comme dérivée d'une récurrence de

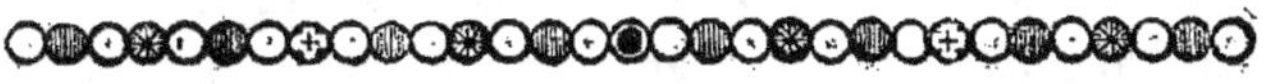

Fig. 109.

trois éléments dont l'un serait répété deux fois, et qui serait coupée dans les intervalles par la répétition d'un quatrième motif.

En combinant deux à deux et par intercalation deux espèces d'arrangements (répétition et alternance, alternance et récurrence, etc.), on obtiendrait une grande variété de rangées ; ainsi, par exemple, la combinaison d'une alternance *bd bd bd bd...* et d'une période *cea cea cea...* donne la rangée (fig. 110).

abcdebadcbed, abcdebadebed...

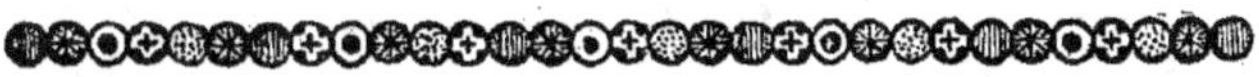

Fig. 110.

La combinaison d'une alternance de deux motifs avec une répétition d'un groupe de trois motifs donne la figure 111.

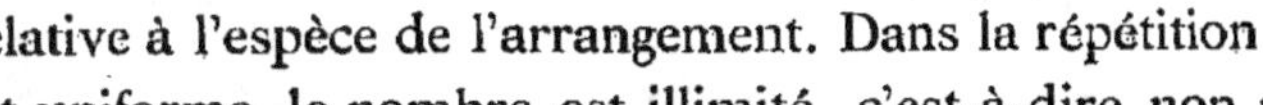

Fig. 111.

Nous nous en tiendrons à ces seuls exemples qui sont fort multipliés dans la décoration enluminée des Orientaux.

131. L'inévitable idée de nombre a une importance variable et relative à l'espèce de l'arrangement. Dans la répétition simple et uniforme, le nombre est illimité, c'est-à-dire non apparent. Dans l'alternance, il faut distinguer la parité ou l'imparité, mais seulement quand la série est assez limitée pour être perçue d'ensemble ; une alternance pour être finie et correcte comporte un nombre impair d'éléments : c'est alors une disposition finie qui rentre dans la seconde classe des dispositions;

mais si la série est prolongée suffisamment pour qu'il ne vienne nullement à l'esprit l'idée de compter les éléments (à moins que ce ne soit d'une manière accessoire, détournée et seulement comme renseignement mnémonique ou descriptif), l'idée de nombre y est nulle et comme non avenue. Dans l'intercalence, si le groupe d'un seul élément et le plus important était composé d'un nombre un peu grand, le motif intercalaire deviendrait insuffisant ; on le répéterait alors et la disposition serait ramenée à une alternance de groupes. Donc encore ici l'idée de nombre est secondaire, et l'idée essentielle qui intervient dans ce cas est celle de mesure ou de quantité ; le nombre, bien loin d'être un principe actif et direct d'harmonie, est au contraire entièrement subordonné aux conditions esthétiques de cette harmonie. Dans la répétition périodique, il y a nécessité de maintenir la période entière, à moins d'un nombre considérable de périodes, la suite ou rangée devenant alors indéfinie. Dans la récurrence, qui est une disposition relativement compliquée, la nécessité de maintenir la symétrie, c'est-à-dire un nombre limité de motifs, est encore plus rigoureuse ; c'est dans cette disposition qu'interviennent expressément les idées de nombre, de symétrie, d'échelle, de grandeur, de quantité, et esthétiquement les idées de relief et de couleur, dont les particularités diverses accusent, au gré de l'artiste, les différents accents de la disposition totale.

CHAPITRE II.

DES RANGÉES.

132. La répétition et l'alignement d'un motif déterminent des rangées où il faut reconnaître deux parties : la directrice et le motif composant.

Faisant abstraction de tous les caractères réels et tangibles, substantiels et sensibles, figuratifs et expressifs, inhérents essentiellement aux ornements ouvrés pour ne considérer que la figuration abstraite, on distingue deux espèces de motifs : les motifs linéaires ou les traits, les motifs superficiels ou les à-plats, ou, brièvement, des traits et des figures.

La suite des traits détermine les délinéations ou les engrêlures, la suite des figures détermine les alignements et les rangées proprement dites. Les engrêlures, festons, lacis, etc., ou les délinéations continues comme le cours d'un fil sont incidentées par une ou plusieurs des affections fondamentales. Les rangées continues, bordures, frises, bandes, etc., sont obtenues par la juxtaposition de figures qui se suivent les unes les autres, en étant séparées par des intervalles très-petits et même infiniment petits par comparaison avec la grandeur des figures; en se touchant; ou enfin en se superposant. Les alignements se composent de motifs détachés et isolés les uns des autres, et séparés par des intervalles plus ou moins grands, et même très-grands par comparaison avec la grandeur des motifs.

En général et considérant la situation relative des motifs, ces motifs peuvent être détachés, contigus, entre-croisés dans les rangées simples et les engrêlures, et articulés, puis conjointement détachés, contigus ou entre-croisés dans les rangées composites.

Les axes ou les directions des motifs peuvent être obliques, perpendiculaires ou juxtaposés à la directrice, qui, à son tour, peut être droite, c'est-à-dire verticale ou horizontale, ou bien oblique, diagonale ou travers. La croix de position, composée des deux coordonnées esthétiques, l'horizontale et la verticale, gouverne secrètement la corrélation de la directrice et des motifs.

Considérant comme motifs ou parties de rangées les traits et les figures, puis les conjugaisons de ces traits ou de ces figures, on obtient différentes espèces de rangées dont la symétrie ou la construction syntaxique est corrélative à l'espèce de ces motifs qui peuvent être impairs, pairs, diagonaux, contrariés, écartelés, gironnés et radiés. Ces rangées se répartissent en deux grandes classes : les rangées marginales ou d'un seul côté de la directrice, et les rangées diamétrales dont les parties coexistent d'un côté et de l'autre de la directrice.

I. — RANGÉES MARGINALES.

133. Les rangées marginales, latérales ou unisériées n'ont point d'axe de symétrie ; elles comprennent deux variétés :

1° *Les rangées impaires* ou suivies, conformes à l'ordre laté-

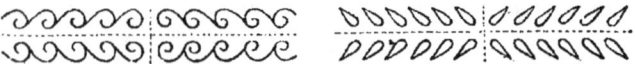

Fig. 112.

ral ou d'un seul côté à droite ou à gauche. Ces rangées sont déterminées par la répétition suivie d'un motif impair et par la répétition suivie d'un motif pair oblique. Ces rangées peuvent occuper quatre positions : deux situations d'un côté ou de l'autre de la directrice, et deux orientations à droite ou à gauche (fig. 112).

2° *Les rangées paires* ou droites, conformes à l'ordre vertical en dessus ou en dessous, c'est-à-dire de bas en haut ou de

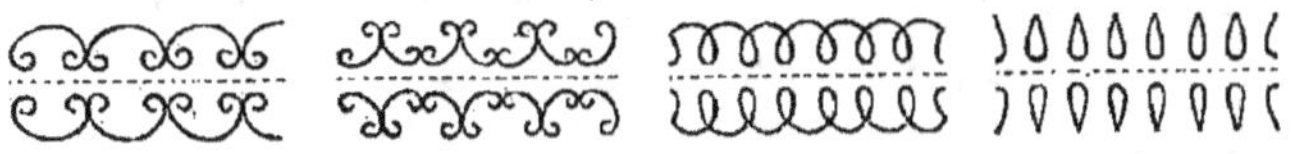

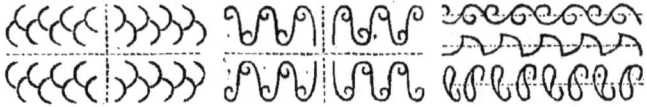

Fig. 113.

haut en bas. Ces rangées sont obtenues par la répétition suivie d'un motif pair droit, et par la répétition à retour d'un motif pair oblique, ce qui revient d'ailleurs à la répétition suivie d'un motif pair composé. Ces rangées peuvent occuper deux orientations, l'une en dessus, l'autre en dessous de la directrice (fig. 113).

II. — RANGÉES DIAMÉTRALES.

134. Les rangées diamétrales, collatérales ou distiques, ont un axe de symétrie qui se confond avec la directrice ; elles comprennent quatre variétés :

1° *Les rangées contrariées.* — Ces rangées sont déterminées par la répétition contrariée d'un motif impair ; par la répétition

Fig. 114.

suivie et alterne d'un motif pair dont l'axe est horizontal ; par la répétition contrariée d'un motif pair oblique. Ces rangées peuvent occuper quatre positions, qui se réduisent à deux quand la suite est illimitée ou indéfinie, la différence d'une posi-

tion avec celle qui est symétrique ou à retour consistant seulement dans le déplacement ou le retard d'un motif, les deux
positions symétriques se confondraient par le déplacement, dans
le sens de la longueur, de l'intervalle d'un motif (fig. 114).

2º *Les rangées diagonales.* — Ces rangées sont obtenues par
la répétition suivie d'un motif diagonal, d'un motif révolvé pair
ou d'un motif écartelé posé obliquement à ses axes. Ces rangées peuvent occuper deux positions (fig. 115).

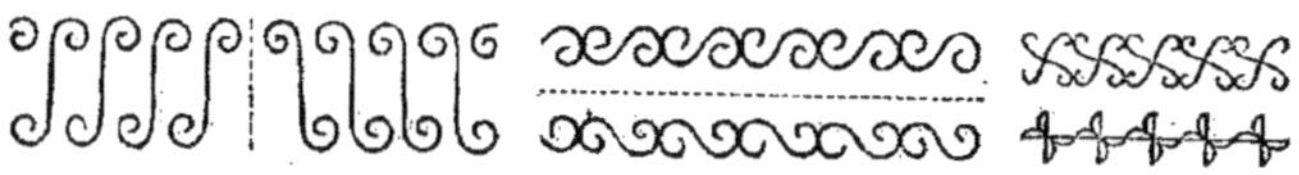

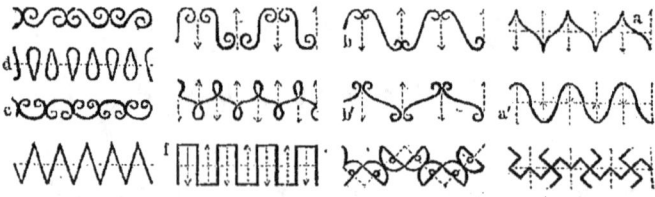

Fig. 115.

Pour reconnaître aisément si une rangée diamétrale est contrariée ou diagonale, il suffit de déplacer par la pensée l'une
des moitiés à droite ou à gauche. Si l'une des moitiés peut être
amenée à être symétrique de l'autre, la rangée est contrariée,
sinon la rangée est diagonale : c'est ce qui résulte d'ailleurs du
mode de génération des rangées suivies, à retour, diagonales
ou contrariées qui sont obtenues par la conjugaison des quatre
pièces d'un motif écartelé.

3º *Les rangées alternes.* — Ces rangées sont obtenues :
1º par la répétition à retour d'un motif diagonal; 2º par la répétition alterne d'un motif pair droit; 3º par la répétition à re-

Fig. 116.

tour d'un motif révolvé impair et d'un motif révolvé diagonal;
4º par la répétition à retour d'un motif écartelé et d'un motif

révolvé posé obliquement. En général, la disposition alterne est obtenue dans une délinéation continue par l'inflexion *a* et *a'* ou par l'inversion comme en *f* si la délinéation est rectiligne; dans une suite de motifs linéaires contigus, par le retour *b*, *b'*; dans une suite de motifs détachés et pairs, par l'inversion *c*, *d*. Les rangées alternes ne peuvent occuper qu'une position (fig. 116).

4° *Les rangées opposées ou droites.* — Ces rangées sont : 1° paires, quand la rangée est obtenue par la répétition suivie

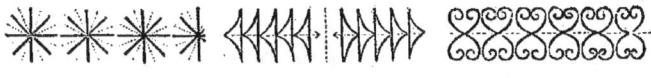

Fig. 117.

d'un motif pair ou d'un motif à retour dont les axes de symétrie se confondent avec la directrice : ces rangées peuvent être orientées d'un côté ou de l'autre; 2° écartelées, quand la rangée est obtenue par la répétition suivie ou réciproque d'un motif écartelé; 3° centrées, quand la rangée est obtenue par la répétition suivie d'un motif gironné ou radié. Les rangées écartelées et radiées ne peuvent occuper qu'une position (fig. 117).

CHAPITRE III.

CONJUGAISONS DES RANGÉES.

135. En combinant les positions, ou les orientations diverses des rangées deux à deux, on obtient des conjugaisons tout à fait. analogues aux conjugaisons des motifs isolés.

En général, la conjugaison est : 1° suivie, quand les rangées se répètent parallèlement; 2° à retour, quand les rangées se répètent symétriquement: 3° diagonale, quand les rangées sont interverties diagonalement; 4° enfin contrariée, quand les rangées sont contredites.

Les conjugaisons sont, quant à la situation réciproque : 1° droites ou se correspondant directement; 2° alternes, quand les motifs d'une rangée correspondent aux intervalles de l'autre; et quant à la corrélation réciproque : 1° détachées ou distinctes et séparées; 2° contiguës, quand les rangées ont entre elles un intervalle infiniment petit ou nul; 3° entre-croisées, quand les rangées se pénètrent l'une l'autre en s'intersectant.

Appliquant ces différentes conditions aux rangées diverses énumérées précédemment, il en résulte l'énumération et les figurations suivantes :

I. — RANGÉES MARGINALES.

136. 1° *Rangées suivies ou impaires*. — Deux rangées impaires déterminent les quatre espèces de conjugaisons, suivie,

à retour, diagonale, contrariée. Nous prendrons pour exemple une rangée analogue aux postes, mais de délinéation plus simple et plus abrupte, afin de rendre les résultats plus perceptibles.

CONJUGAISON SUIVIE :

Droite et contiguë.

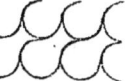

Fig. 118.

Alterne et détachée.

Fig. 120.

Droite et entre-croisée.

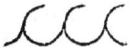

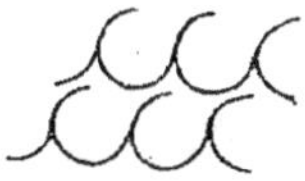

Fig. 119.

Alterne et entre-croisée.

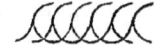

Fig. 121.

CONJUGAISON A RETOUR :

Droite et contiguë.

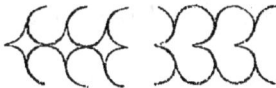

Fig 122.

Alterne et détachée.

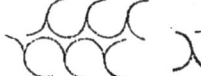

Fig. 124.

Droite et entre-croisée.

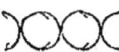

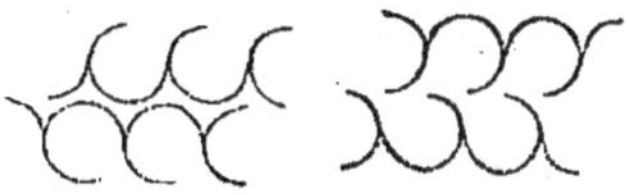

Fig. 123.

Alterne et entre-croisée.

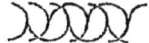

Fig. 125.

CONJUGAISON DIAGONALE :

Droite et contiguë.

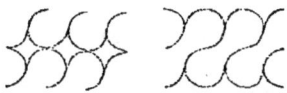

Fig. 126.

Alterne et détachée.

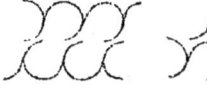

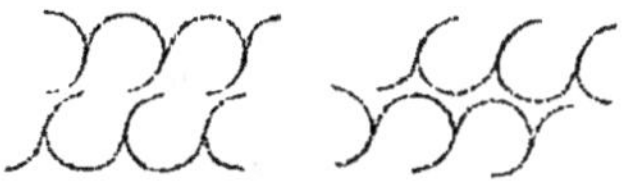

Fig. 127.

Droite et entre-croisée.

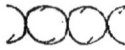

Fig. 128.

Alterne et entre-croisée.

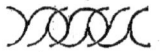

Fig. 129.

CONJUGAISON CONTRARIÉE :

Droite et contiguë.

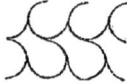

Fig. 130.

Alterne et détachée.

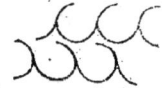

Fig. 132.

Droite et entre-croisée.

Fig. 131.

Alterne et entre-croisée.

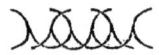

Fig. 133.

2° *Rangées droites ou paires*. — Les rangées paires déterminent seulement les conjugaisons suivie et à retour.

CONJUGAISONS SUIVIES :

Droite et détachée.

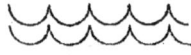

Fig. 134.

CONJUGAISONS A RETOUR :

Droite et détachée.

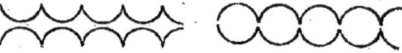

Fig. 137 et 140.

Alterne et contiguë.

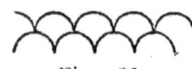

Fig. 135.

Alterne et détachée.

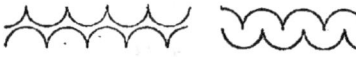

Fig. 138 et 141.

Alterne et entre-croisée.

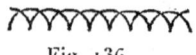

Fig. 136.

Entre-croisée.

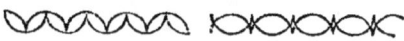

Fig. 139 et 142.

II. — RANGÉES DIAMÉTRALES.

137. 1° *Rangées contrariées ou impaires*. — Pour épuiser toutes les conjugaisons possibles, il faut : 1° considérer les rangées composées d'un nombre pair de motifs qui sont régulières et à symétrie contrariée (fig. 143); les rangées d'un nombre impair de motifs qui sont impaires ou assymétriques (fig. 144); enfin les rangées composées d'un nombre incomplet de motifs, la rangée étant terminée à l'une ou à l'autre de ses extrémités par l'arrachement d'un motif; ces rangées sont également impaires et assymétriques (fig. 145); 2° conjuguer les deux rangées

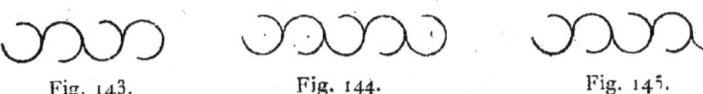

Fig. 143.   Fig. 144.   Fig. 145.

ou les juxtaposer par rebattement droit, alterne et semi-alterne. La juxtaposition est droite, quand les motifs se correspondent directement; elle est alterne, quand la juxtaposition a lieu par le retard d'un motif, l'une des bandes étant déplacée dans le sens longitudinal de l'intervalle d'un motif; enfin, elle est semi-alterne, quand la juxtaposition est intermédiaire entre la juxtaposition droite et la juxtaposition alterne, le déplacement se réduisant à une fraction de l'intervalle.

D'après cela, et prenant pour exemple la figuration linéaire et géométrique ou composée d'arcs de cercle du rinceau, on

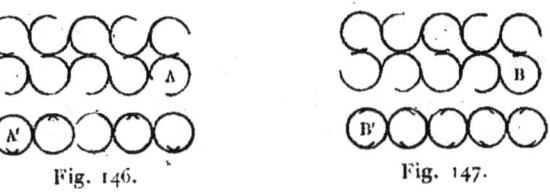

Fig. 146.   Fig. 147.

obtient six conjugaisons A (fig. 146), B (fig. 147), C fig. 148, D (fig 149) E (fig. 150), F (fig. 151).

La conjugaison A, à symétrie diagonale, est obtenue par la conjugaison à retour latéral de deux rinceaux pairs, par la conjugaison alterne de deux rangées paires diagonales, par la conjugaison droite de deux rinceaux diagonaux pairs, par la conjugaison semi-alterne de deux rangées incomplètes diagonales, et enfin par la conjugaison droite de deux rangées impaires à retour longitudinal.

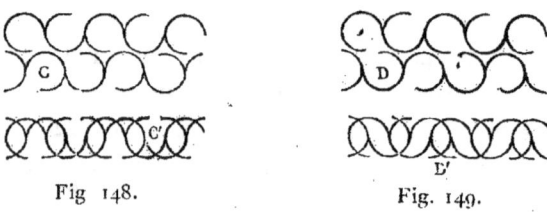

Fig 148.   Fig. 149.

La conjugaison B est obtenue par la conjugaison de deux rangées à retour latéral, par la conjugaison de deux rangées impaires à juxtaposition alterne, par la conjugaison de deux rangées paires à juxtaposition droite. Par la conjugaison de deux rangées incomplètes à juxtaposition semi-alterne, par la conjugaison suivie de rangées impaires, de rangées paires et de

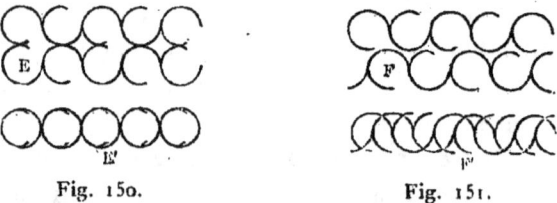

Fig. 150.   Fig. 151.

rangées semi-alternes à juxtaposition droite. Par la conjugaison diagonale de deux rangées impaires droites et de deux rangées paires alternes. Par la conjugaison à retour longitudinal de rangées impaires, paires et incomplètes à juxtaposition alterne.

La conjugaison C est obtenue par la conjugaison à retour latéral de rangées paires semi-alternes et de rangées incomplètes alternes. Par la conjugaison diagonale de rangées impaires semi-alternes et de rangées incomplètes droites.

La conjugaison D est obtenue par la juxtaposition à retour latéral et droite de rangées incomplètes. Par la juxtaposition diagonale et semi-alterne de rangées paires. Par la juxtaposition diagonale et alterne de rangées incomplètes. Enfin par la juxtaposition à retour longitudinal et semi-alterne de rangées impaires.

La conjugaison E est obtenue par la juxtaposition à retour latéral et droite de rangées impaires. Par la juxtaposition suivie et alterne de rangées impaires et incomplètes. Par la juxtaposition à retour longitudinal et droite de rangées paires et de rangées incomplètes.

La conjugaison F est obtenue par la juxtaposition à retour latéral et semi-alterne de rangées impaires. Par la juxtaposition suivie et semi-alterne de rangées impaires, paires et incomplètes. Enfin par la juxtaposition à retour longitudinal et semi-alterne de rangées paires et de rangées incomplètes.

La conjugaison A est diamétrale diagonale ; les conjugaisons B, C, D sont diamétrales alternes ; la conjugaison E est diamétrale paire ; enfin la conjugaison F est diamétrale contrariée.

Les figures A′ B′ C′ D′ E′ F′ sont les conjugaisons intersectées. La conjugaison F′ est diamétrale contrariée ; celle E′ est diamétrale suivie ; enfin les quatre autres A′ B′ C′ D′ sont diamétrales alternes.

2° *Rangées diagonales.* — Deux rangées diagonales déterminent la conjugaison suivie et la conjugaison à retour, qui, peuvent être droites, alternes ou semi-alternes, distinctes, contiguës ou entre-croisées.

Les trois conjugaisons suivies, droite, semi-alterne et alterne, détachées, contiguës ou intersectées, déterminent des rangées diamétrales diagonales A, B, D. La conjugaison à retour, droite, est une rangée diamétrale suivie C. Si la conjugaison est intersectée par les centres de symétrie des motifs, la rangée

est diamétrale écartelée E; en tout autre point, la rangée est
diamétrale suivie H. La conjugaison à retour, droite, est une
rangée diamétrale paire. La conjugaison à retour, alterne, est
une rangée diamétrale alterne F.

En conjuguant les rangées diagonales obtenues d'un motif
révolvé ou écartelé, on obtiendrait également les mêmes rangées; mais particulièrement la conjugaison à retour, alterne et
intersectée, determine une rangée diamétrale alterne. Deux ran-

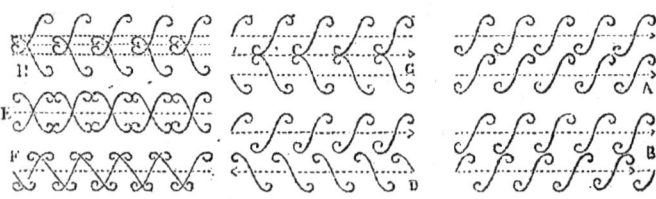

Fig. 152.

gées diagonales obtenues d'un motif diagonal simple étant
conjuguées à retour, et de juxtaposition semi-alterne, déterminent une rangée marginale paire.

3º *Rangées alternes.* — Les rangées alternes, étant conjuguées, déterminent les conjugaisons suivies et les conjugaisons
à retour, dont la corrélation de position peut-être droite, semi-
alterne ou alterne. La conjugaison semi-alterne, entre-croisée,
est diamétrale alterne C. La conjugaison suivie alterne, et la
conjugaison à retour, droite, sont diamétrales écartelées D
(fig. 153).

4º *Rangées opposées, ou droites.* — Deux rangées diamétrales paires déterminent les conjugaisons suivies et les conjugaisons à retour. La conjugaison suivie est diamétrale paire, si la
juxtaposition est droite; elle est diamétrale contrariée, si la juxtaposition est alterne. La conjugaison à retour est diamétrale
diagonale, si la juxtaposition est droite, semi-alterne ou alterne
(fig. 154).

Deux rangées diamétrales écartelées, ou diamétrales centrées,
déterminent la conjugaison suivie, qui est diamétrale droite si

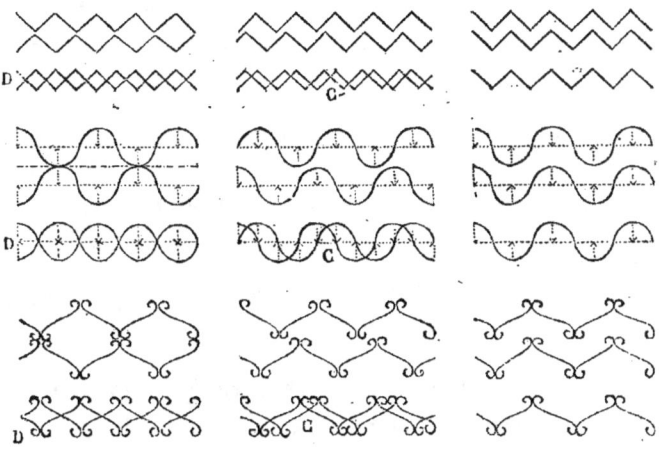

Fig. 153.

la juxtaposition est droite, et diamétrale alterne si la juxtaposition est alterne (fig. 154).

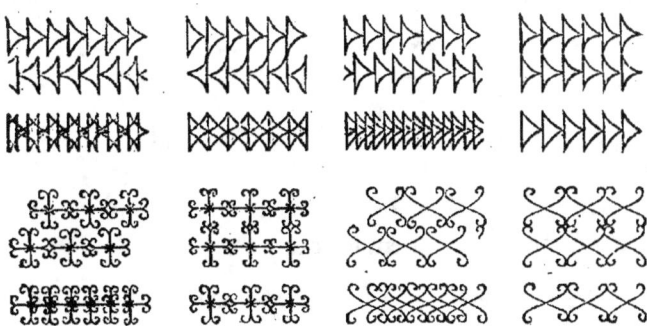

Fig. 154.

138. Les considérations précédentes s'appliquent à toutes les
espèces de rangées : engrêlures, rangées ou alignements; mais
il est utile, pourtant, de considérer particulièrement les rangées

déterminées par l'articulation des motifs à une tige ou directrice réelle ou imaginaire.

Deux rangées simples unisériées peuvent être répétées ou redoublées dans le même sens, ou bien en opposition et par juxtaposition droite ou alterne, et l'on obtient les diagrammes suivants :

1⁰ DISPOSITIONS UNILATÉRALES.

Dispositions en dessus.   Disposition en dessous.

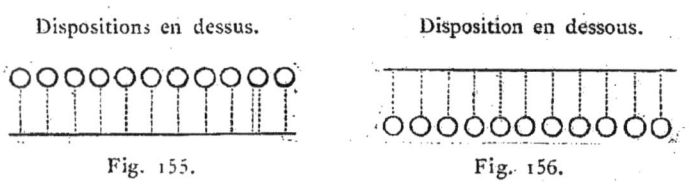

Fig. 155.   Fig. 156.

Ces deux dispositions, simples et variées par l'inclination des motifs sur la directrice, étant redoublées dans le même sens par superposition, ou par intercalation, déterminent les dispositions suivantes :

1⁰ Disposition étagée droite.   2⁰ Disposition étagée alterne.

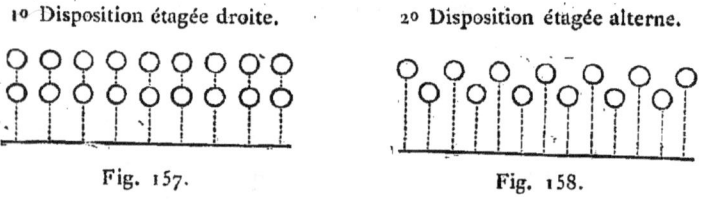

Fig. 157.   Fig. 158.

2⁰ DISPOSITIONS COLLATÉRALES.

Les deux dispositions en dessus et en dessous, étant conjuguées à retour, déterminent les quatre rangées distiques :

1⁰ Disposition opposée droite.   2⁰ Disposition affrontée droite.

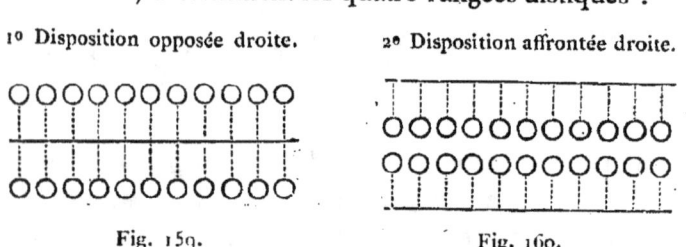

Fig. 159.   Fig. 160.

3⁰ Disposition opposée alterne.   4⁰ Disposition affrontée alterne.

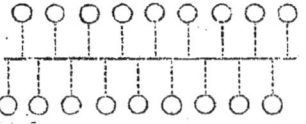

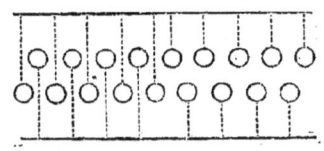

Fig. 161.   Fig. 162.

Ces diagrammes, purement figuratifs, entraînent l'idée d'un axe réel ou imaginaire. Si l'axe est réel et réalisé, sa forme peut être infiniment variée : c'est alors une délinéation ou une engrêlure.

Les dispositions unilatérales, suivies ou étagées, peuvent être à leur tour conjuguées, ou, plus généralement, sont composées par deux, trois, quatre, cinq, etc., rangées suivies, droites ou alternes.

Nous avons supposé, jusqu'à présent, les rangées uniformes et composées d'un seul motif; il faut examiner, maintenant, les différentes dispositions que l'on obtient par la conjugaison des rangées variées, c'est-à-dire composées de motifs différents.

CHAPITRE IV.

DISPOSITIONS VARIÉES.

139. Les cinq rhythmes fondamentaux combinés deux à deux, et rapportés aux six diagrammes précédents, déterminent six fois quinze dispositions. Chacune des quinze combinaisons : répétition-répétition, répétition-alternance, répétition-intercalence, répétition-période, répétition-récurrence; alternance-alternance, alternance-intercalence, alternance-période, alternance-récurrence; intercalence-intercalence, intercalence-période, intercalence-récurrence; période-période, période-récurrence; enfin, récurrence-récurrence, pouvant être construite par rapport à chacun des six diagrammes-types, ce qui fait en tout six fois quinze ou quatre-vingt-dix dispositions.

Afin de ne point donner à ce paragraphe une étendue démesurée, nous limiterons notre examen par les deux conditions suivantes : nous prendrons pour exemples seulement les combinaisons différentes et composées de rangées ayant au plus trois motifs différents, et nous en rapporterons la construction au seul diagramme de la disposition opposée droite. Nous aurons ainsi les dix arrangements suivants :

Répétition.	Répétition.	Répétition.	Répétition.	Alternance.
Alternance.	Intercalence.	Période.	Récurrence.	Intercalence.
Alternance.	Alternance.	Intercalence.	Intercalence.	Période.
Période.	Récurrence.	Période.	Récurrence.	Récurrence.

Le degré d'excellence de ces dispositions dépend évidemment de leur simplicité relative, et, puisque les éléments combinés sont toujours les mêmes, le degré de simplicité dépendra de la grandeur ou de l'étendue de la période et de la corrélation symétrique qui lui est particulière.

1° La répétition-alternance a une période de deux motifs; cette disposition est unique.

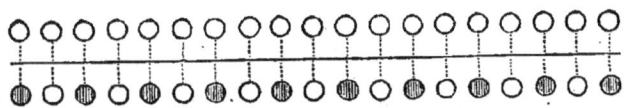

Fig. 163.

2° La répétition-intercalence. Si l'intercalence a une période de 3, 4, 5... éléments, la disposition a également une période de 3, 4, 5... éléments. Cette disposition peut être variée par transposition, ce qui donne deux formes différentes :

$$\frac{aaaaaaa}{baabaab}\cdots \qquad \frac{aaaaaa}{abbabba}\cdots$$

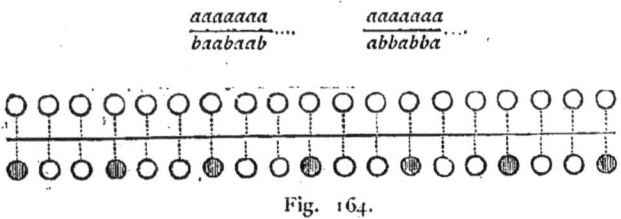

Fig. 164.

3° La répétition-période a la même période que les rangées périodiques. On obtient, par transposition, les deux formes :

$$\frac{aaaaaaaaa\cdots}{abcabcabc\cdots} \qquad \frac{aaaaaaaa\cdots}{acbacbacb\cdots}$$

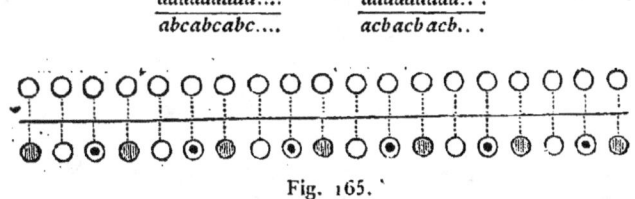

Fig. 165.

4° La répétition-récurrence a une période de quatre éléments, la récurrence ayant trois motifs, et une période de huit éléments, la récurrence étant de quatre motifs, etc. La transposition donne les trois formes :

$$\overline{\frac{aaaa\ aaaa}{acbc\ acbc}}\dots \qquad \overline{\frac{aaa\ aaaa\dots}{abcb\ abcb\dots}} \qquad \overline{\frac{aaaa\ aaaa\dots}{caba\ caba\dots}}$$

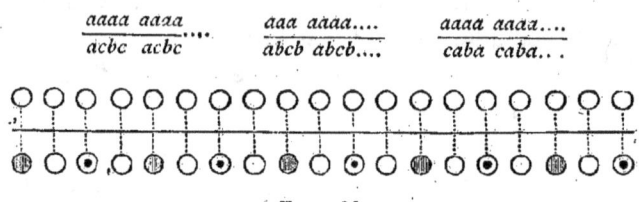

Fig. 166.

5° L'alternance-intercalence a une période de six éléments si l'intercalence a une période de trois éléments, et une période de quatre éléments si la période de l'intercalence est de quatre éléments. En général, les intercalences à période impaire déterminent dans la disposition une période d'un nombre double, et les intercalences à période paire une période de même nombre. On obtient, par transposition, les deux formes :

$$\overline{\frac{abababab}{abbabbab}}\dots \qquad \overline{\frac{abababab}{baabaaba}}\dots$$

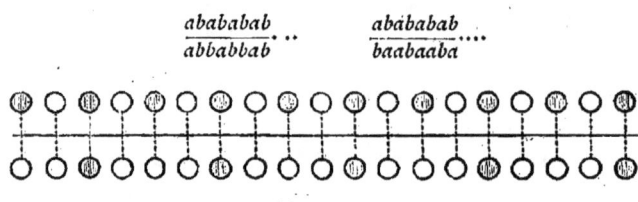

Fig. 167.

6° L'alternance-période. Si la période de la rangée est paire, la période de la disposition est de même nombre ; si elle est impaire, la période de la disposition est d'un nombre double. Le déplacement donne les deux formes :

$$\overline{\frac{ababababa}{abcdabcda}}\dots \qquad \overline{\frac{ababababa}{dabcdabcd}}\ .$$

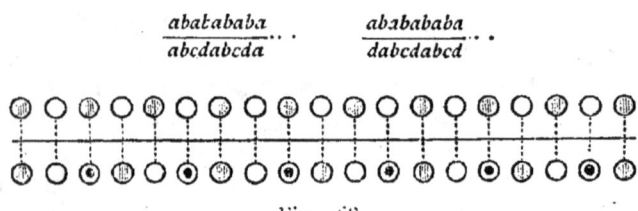

Fig. 168.

7° L'alternance-récurrence a une période de quatre éléments si la récurrence est de trois motifs, et une période de huit éléments si la récurrence est de quatre motifs. La transposition donne les trois formes :

$$\frac{abababab}{acbcacbc}\dots \qquad \frac{abababab}{abcbabcb}\dots \qquad \frac{abababab}{cabacaba}\dots$$

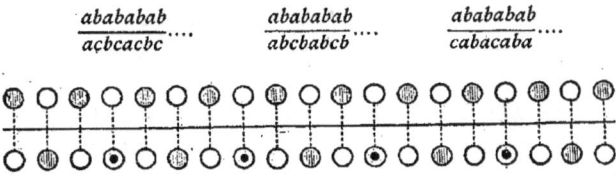

Fig. 169.

8° L'intercalence-période a une période de trois motifs si les coupures des deux rangées composantes sont de trois motifs. En général, si les périodes sont de même nombre, elles déterminent dans la disposition une période égale ; s'il y a discordance, la période composée est de 12, 18..., etc., éléments. En transposant la période, on obtient six formes de cette disposition autant que de permutations avec trois lettres.

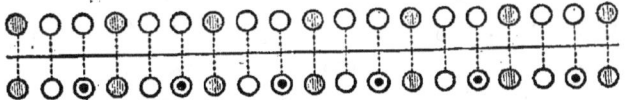

Fig. 170.

9° L'intercalence-récurrence a une période de quatre éléments si l'intercalence a une période de quatre éléments, et une période de douze éléments si la période de l'intercalence est de trois éléments seulement. La transposition donne les trois formes :

$$\frac{abbbabbb\dots}{acbcacbc\dots} \qquad \frac{abbbabbb\dots}{abcbabcb\dots} \qquad \frac{abbbabbb\dots}{cabacaba\dots}$$

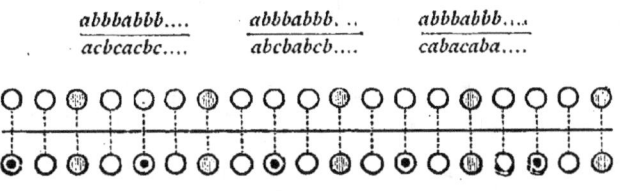

Fig. 171.

10° Enfin, la période-récurrence a une coupure de quatre éléments si la période est de quatre motifs, et une coupure de douze éléments si la période est de trois motifs. La transposition donne les trois formes :

abcdabcd....   *abcdabcd....*   *abcdabcd....*
acbcacbc....   *abcbabcb....*   *cabacaba....*

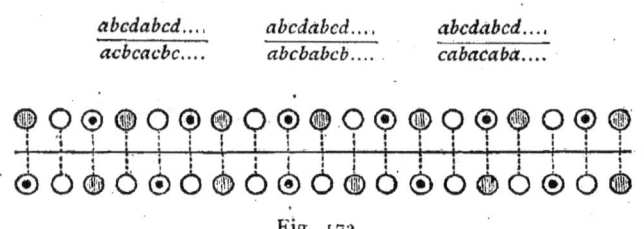

Fig. 172.

On voit, d'après cela, que l'arrangement périodique et l'intercalence introduisent le plus souvent un défaut de symétrie ou des coupures à plus longue période ; ces arrangements ne valent donc que seuls ou tout au plus associés à la répétition.

Les dispositions, répétition et alternance, répétition et récurrence, et alternance et récurrence, sont les plus simples et les plus régulières. C'est, d'ailleurs, ce que l'on pouvait fort bien reconnaître *à priori* et sans passer par l'énumération de toutes les combinaisons : la répétition (1 motif), l'alternance (2 motifs) et la récurrence (3 motifs), étant les arrangements les plus parfaits et les plus symétriques.

Néanmoins, les autres dispositions méritent encore quelque attention, si les conditions qui les déterminent sont spécifiquement favorables. C'est ainsi, par exemple, que la disposition intercalence et récurrence, les périodes étant respectivement de quatre et de trois motifs, donne lieu à deux formes symétriques :

AoooAoooA....   AoooAoooA....   AoooAoooA....
HoAoHoAoH....   AoHoAoHoA....   oAoHoAoHo....

Toutes ces associations peuvent être construites suivant les cinq autres diagrammes de disposition, et s'appliquer à des

délinéations continues où les motifs sont les affections linéaires
et figuratives, tout comme elles s'appliquent à des objets distincts, à des figures isolées ou articulées. En adoptant des lettres pour noter les différentes dispositions, nous avons, autant
que cela est possible, adapté ou assorti des signes très-généraux
et très-indépendants à des faits d'une généralité très-abstraite
et très-étendue. Il ne faut point s'effrayer de tout cet appareil
algébrique, il est de plus sérieux de profiter de l'avantage
qu'offrent ces signes phonétiques qui, dans leur succession,
sont de lecture facile et presque musicale ou rhythmique. D'ailleurs, l'utilité de cette théorie n'est pas bornée seulement aux
formes et aux figures, elle s'étend aussi aux différents modes
de décoration enluminée; il fallait donc bien employer des
signes très-indépendants, et sans signification propre, pour noter des choses de nature aussi différentes que le sont les formes
et les couleurs.

SECTION DEUXIÈME.

LES DISPOSITIONS MULTIPLIÉES.

Tous les diagrammes possibles des dispositions coordonnées planes ou rapportées au plan ont pour fondement essentiel la théorie des réseaux.

CHAPITRE I.

LES RÉSEAUX.

140. Lorsque des points sont distribués d'une manière régulière dans toute l'étendue du plan, ils impliquent immédiatement des lignes réelles ou imaginaires qui les relient entre eux; ou bien, à l'inverse, des lignes finies ou indéfinies, se coupant ou se reliant de toutes les manières possibles, et régulièrement, déterminent des points distribués régulièrement. Ces points et ces lignes déterminent des réseaux. De plus, et en toute généralité, les points déterminent des distances, ces distances sont des droites, et les points et les droites déterminent des espaces polygonaux qui sont des segments du plan.

Une figure polygonale est une figure déterminée par des droites qui se coupent ou s'articulent en des points qui sont les sommets du polygone. Pour que ces points soient disposés régulièrement et puissent déterminer par suite des figures régulières, nous avons vu que les distances de tous ces points devaient être égales, qui étaient semblablement placées. Pour déterminer les réseaux on peut donc partir indifféremment de la distribution des points, de l'entre-croisement des droites ou de la répartition des polygones. Les réseaux peuvent être, en effet, envisagés sous le triple point de vue :

1° Des points ; 2° des lignes ; 3° des mailles.

I. — GÉNÉRATION PAR LES POINTS.

141. Une suite de points alignés peut être rapprochée d'une autre suite semblable de deux manières : la première où les points se correspondent directement suivant des lignes perpendiculaires à la directrice, c'est le rebattement droit (fig. 173); la

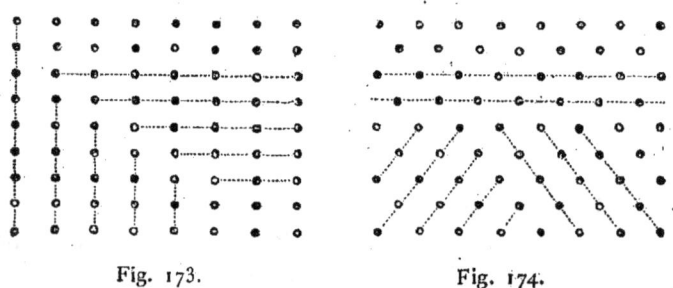

Fig. 173.   Fig. 174.

seconde où les points sont déplacés à droite et à gauche et correspondent aux intervalles, c'est le rebattement alterne (fig. 174). Les distances entre les rangées peuvent être plus petites, de même grandeur ou plus grandes que l'intervalle des points dans la rangée. Du semis régulier de ces points, il résulte des lignes d'alignements horizontales, verticales ou obliques, soit quatre systèmes pour le cas du rebattement droit : deux systèmes rectangulaires et deux systèmes diagonaux (fig. 183), et six systèmes pour le cas du rebattement alterne : trois systèmes prin-

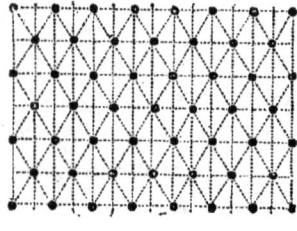

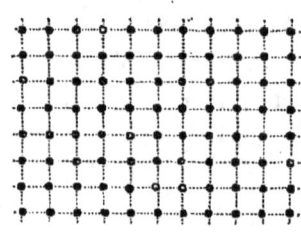

Fig. 175.   Fig. 176.

cipaux triangulaires, et trois systèmes diagonaux également triangulaires (fig. 184).

142. Une série de lignes parallèles peut être coupée sous un angle quelconque par une autre série également parallèle. L'entre-croisement de ces deux séries en détermine une troisième qui passe par les points d'intersection des deux pre-

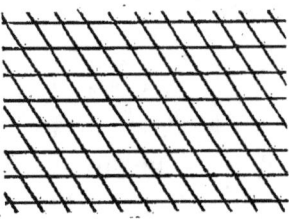

Fig. 177.

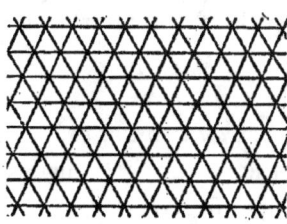

Fig. 178.

mières. Mais plus généralement deux systèmes de lignes entre-croisées sont recoupés par un ou deux systèmes quelconques, chacun des systèmes étant indépendant ou corrélatif à tous les autres ensemble ou séparément.

III. — GÉNÉRATION PAR LES FIGURES.

Les figures polygonales déterminent quatre classes de réseaux : 1º les réseaux quaternaires; 2º les réseaux senaires; 3º les réseaux disjoints; 4º les réseaux polygonaux composés.

Iʳᵉ classe. — Réseaux quaternaires.

143. Ces réseaux sont déterminés par les parallélogrammes, les rectangles, les losanges et le carré, juxtaposés en coïncidence parfaite.

1° *Réseaux parallélogrammes*. — Les centres de figure déterminent le même réseau, les lignes diagonales déterminent un
réseau également parallélogramme, mais non semblable de
forme (fig. 179).

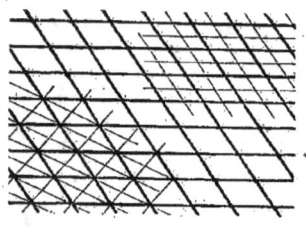

Fig. 179.   Fig. 180.

2° *Réseaux losanges*. — Les centres de figure déterminent
le même réseau. Les lignes diagonales déterminent un réseau
rectangle (fig. 180).

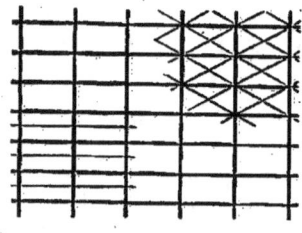
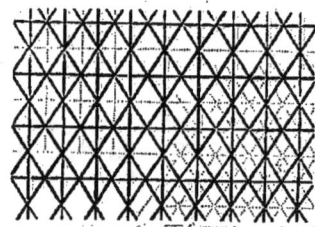

Fig. 181.   Fig. 182.

3° *Réseaux rectangles*. — Les centres de figure déterminent
le même réseau. Les lignes diagonales déterminent un réseau
losange (fig. 181).

4° *Réseau carré* ou *quadrillé*. — Les centres de figure déterminent le même réseau et les lignes diagonales un réseau
quadrillé (fig. 183).

Tous ces réseaux peuvent être variés à tous les degrés, suivant les écartements uniformes ou variés dans chaque système,

et suivant la similitude ou la diversité des écartements d'un système à l'autre.

IIᵉ classe. — Réseaux senaires.

144. Tous les réseaux de cette classe sont déterminés par trois systèmes de lignes, le troisième croisant les deux premiers en leur point d'intersection. Les mailles élémentaires sont les

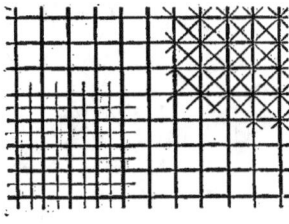 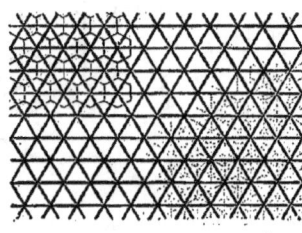

Fig. 183.   Fig. 184.

triangles scalènes et isocèles et le trigone. Entre tous les réseaux de cette classe, il faut distinguer les réseaux isocèles dont la maille est isocèle et les réseaux trigones dont la maille est trigone.

Les deux premières classes de réseaux se réduisent à trois systèmes principaux :

1° Le réseau trillé ou trigone à maille trigone (fig. 184).

2° Le réseau quadrillé ou carré à maille carrée (fig. 183).

3° Les réseaux isocèles et conjugués à maille rhombique ou losange et à maille rectangle (fig. 182).

IIIᵉ classe. — Réseaux disjoints.

143. Si, faisant abstraction de la notion des réseaux continus ou par grandes lignes, on considère seulement les assemblages des polygones, on obtient avec les figures polygonales, d'abord

les réseaux examinés ci-dessus et comme résultante très-particulière les réseaux disjoints.

1° *Losanges*. — Les losanges assemblés donnent par juxtaposition suivie le réseau ordinaire où les losanges ont tous la
même orientation; par juxtaposition à retour, le réseau à retour où les losanges ont deux directions; par juxtaposition
centrée, le réseau à trois directions; un réseau varié par com-

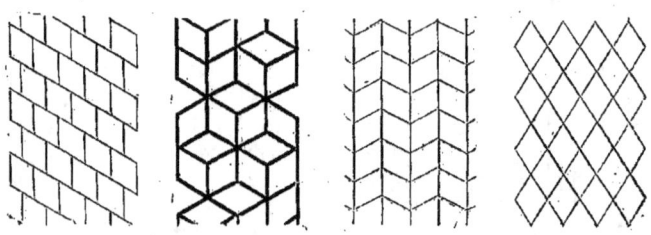

Fig. 185.

binaison des trois premières juxtapositions; la juxtaposition
chevauchée ou maçonnée, comme on dit dans le glossaire du
blason, déterminée par trois losanges assemblés en pointe et en
flanc (fig. 185).

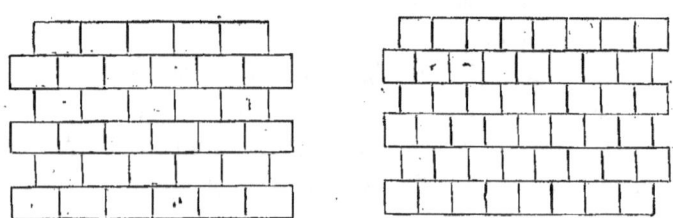

Fig. 186.

2° *Rectangles* et *carré*. — Les rectangles et le carré déterminent les deux juxtapositions suivie et chevauchée (fig. 186).

3° *Trigone*. — La juxtaposition des trigones est à la fois
suivie et retournée et renferme d'ailleurs comme cas particu-

liers ou groupements variés les différents réseaux du losange trigone.

Si l'on ne s'astreint point à remplir cette condition de la juxtaposition parfaite, on obtient d'autres arrangements particuliers qui dépendent de la position relative des figures.

1º *Losanges.* — Les losanges, alternativement posés dans un

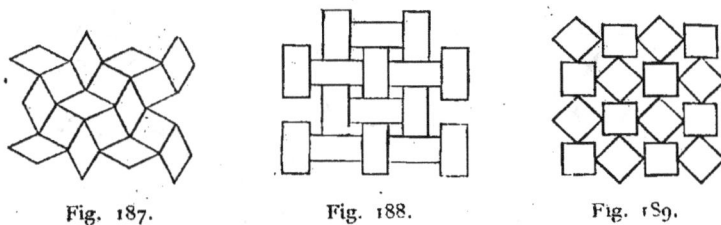

Fig. 187.   Fig. 188.   Fig. 189.

sens et dans l'autre, déterminent le groupement suivant qui revient au cas de la juxtaposition d'un losange et d'un carré (fig. 187).

2º *Rectangles.* — Deux rectangles dont les positions sont contrariées donnent le réseau du rectangle et carré assemblés (fig. 188).

3º *Carré.* — Les deux positions du carré, posé sur la pointe et sur le flanc, déterminent l'assemblage contrarié (fig. 189) ;

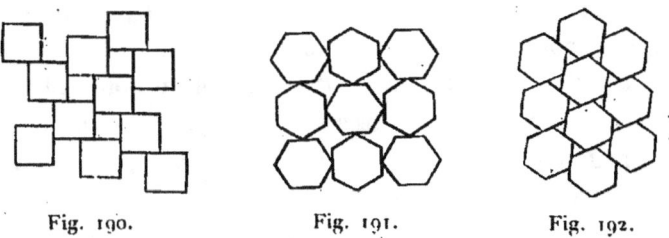

Fig. 190.   Fig. 191.   Fig. 192.

les positions suivies du carré, avec déplacement, donnent une figuration qui revient au cas de l'assemblage de deux carrés conjugués (fig. 190).

4° *Hexagone.* — Comme pour le carré, on obtient l'assemblage contrarié, et l'assemblage suivi qui revient à la juxtaposition d'un trigone et d'un hexagone (fig. 191 et 192).

5° *Le trigone.* — La figuration obtenue revient à la juxtaposition du trigone et de l'hexagone conjugués, c'est-à-dire que l'un étant donné, l'autre n'est plus arbitraire (fig. 193).

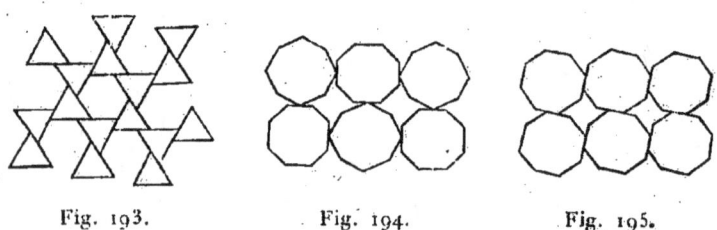

Fig. 193.   Fig. 194.   Fig. 195.

6° *L'octogone.* — On obtient des figurations analogues aux précédentes (fig. 194 et 195).

Tous ces faits de juxtaposition qu'on pourrait étendre aisément aux autres polygones, sont fort simples ; ils sont d'ailleurs plutôt des dispositions ornementales que des diagrammes théoriques.

IV classe. — *Réseaux polygonaux composés.*

146. La condition de juxtaposition parfaite avec un seul polygone se trouve réalisée par l'hexagone, dont la juxtaposition à la fois suivie quant à la position, disjointe quant aux lignes du réseau, et polygonale parce que la figure a plus de quatre côtés, peut être considérée comme la transition des réseaux simples aux réseaux composés.

Le réseau de l'hexagone et tous les réseaux suivants (fig. 196, 197, 198, 199 et 200) sont construits sur le type du réseau trigone ou trillé.

Le réseau du carré et les réseaux (fig. 201, 202, 203, 204 et 205) sont construits sur le type du réseau carré ou quadrillé.

1° Hexagone (fig. 196).

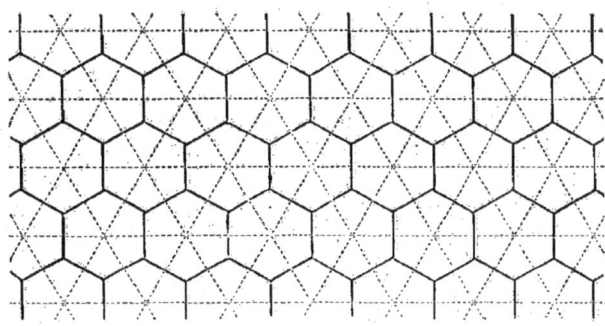

Fig. 196.

2° Hexagone et trigone (fig. 197).

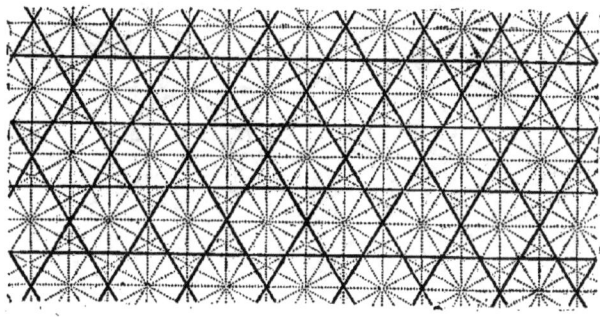

Fig. 197.

3° Dodécagone et trigone (fig. 198).

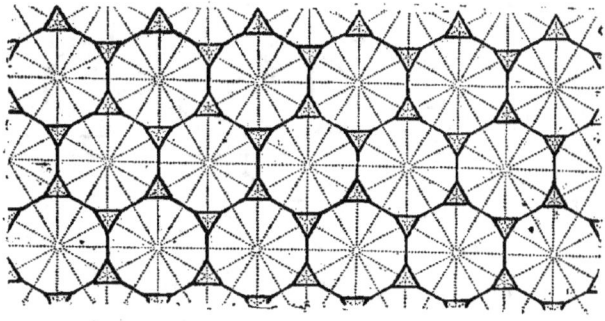

Fig. 198.

4° Hexagone, carré et trigone (fig. 199).

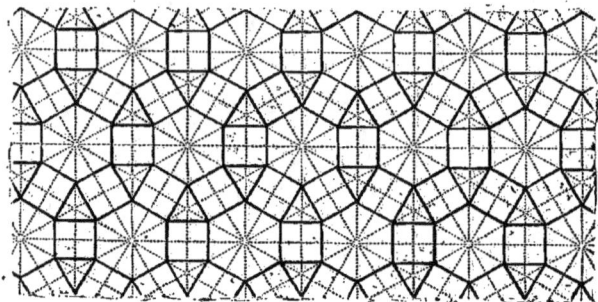

Fig. 199.

5° Dodécagone, hexagone et carré (fig. 200).

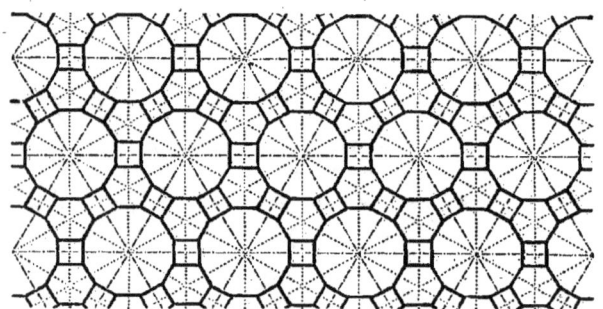

Fig. 200.

1° Octogone et carré (fig. 201).

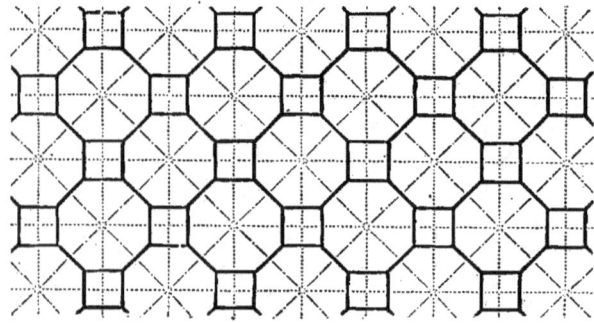

Fig. 201.

2° Rectangle et carrés (fig. 202).

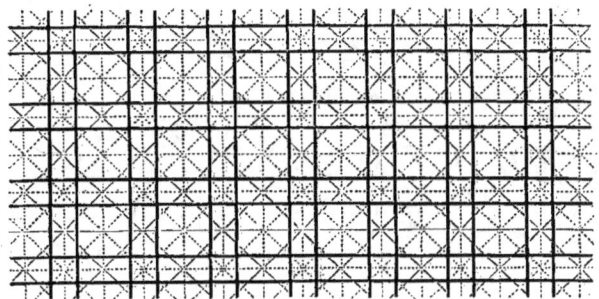

Fig. 202

3° Losanges et rectangle (fig. 203).

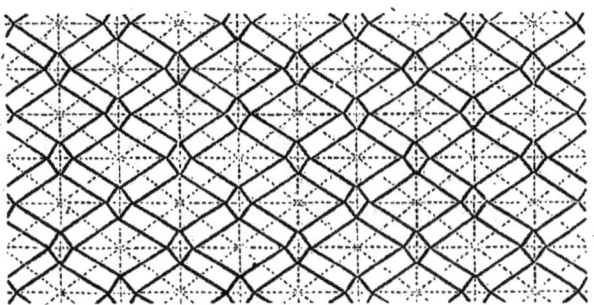

Fig. 203.

4° Losange et carré (fig. 204).

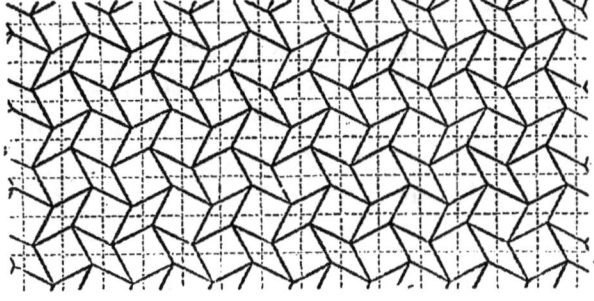

Fig. 204.

5° Parallélogramme et carrés (fig. 205).

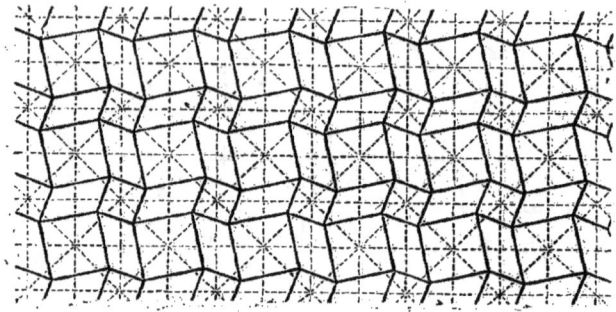

Fig. 205.

Toutes les figures régulières, qui par leur juxtaposition déterminent les réseaux, ont leurs côtés égaux. Si l'on considère
seulement les sommets de ces figures ou les points du réseau,
tous ces points sont à des distances égales de leurs homolo-
gués ou de leurs semblables, et semblablement répartis sur
toute l'étendue du plan. Ces points reliés entre eux et de toutes
les manières possibles détermineraient un enchevêtrement
bientôt inextricable ; il importe donc de ne point dissocier les
idées intimement unies dont on a la perception simultanée,
c'est-à-dire les idées de nombre, d'ordre, de figure, de symétrie et de régularité. Il n'y a rien à gagner à une analyse sub-
tile qui séparerait ces idées et rendrait compte de leur subordination. Toutes ces idées sont aussi simples les unes que les
autres et toutes sont nécessaires pour ne point s'égarer. En
cherchant, à la manière des géomètres, à réduire au plus
petit nombre les données rigoureusement nécessaires d'une
question, on gagne peut-être en perfection logique, mais assurément on perd sous les autres rapports, car toutes ces
notions sont également importantes dans leur connexité.

CHAPITRE II.

GROUPEMENT DES CERCLES.

147. Reprenons un certain nombre des figures polygonales examinées précédemment : entre tous les losanges, le losange trigone ; entre tous les rectangles, les rectangles quadrillés ; puis le trigone, le carré et l'hexagone, nous aurons tous les éléments nécessaires et fondamentaux des groupements réguliers de cercles égaux et tangents les uns aux autres. Cette théorie, qui peut offrir quelque intérêt dans des matières tout à fait étrangères à ces études, est, au point de vue de l'ornementation pure, l'intermédiaire graphique entre les réseaux fondamentaux et les entrelacs polygonaux dérivés dans l'ornementation syro-arabe ; dans ce cas, le problème s'étend et embrasse dans sa généralité tous les réseaux polygonaux, ce qui entraîne le groupement des cercles égaux ou inégaux, détachés, contigus ou tangents et intersectés.

Les deux (ou trois) groupements fondamentaux sont les suivants : trois cercles tangents suivant le trigone, quatre cercles tangents suivant le carré, et quatre cercles tangents suivant le losange trigone. De ces trois groupements élémentaires dérivent les groupements multipliés suivants (fig. 206) :

6, 8, 10, 12... n; 12, 15, 18, 21... n; 20, 24, 28, 32... n, cercles groupés suivant les rectangles quadrillés.

3, 6, 10, 15... n, cercles groupés suivant le trigone trillé.

4, 9, 16, 25... n, cercles groupés suivant le losange trillé.

7, 19, 37... n, cercles groupés suivant l'hexagone.

Tous ces arrangements sont définis et limités par l'idée de nombre et la notion de figure; ils dérivent ou plutôt sont contenus dans les groupements illimités de cercles tangents, suivant le réseau quadrillé qui a deux files perpendiculaires l'une à l'autre, et suivant le réseau trillé qui a trois files obliques; les centres occupent les points des réseaux.

Les groupements complexes en nombre illimité résultent de l'agglomération des groupements élémentaires, trigone, carré,

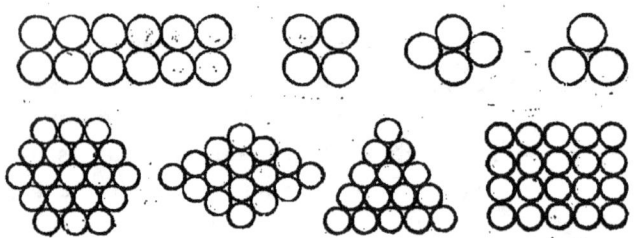

Fig. 206.

losange, rectangle, hexagone et dodécagone; ou bien sont obtenus en répartissant les cercles suivant les **réseaux polygonaux** dérivés de ces figures.

I. — LOSANGE. — TRIGONE. — CARRÉ.

Avec un peu d'attention, on peut reconnaître dans cette mappe des groupements divers : un groupement de quatre cercles en carré sous deux positions; un groupement de quatre cercles en losange sous deux positions; un groupement de trois cercles en trigone sous quatre positions; un groupement de deux cercles sous deux positions. Ces groupements sont discontinus, tandis que le groupement intégral, au contraire, est continu suivant le réseau complexe du losange et du carré assemblés (fig. 207).

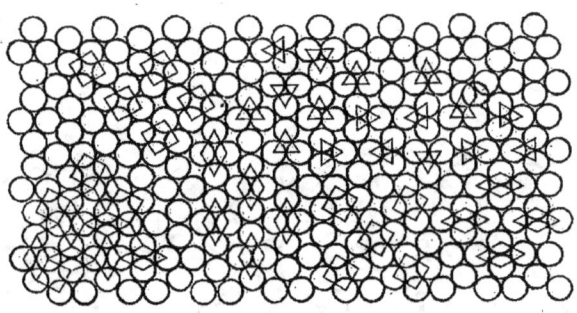

Fig. 207.

11. — LOSANGE. — LOSANGE-RECTANGLE.

L'exemple choisi comprend un losange de quatre trigones, un losange de deux trigones et un rectangle de deux carrés. Cette disposition revient à assembler des groupes de losanges

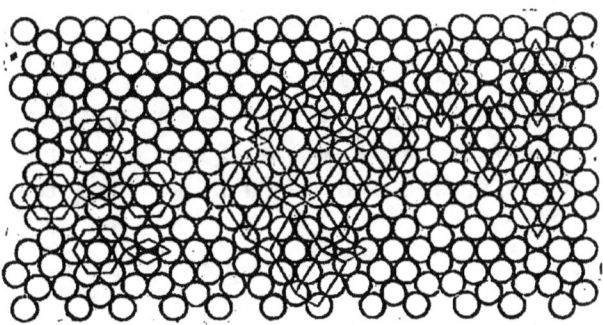

Fig. 208.

composés de neuf cercles tangents, ou bien des groupements de losanges et d'hexagones (fig. 208).

III. — HEXAGONE-CARRÉ-TRIGONE.

Cette disposition revient au groupement d'hexagones composés de sept cercles (fig. 209).

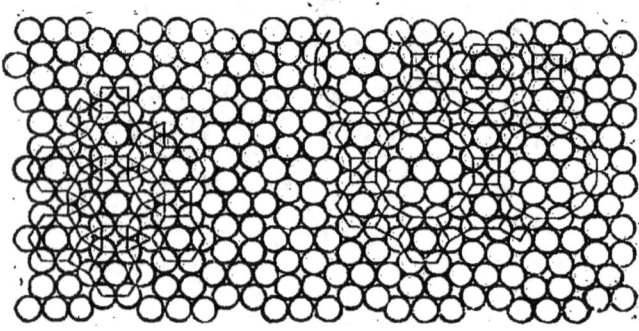

Fig. 209.

IV. — HEXAGONE-TRIGONE-RECTANGLE.

Cette disposition revient au groupement d'hexagones composés de dix-neuf cercles. Les hexagones, les trigones et les carrés pourraient être composés d'un nombre quelconque de cercles (fig. 210).

V. — HEXAGONE-CARRÉ-LOSANGE.

Ce groupement revient au groupement varié composé de trois cercles en trigone, et de sept cercles en hexagone.

VI. — DODÉCAGONE-TRIGONE.

Cette agglomération revient au groupement complexe de

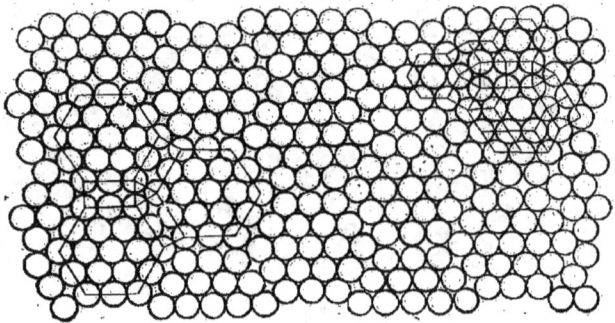

Fig. 210.

l'hexagone, du rectangle et du trigone, ou au groupement
d'hexagones et deux cercles alignés, etc. (fig. 211).

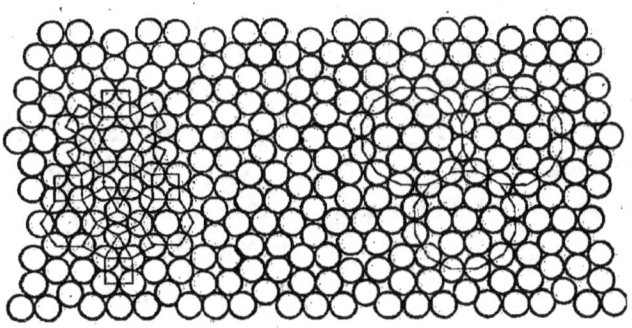

Fig. 211.

VII. — DODÉCAGONE-HEXAGONE-CARRÉ.

VIII. — DODÉCAGONE-HEXAGONE-CARRÉ-TRIGONE.

Cette agglomération revient au groupement complexe et
discontinu du dodécagone et du trigone (fig. 212).

Avec les autres réseaux polygonaux on peut grouper des circonférences égales suivant les lignes du réseau ou les côtés des
polygones ; mais ces arrangements laissent des vides variables.

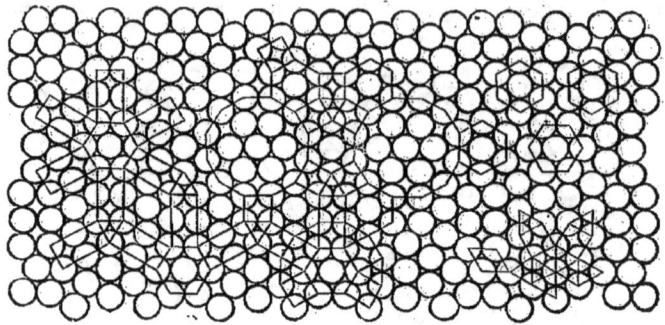

Fig. 212.

Suivant la figure, ce vide est plus petit que le cercle de groupement pour le trigone, le carré et le pentagone ; égal pour l'hexagone, et de plus en plus grand pour tous les autres polygones,
c'est-à-dire successivement pour l'heptagone, l'octogone, l'ennéagone, etc. (fig. 213).

Pousser plus loin ces développements théoriques ne serait
pas sans danger. On y perdrait vite le sens de la mesure et de
la convenance, et l'on tomberait dans cette infirmité si commune chez les mathématiciens, qui les incite à poursuivre les
difficultés pour le plaisir de les vaincre, à les classer, à les

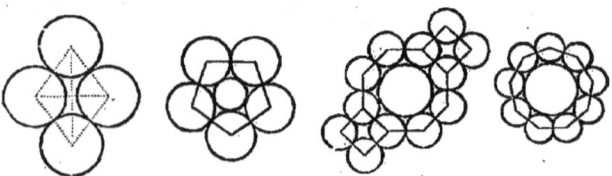

Fig. 213.

subordonner, à les formuler, de crainte d'en négliger aucune
ou d'en perdre le souvenir. Cette propension si entraînante, et

qui les fait pénétrer si avant dans les relations infiniment ténues et multipliées qu'ils découvrent ou qu'ils établissent entre
les nombres, les grandeurs et les figures, n'est pas précisément une faculté enviable et qui grandisse son homme; elle a
certainement plus d'inconvénients que d'avantages, et, dans
tous les cas, elle s'éloigne singulièrement, et à perte de vue,
de ce juste équilibre de l'intellect qu'il est si nécessaire de mé-
nager pour vòir sainement et largement le monde qui nous
entoure et y faire, notre vie durant, œuvre qui vaille.

CHAPITRE III.

LES RÉPARTITIONS.

148. Ces notions théoriques et très-générales une fois éta-
blies, leur application à l'ornementation en découle aussitôt.
Cette application se résume essentiellement dans les trois catégories suivantes :

1° L'ornementation par les motifs détachés, isolés et répartis avec ordre suivant les points des réseaux. Ces répartitions sont variées selon les différents rhythmes des rangées, et
déterminées par l'apposition isolée des motifs en chacun des
points directeurs des réseaux, ou par le rebattement successif
de rangées linéaires ;

2° L'ornementation par les rayures ou rangées détachées
et orientées suivant les lignes harmoniques du plan, ce qui
détermine trois systèmes de rayures ou rangées : les rangées
horizontales, les rangées verticales et les rangées obliques, ou
diagonales ou en biais;

3° L'ornementation par les carreaux ou les rayures entre-
croisées. Ces entre-croisements sont déterminés par les combinaisons deux à deux, trois à trois, quatre à quatre, des
différents systèmes de rayures : horizontales, verticales ou
obliques.

Les carreaux, les files ou rangées, et les motifs détachés,

étant combinés de toutes les manières possibles, déterminent
les mappes d'ornement, ce qu'en terme de métier on appelle
des tapisseries. Nous insisterons particulièrement sur les répartitions détachées ou les semis sans nombre.

149. Tout d'abord les points sont disséminés au hasard, ils
sont épars et recouvrent indéfiniment les surfaces, à la condition d'un certain balancement dans toute l'étendue du plan.
Ces semis inordonnés répondent théoriquement aux apparences naturelles de beaucoup d'objets : granit, mouchetures,
pointillés, chinés, etc. C'est alors de l'ornementation exclusivement décorative et qui n'existe point en dehors des substances
matérielles, des tissus ou des espèces de décorations en couleur qui les imitent.

On ordonne les semis, ou détachés, en les rapportant à des
diagrammes de disposition; ces diagrammes sont de plusieurs
sortes. Voici les principaux :

1º Les diagrammes déterminés par les réseaux fondamentaux quadrillés, trillés, rectangles ou losanges. Les points sont
répartis suivant les points du réseau ou suivant les centres
des mailles, tous les traits ou figurations distantielles dispa-
raissant. (La maille est un carré et le réseau un quadrillé posé
diagonalement.) Cette répartition peut être variée en échappant des mailles ou des points, ou bien en disposant les points
suivant toutes les espèces d'engrêlures ou de figures que l'on
obtient par la jonction des points du réseau.

Par la répétition suivant le réseau quadrillé simple, on
obtient particulièrement les figures suivantes qui sont d'une
application fort importante dans les arts textiles, où on les
appelle du nom de contre-semplage. Le nombre des points
s'adapte régulièrement dans un nombre de mailles qui lui est
proportionnel : deux points répartis dans un quadrillé de
4 mailles, ou la répartition échiquetée; quatre points dans un
quadrillé de 16 mailles produit des rangées obliques; le réseau qui relie ces points a pour maille un rectangle étroit et

allongé. Cinq points répartis dans un quadrillé de 25 mailles donnent des files obliques, une maille carrée et un réseau oblique au premier. Sept points dans un quadrillé de 49 mailles donnent des rangées obliques et une maille parallélogramme. Enfin, huit points répartis dans un quadrillé de 64 mailles déterminent des rangées obliques et une maille parallélogramme. Tels sont tous les contre-semplages possibles; celui

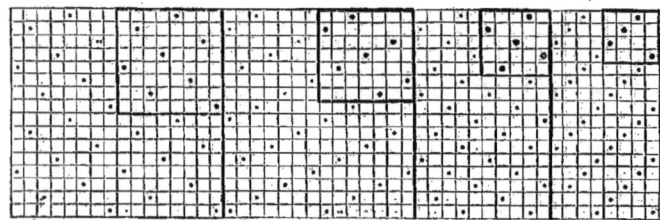

Fig. 214.

de huit points est bien près de ressembler au détaché suivant le réseau trillé : les files y sont peu apparentes et le semis est presque équilibré en surface.

2° Les diagrammes déterminés par les réseaux disjoints, soit que la répartition ait lieu aux points de rencontre des lignes, ou bien au centre des mailles.

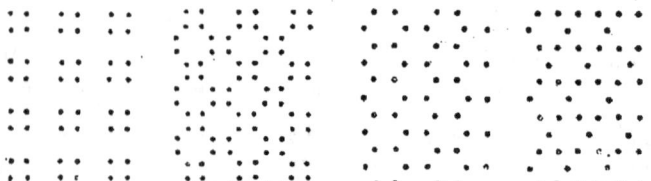

Fig. 215.

3° Les diagrammes déterminés par les réseaux polygonaux. La distribution des points est celle des points du réseau ou des centres des mailles.

Toutes ces répartitions sont uniformes quant à la composition et seulement d'un motif. Mais si l'on emploie deux, trois,
quatre, cinq... motifs, on a des répartitions variées ou composées. Les diagrammes sont les réseaux et l'on y peut reconnaître, comme dans les répartitions uniformes, des rangées
ou bien des carreaux, c'est-à-dire des répartitions équilibrées
ou coordonnées dans les deux dimensions de l'étendue. Nous
donnerons quelques exemples des répartitions de deux, trois,
quatre et cinq motifs.

I. — RÉPARTITION DE DEUX MOTIFS.

150. 1° Suivant le réseau quadrillé et les variétés de ce réseau. La fig. 216 n'offre que des rangées uniformes dans le
sens vertical et des alternances dans le sens horizontal. La

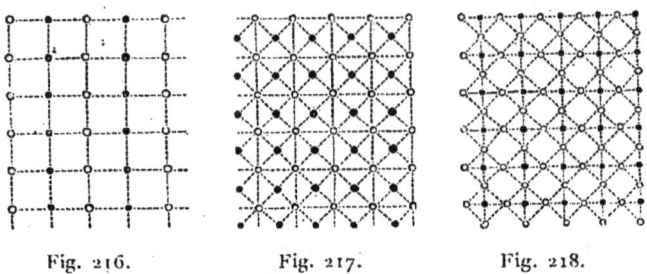

Fig. 216.   Fig. 217.   Fig. 218.

fig. 217 a des rangées uniformes et de succession alterne, suivant les lignes horizontales et verticales, et des alternances
suivant les diagonales ; cette disposition est équilibrée. La
fig. 218 est un réseau quadrillé recoupé par un réseau dont la
maille est un carré inscrit dans le premier ; les rangées horizontales et verticales sont des alternances dans le grand réseau,
et les rangées diagonales sont des répétitions.

2° Suivant le réseau trillé et les variétés de ce réseau. La

fig. 219 est une répartition sériée ou par rangées ; les rangées
obliques sont uniformes, et les rangées horizontales des alternances. La fig. 220 est une répartition figurée ou équilibrée et
composée d'une répartition hexagonale centrée par une répartition trigone ; toutes les files sont des intercalences deux et un.
La fig. 221 est une répartition figurée et composée d'un réseau
polygonal, trigone et hexagone, dont les hexagones sont cen-

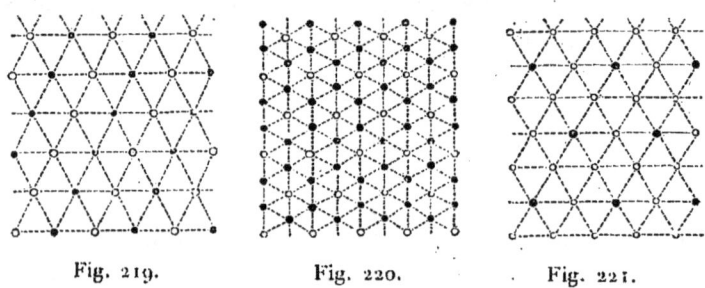

Fig. 219.   Fig. 220.   Fig. 221.

trés par un réseau trigone ; les rangées sont alternativement
des répétitions et des alternances.

Ces trois figures sont analogues aux trois précédentes.

II. — RÉPARTITION DE TROIS MOTIFS.

151. 1° Suivant le réseau quadrillé et les variétés de ce
réseau. La fig. 222 est une répartition figurée dont toutes les

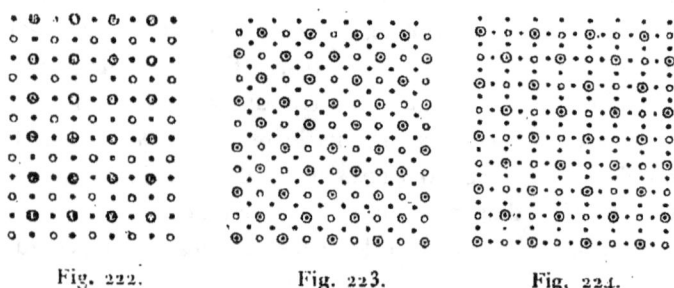

Fig. 222.   Fig. 223.   Fig. 224.

files sont des alternances, soit trois alternances provenant de la combinaison deux à deux des trois motifs. Cette répartition peut être envisagée comme déterminée par un premier réseau quadrillé droit, recoupé par le réseau inscrit, et centré par un réseau quadrillé également droit. Le carreau élémentaire, dont le rabattement détermine la répartition totale, a un des motifs aux quatre angles du carré, un autre aux quatre milieux, et le troisième au centre. La fig. 223 est une répartition figurée dont toutes les files sont des récurrences. La fig. 224 est une répartition figurée dont toutes les files droites sont des alternances. Le carreau de rabattement a l'un des motifs aux quatre angles et au centre, et un autre motif suivant les milieux ou les sommets du carré inscrit; enfin, le troisième suivant les milieux de ce second carré. Les rangées intercalaires et alternes sont des répétitions. La fig. 225 est une répartition figurée qui a toutes ses files droites, alternativement une

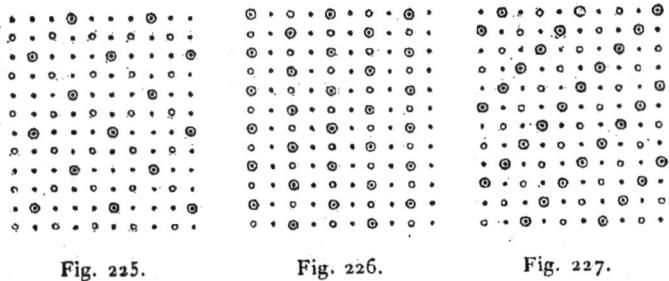

Fig. 225.   Fig. 226.   Fig. 227.

alternance et une intercalence, et ses files diagonales alternativement, une alternance et une répétition. La fig. 226 est une répartition sériée ou par rangées, les verticales alternativement des répétitions et des alternances, les horizotales des récurrences. La fig. 227 est une répartition sériée; toutes les files horizontales et verticales sont des récurrences; les rangées diagonales de droite à gauche alternativement des alternances et des répétitions; les rangées diagonales de gauche à droite des répétitions.

2° Suivant le réseau trillé et les variétés de ce réseau. La fig. 228 est une répartition figurée, discontinue, déterminée par les sommets, les milieux des côtés et le centre de la

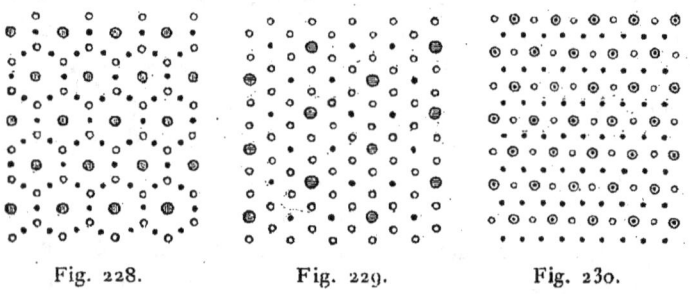

Fig. 228.   Fig. 229.   Fig. 23o.

maille. La fig. 229 est une répartition figurée, trigone; un motif est placé aux sommets, un autre aux centres et le troisième aux subdivisions tripartites des côtés; ou bien un motif suivant le réseau hexagone et trigone, un autre motif au centre de l'hexagone et le troisième aux centres des trigones. Toutes les files sont des intercalences. La fig. 23o est sériée; toutes

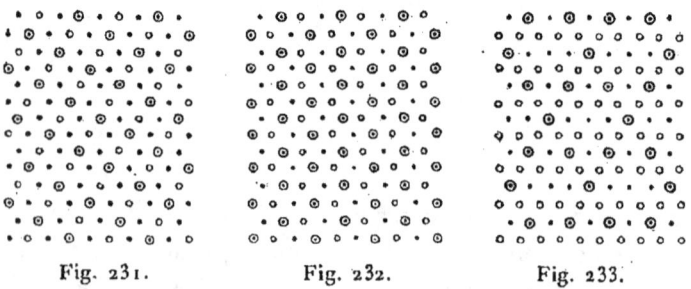

Fig. 231.   Fig. 232.   Fig. 233.

les files sont des alternances ou des répétitions. Cette figure peut être considérée comme ordonnée suivant un réseau losange trigone : un motif placé aux sommets, un autre suivant les milieux des côtés, et le troisième aux centres. La fig. 231 est sériée; les files horizontales et les files obliques de droite à gauche sont des récurrences; les autres files obliques sont des alternances et des répétitions en succession alterne. La fig. 232 est figurée; toutes les files sont des périodes ou bien une répartition suivant les sommets du réseau trigone, puis alternativement, de trigone en trigone adjacent, les répartitions du second et du troisième motif. La fig. 233 a ses files horizontales alternativement des alternances, des répétitions et des périodes de trois et un; les files obliques sont alternativement des alternances et des récurrences.

III. — RÉPARTITION DE QUATRE MOTIFS.

152. 1° Suivant le réseau quadrillé et les réseaux corrélatifs. La fig. 234 est la fig. 222 où l'on a intercalé un qua-

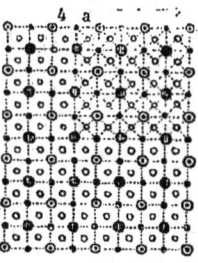 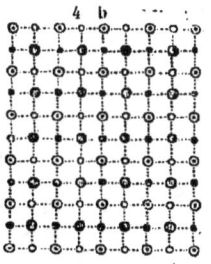

Fig. 234.   Fig. 235.

trième motif suivant les centres; toutes les files diagonales sont des récurrences. La fig. 235 est une répartition mixte à symétrie écartelée; toutes les files sont des alternances.

2° Suivant le réseau trillé et les réseaux corrélatifs. La fig. 236 est analogue à la fig. 235; toutes les files sont des alternances. La fig. 237 est une répartition figurée; toutes les files sont alternativement des périodes et des sériations variées

résultant de l'intercalation de deux séries, l'une périodique,
l'autre répétée.

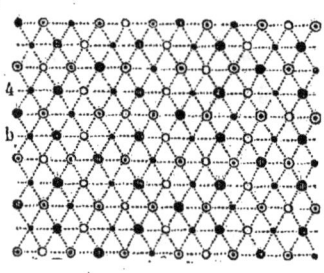

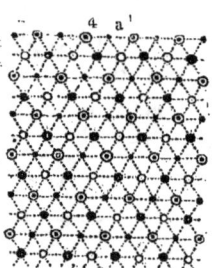

Fig. 236.   Fig. 237.

IV. — RÉPARTITION DE CINQ MOTIFS.

153. La fig. 238 est une répartition figurée. Les files horizontales et verticales se succèdent en récurrence, les files étant

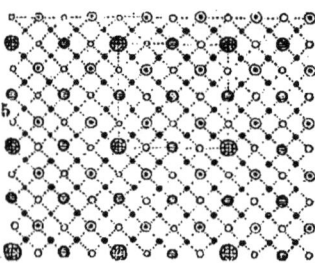

Fig. 238.

de trois espèces : une récurrence de trois motifs, une répétition d'un motif et une alternance de deux motifs. Les files
diagonales sont alternativement une récurrence de quatre motifs, une alternance de deux motifs, enfin une récurrence de

18

trois motifs ; ces files diagonales sont, comme les files droites, disposées en succession récurrente.

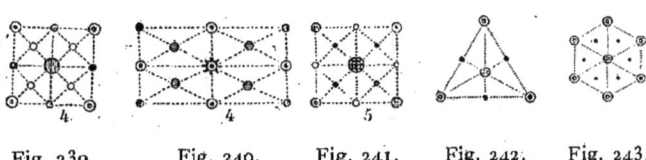

Fig. 239.   Fig. 240.   Fig. 241.   Fig. 242.   Fig. 243.

Les fig. 239, 240, 241, 242, 243 sont des carreaux dont le rabattement déterminerait d'autres répartitions. Ainsi, la fig. 239 est le carreau de la fig. 234.

SECTION TROISIÈME.

LES DISPOSITIONS AGGLOMÉRÉES.

154. Cet ordre de dispositions comprend :

1º Les agglomérations hypothétiques ou réelles des atomes, molécules ou particules, qui constituent la matière dans ses différentes spécifications ;

2º La composition des tissus organisés ou des matériaux de l'organisme qui constituent les tissus ou l'étoffe des être vivants, plantes ou animaux ;

3º Les agglomérations naturelles ou artificielles, déterminées par le rapprochement d'éléments distincts, sans lien autre que la cause extérieure qui les réunit ou les rassemble.

Des agglomérations indéfinies aux dispositions définies ou figurées il y a un passage continu ménagé par les groupements indéfinis ou incertains, d'où les trois termes : les agglomérations indéfinies, les groupements incertains et les dispositions définies ; ce dernier forme une classe distincte se suffisant à elle-même, à cause du principe d'unité ou d'individualité qui isole et détermine chacun des individus qui la composent. Ce principe d'unité est l'organisation pour les êtres vivants, et la composition ou l'élaboration esthétique pour les œuvres d'art.

Les groupements incertains sont des portions ou des limitations d'agglomération indéfinie ; cette limitation est alors une forme-enveloppe ou de masse qui est indépendante de l'arrangement intérieur ou de la structure intime. Ces limitations sont donc analogues aux formes matérielles, et les unes et les autres sont spécifiées par les conditions d'une symétrie ou d'une régularité intérieures corrélatives à la forme-enveloppe. Ces formes-enveloppes, rapportées aux formes abstraites et géométriques, sont communes aux groupements incertains et aux dispositions définies : un arbre peut avoir une configuration pyramidale, tout comme une pile de boulets, un amas de sable ou une pyramide construite.

Si la connaissance de l'organisation ou de la structure des êtres de la nature peut aider à l'établissement d'une théorie générale et complète de l'ordre et de la forme, elle n'en est point essentiellement la promotrice. Au contraire, les notions fondamentales de cette théorie dans leur rigueur abstraite et purement intelligible sont au préalable nécessaires et indispensables pour reconnaître et expliquer les formes individuelles ou collectives de ces êtres divers.

La théorie de l'ordre et de la forme est donc supérieure en généralité, en antériorité et en puissance effective à toute science naturelle, qui ne fournit à proprement parler que des matériaux entiers que la théorie générale entreprend d'expliquer en les faisant connaître.

Dans toutes les hypothèses que l'on peut faire sur la structure intime de la matière et sur le mode de groupement des molécules de chacun des éléments homogènes qui la constituent, on introduit à priori et nécessairement les idées d'ordre, de configuration, de figures, de formes... C'est par l'intervention de ces idées qu'il nous est possible de préciser et de définir les hypothèses : les dimensions, les distances, les figures des dernières particules, molécules ou atomes qui font l'objet de la physique corpusculaire, étant absolument indéterminables et échappant à tous nos moyens d'observation et de mesure.

Toutes ces idées d'ordre, de configuration, de figures, de formes, à l'aide desquelles on peut grouper les atomes et *imaginer* chacune des hypothèses que l'on peut faire sur la composition moléculaire ou infinitésimale, trouvent leur application, et alors sous une forme sensible et perceptible dans la cristallographie proprement dite, qui, lorsqu'on n'aborde pas les arcanes des causes physiques de la cristallisation, repose tout entière sur des caractères de forme, sur des définitions intelligibles par la seule géométrie. On sait que dans les cristaux toutes les formes se ramènent à six types distincts : tous les cristaux sont des polyèdres, mais tous les polyèdres ne sont pas des cristaux. La géométrie est ici d'une fécondité hors de toute proportion avec la nature ; il est donc absurde de demander à la cristallographie de nous donner les types ou les modèles des formes polyédriques ; c'est au contraire par comparaison avec les formes polyédriques que l'homme imagine ou réalise que l'on peut apprécier à leur juste valeur la beauté des formes cristallines de la nature. Sans doute il y a des choses charmantes dans les minéraux, et les pierreries (d'ailleurs ouvrées ou taillées par la main de l'homme) sont de séduction bien prestigieuse, particulièrement aux yeux des femmes ; mais il est impossible d'en conclure, à moins d'aveuglement, qu'il y ait dans toutes ces curiosités d'étagères ou de toilette un enseignement ou des modèles pour nos œuvres.

Si nous entrons maintenant dans le monde de la vie, c'est-à-dire que si nous passons de l'étude de la structure des agrégats matériels à l'étude de l'organisme des êtres vivants, à la considération des molécules ou des particules organiques que l'on atteint par l'anatomie infinitésimale ou microscopique, nous retrouvons les mêmes idées d'ordre, de groupement, de forme, s'appliquant aux premiers matériaux de l'organisme, aux cellules, aux globules qui entrent dans la composition des tissus. Ce sont ces idées qui guident les recherches et appuient les hypothèses ; mais à l'inverse, ces études micrographiques ne sont d'aucune utilité, elles n'ajoutent rien au fond privé et propre qui incite l'homme à faire œuvre d'art.

Les modernes se font honneur d'une découverte capitale, celle du monde des infiniment petits dans les sciences mathématiques et dans les sciences naturelles. Par malheur, deux formidables machines, l'algorithme du calcul infinitésimal et l'observation microscopique, compensent et au delà le mérite humain de la découverte. A cette hauteur d'impartialité qui fait acclamer et servir tous les dieux et toutes les puissances, tout cela vaut, sans contredit, et a son intérêt; mais que deviennent, à côté de ces profondeurs, les grandes interprétations humaines qui, ne quittant point la terre et les hommes retenaient dans leur giron les artisans obscurs, si naïvement eux-mêmes, et à qui Dieu avait départi leur part de génie et d'invention? Qu'il y ait des savants pour tous les mécanismes, cela est juste apparemment, puisqu'ils en tirent profit et considération; mais qu'ainsi armés et d'intervention pataude les savants prétendent à régenter les arts et guider les artistes, c'est ce qui répugne et qu'il est impossible d'admettre si l'on garde encore quelque respect pour la personne humaine.

Encore si toutes ces investigations si tendues et si ténébreuses restaient le secret du sanctuaire, peut-être qu'il s'en dégagerait à la longue, et par suite d'aménagements progressifs, quelques principes régulateurs qui, circonscrivant les spécialités et les spécialistes, les isoleraient les uns des autres et tous ensemble du monde vivant pour le plus grand bien des hommes. Mais il n'en va pas ainsi. Toutes ces notions aussitôt répandues dans le monde à grand renfort de journalisme se heurtent dans la tête des gens, et l'on conclut bien vite des rapprochements fallacieux qui en surgissent à l'énonciation formelle et doctrinale de prescriptions, de maximes destinées à régénérer les arts et les sciences. Il faut se mettre en garde contre ces rapprochements que l'on établit trop souvent entre les créations de la nature et les œuvres de l'homme, et ne point céder si aisément aux séductions que des esprits ingénieux et subtils en font ressortir. Ce n'est pas qu'il n'y ait au fond de ces rapprochements une part de vérité ; et il est bien vrai qu'on retrouve dans la dissection des êtres de la nature un grand nombre de particularités dont l'interprétation relève des notions de l'ordre et de la forme ; mais leur existence est si obscure ou subordonnée à des conditions si particulières et reconnue à l'aide de moyens si artificiels et si détournés, qu'elles sont pour les yeux de l'artiste comme si elles n'étaient pas. Quand donc, pour prendre un exemple dont nous avons été l'occasion, on établit un rapprochement entre l'aspect microscopique de certains tissus de quelques organes des plantes ou des animaux et les merveilleuses broderies de l'ornementation orientale, on ne fait autre chose que de se payer de mots, car il n'y a vraiment rien à tirer d'un rapprochement fallacieux établi entre deux choses aussi hétérogènes que sont les tissus anatomiques et les entrelacs de l'ornement : ici tout est splendeur et beauté ; là tout est petit et pauvre.

La notion de l'art est indépendante du phénomène psychologique de l'association des idées et des vagues images, tout autant qu'elle exclue l'état corrélatif du goût contemporain, qui fait rechercher et goûter avec tant d'avidité les sensations fines et ténues, délicates et distinguées, qui nous procurent les nuances charmantes et les formes fragiles de la flore mondaine des jardins et des appartements ; le chatoiement des pierreries taillées, le poli des bijoux d'or pâle et d'or de couleur, les observations microscopiques et les phénomènes de l'optique réalisés dans les expériences de laboratoire, etc. ; toutes ces sensations, enfin, affadissantes et distinguées, dont se repaissent si volontiers les gens du monde.

On ne remarque pas assez cet alanguissement du goût qui, coïncidant avec le désintérêt des émotions fortes et viriles, semble être la conséquence d'un appauvrissement réel de la vie, et qui, émoussant nos sens, les douerait, comme dans l'état de maladie, d'une acuité singulière pour percevoir et démêler les sensations infinitésimales. Tout cela est certainement grave et inquiétant et vaut qu'on s'y arrête. Le sens vrai de l'art est incompatible avec ces perversions séduisantes de l'esprit et du goût, tout autant qu'il exclut l'état de l'opinion qui prétend expliquer les grandes œuvres de l'humanité industrieuse et artiste à l'aide de la science des ingénieurs, des physiciens, des naturalistes... Toute cette science, que chacun de nous subit au printemps de la vie, despotisme anonyme de cerveaux solitaires et surmenés par une cogitation incessante, où nous mène-t-elle? et que vient-elle faire dans ce monde divin et de virilité plénière, où tant d'artisans — des barbares sans doute ? — ont laissé des traces de leur génie, où ils ont produit librement et par la seule expansion de la vie qui était en eux tant d'œuvres fortes et belles?

Dans cet ordre de choses déjà bien près de nous, dont on nous berce ou dont on nous menace, et qui confierait à des mandataires spéciaux et impersonnels la gouverne de l'activité humaine, que va devenir la personnalité et dans quelles limites devront se contenir les artisans et les artistes ? N'a-t-on pas déjà institué des écoles professionnelles et des cours à l'usage des ouvriers, où le dessin d'imitation, le dessin linéaire et les quatre règles sont considérés comme les fondements de leur initiation? Ne recommande-t-on pas avec insistance (en attendant la pression de l'autorité qui, selon le vœu des savants, doit contraindre) aux peintres d'étudier les phénomènes optiques de la lumière, et particulièrement les étonnantes élucubrations du savant M. Chevreul, aux sculpteurs de se nourrir, avant de rien mettre en œuvre, de la science innombrable des médecins, des anatomistes et des histologistes; les architectes, enfin, peuvent-ils être réputés aptes à toute besogne que leur titre comporte, s'ils n'ont pris leur brevet chez les ingénieurs et un permis d'exercer près de l'autorité ?

Espérons pourtant que l'on reviendra, ne fût-ce que par lassitude et désespérance, à plus de dignité, à plus de respect humain. La vie n'est pas là où s'aménage l'héritage des aïeux en vue d'une production économique : administrative ou marchande. La vie vraie est partout, naïve et originale chez les déshérités, elle se police et se raffine chez les grands : à ceux-ci la culture, les résolutions sages et mûries, la gouverne en un mot ; aux autres l'invention, le génie, la fougue exubérante. La satiété, le désintérêt, la distinction, tous termes équivalents au fond et qui racontent la misère dorée des hommes de science, des industriels, des fonctionnaires... de tous les patriciens du régime constitutionnel, enfin, que le prosaïsme et le machinisme de leurs fonctions isolent du monde chaud et vivant et de splendeur vraiment humaine de l'Art, de la Poésie, de la Philosophie.

SECTION QUATRIÈME.

LES DISPOSITIONS FIGURÉES.

155. Toutes ces dispositions ont un diagramme fini ; elles se répartissent en trois classes :

1º Les portions limitées de rangées, ces portions se trouvant limitées ou finies par l'intervention d'une ou de plusieurs des quatre conditions suivantes :

La directrice.

La figure-enveloppe.

La symétrie.

La déclination.

2º Les portions limitées de répartitions en surface, ou les groupements que limitent les deux conditions de la figure-enveloppe et de la symétrie.

3º Les dispositions figurées proprement dites, comprenant dans leur construction l'intervention des particularités suivantes :

Un diagramme de construction, déterminant le type.

La directrice.

La figure-enveloppe.

La symétrie.

La déclination.

La variation.

CHAPITRE I.

LES DISPOSITIONS LINÉAIRES.

156. Une portion quelconque d'une rangée marginale ou diamétrale ne constitue pas à proprement parler une disposition figurée : sa construction est celle de la rangée et sa forme-enveloppe une portion semblable de la forme indéfinie de la rangée ; il faut d'autres conditions restrictives et spéciales pour que cette portion devienne une disposition réellement finie et qui implique une unité ou un plan de disposition.

Les rangées possèdent :

1° Une directrice indéfinie, droite ou courbe ;

2° Une enveloppe-rectangulaire :

3° Un nombre indéfini de motifs ou d'éléments ;

4° Une succession uniforme.

En restreignant ces caractères et les limitant, on a :

1° Une directrice limitée, droite, arc, recourbée, anse, etc.;

2° Une forme-enveloppe finie ;

3° Un nombre limité d'éléments ;

4° Une succession déclinée.

Les conditions de symétrie et de conjugaison restent invariables dans les rangées et les dispositions limitées.

La directrice droite, étant limitée, a deux extrémités, un milieu virtuel ou centre de figure et des subdivisions symétriques de part et d'autre du milieu ; ou bien, à ne considérer la directrice que dans un seul sens, la droite a un commencement et une extrémité ou une fin, les subdivisions de l'intervalle étant graduées en progression et par la déclination des motifs qui se suivent. La droite, dans une seule direction, entraîne la parité d'un côté et de l'autre; la directrice devient un axe de symétrie. La droite, dans les deux directions, entraîne la symétrie pairement paire ou écartelée, l'axe longitudinal et l'axe transversal se coupant au centre de figure.

La forme-enveloppe, rectiligne ou curviligne, selon le caractère de la déclination, est une figure impaire, paire ou écartelée, diagonale ou contrariée. Cette forme-enveloppe est ouverte, et alors angulaire ou ovalaire, ou bien fermée, et alors rectangulaire, losange, ovalaire, etc.

L'ordre linéaire horizontal exige de la symétrie, c'est-à-dire un milieu connaissable et des ressemblances de part et d'autre. La contemplation de face exige essentiellement un milieu où, comme à un point fixe, on puisse rapporter tout ce qui se trouve d'un côté ou de l'autre. Selon le caractère de la disposition qui peut être un ornement ou une ordonnance monumentale, cet ordre linéaire est capable de la symétrie marginale ou de la symétrie écartelée, ou diamétrale; en outre, les extrémités y sont plus ou moins accusées. D'après cela, le diagramme dernier de cet ordre est la droite limitée, de symétrie écartelée, où il faut considérer un axe longitudinal, un axe transversal passant par le milieu, par suite ce milieu, et les deux extrémités.

Dans l'ordre vertical ou de haut en bas, c'est à la base que l'on rapporte la disposition, c'est le point fixe ou de départ. Il n'y a plus alors qu'une succession régulière de haut en bas, sans que l'esprit éprouve le besoin de penser au milieu idéal de la ligne. L'ordre linéaire vertical a donc pour diagramme dernier une droite considérée seulement suivant une direction unique et symétrique de chaque côté de la longueur.

Plus généralement et indépendamment de toute localisation de l'espace, ces deux espèces d'ordre peuvent être ainsi dénommées : 1º l'ordre linéaire symétrique ; 2º l'ordre linéaire continu, suivi, ou unilatéral.

La directrice étant un arc, c'est-à-dire une portion de circonférence, a, comme la droite, un milieu ou centre de figure (qu'il ne faut pas confondre avec le centre de courbure), des extrémités et des subdivisions symétriques, ou bien, comme la droite unilatérale, un point de départ et un point d'arrivée. La forme-enveloppe est une figure impaire ou paire, ouverte ou fermée, comme dans les colliers, les guirlandes, etc.

CHAPITRE II.

LES DISPOSITIONS PÉRIPHÉRIQUES.

157. Cette famille comprend toutes les dispositions rapportées aux contours des figures fermées. Ces contours sont des délinéations polygonales ou curvitales accidentées, particulièrement des polygones : 1° les quadrilatères, les rectangles, les losanges et le carré ont quatre sommets, quatre points milieux et des subdivisions symétriquement ordonnées entre les milieux et les sommets, ou entre les sommets seulement si les subdivisions sont en nombre impair. Le rectangle, selon la proportion de ses côtés, donne lieu à des dispositions variées : on peut considérer seulement les quatre sommets, puis les quatre milieux, ou deux milieux seulement, des grands côtés, par exemple, ou bien encore adopter une subdivision tripartite pour les grands côtés, et les milieux pour les petits, etc.; 2° le trigone, le carré, le pentagone, et, en général, tous les polygones centrés, ont des sommets, puis des milieux ou des subdivisions quelconques des côtés.

Les conditions de symétrie du polygone, la proportion relative des côtés dans le rectangle, limitent le choix que l'on peut faire des diverses variétés de la répétition (répétition, alternance, intercalence, période et récurrence), les portions de ces répétitions devant s'ajuster dans leur symétrie et leur nombre à la symérie qui peut cadrer avec la proportion relative des côtés.

CHAPITRE III.

LES DISPOSITIONS ORBICULÉES.

158. Ces dispositions sont rapportées aux contours curvilignes continus, et particulièrement aux oves, aux ovales et au cercle. Ces dispositions ont de plus que les précédentes un centre directeur réel ou imaginaire qui contraint et gouverne le contour ou la périphérie; elles ont de moins des sommets angulaires.

Toutes les rangées marginales et diamétrales, au lieu d'être construites par rapport à une directrice droite, peuvent l'être par rapport à une directrice circulaire, c'est-à-dire à une circonférence. Les rangées marginales suivies vont dans un sens ou dans l'autre; les rangées marginales droites ont leurs petits axes dirigés extérieurement ou du centre à la circonférence, ou au contraire dirigés intérieurement de la circonférence au centre, ces axes coïncidant dans tous les cas avec les rayons de la circonférence. Les rangées diamétrales suivies, paires ou alternes, diagonales ou contrariées, vont dans un sens ou dans l'autre. Les rangées diamétrales droites, écartelées, ou alternes, gironnées ou centrées, ont leur directrice rectiligne repliée suivant la circonférence, et l'axe perpendiculaire à cette directrice en coïncidence avec les rayons. En général, la circonférence délimite deux espaces, l'un en dehors, l'autre en dedans, et les rangées qui ont des axes pour chaque motif perpendiculaire à la directrice éprouvent une modification conforme à l'espace circulaire, c'est-à-dire que les axes, de parallèles qu'ils étaient, deviennent convergents ou divergents par rapport au centre directeur. Les rectangles qui inscrivent les motifs et qui sont segments de la bande, deviennent des trapèzes symétriques, segments de la couronne circulaire : c'est cette modification qui donne de l'unité aux dispositions orbiculées. D'autre part, cette unité est rendue plus complète par les particularités relatives au nombre et à la symétrie ; si l'on adapte à la circonférence l'une des répétitions variées, il faut, pour que la symétrie y soit complète, que le nombre des motifs de chaque répétition soit pair, et les nombres partiels de chacun des motifs également pairs : ainsi une portion d'alternance linéaire est symétrique si le nombre des éléments est impair, tandis que l'alternance circulaire sera impaire si le nombre est impair, et paire ou symétrique si le nombre est pair.

Partant immédiatement d'une circonférence, on peut être censé y reconnaître 1, 2, 4..., 8.... milieux ; on peut aussi en supposer 3, 6, 12.... ou davantage. Le cas d'un seul milieu est celui d'une bague ; deux milieux sont directement opposés et situés aux extrémités d'un diamètre ; quatre milieux aux extrémités de deux diamètres en croix ; six milieux aux extrémités de trois diamètres ou de six rayons, et ainsi de suite. On peut également subdiviser la circonférence en un nombre impair de milieux ou coupures, 3, 5, 7, etc.

Un seul milieu pour l'arc ou deux milieux différents, deux milieux pour l'ovale ou deux fois deux milieux différents, sont les premières divisions qui s'adaptent le plus naturellement et le plus simplement à la symétrie constitutive de ces figures.

CHAPITRE IV.

LES DISPOSITIONS RADIÉES.

159. Cette famille comprend toutes les dispositions à un centre directeur et qui ont pour forme - enveloppe les polygones réguliers et le cercle. Il faut distinguer deux variétés principales :

1º Les motifs étant orientés du centre à la circonférence, c'est-à-dire que la déclination d'à-plat des parties ayant lieu du centre à la circonférence, on a les dispositions étoilées ;

2º Les motifs composants étant déclinés de grandeur de la circonférence au centre, on a les dispositions rosacées.

Toutes les rangées peuvent être imaginées par rapport à un point : les dispositions orbiculées se resserrant de plus en plus dans le sens de la périphérie au centre, jusqu'à faire disparaître le vide compris dans l'intérieur de la disposition. Il y a une corrélation étroite, mais non absolument nécessaire, entre le nombre des motifs de la radiation et la ligne-enveloppe : une radiation tripartite ou ternaire pouvant être étoilée et circonscrite alors par un trigone, ou bien rosacée et circonscrite par une circonférence.

Tous les motifs composants sont le plus naturellement à symétrie paire ou partite ; si ces motifs étaient impairs ou asymétriques, on aurait une disposition particulière, la disposition révolvée, qui résulte aussi du chevauchement des motifs pairs les uns sur les autres et de proche en proche. Si les motifs étaient écartelés ou plus généralement centrés, on aurait plutôt une disposition orbiculée ou une disposition groupée si le nombre était petit.

Malgré l'analogie qui rapproche les rangées linéaires, les rangées circulaires ou les dispositions orbiculées et les rangées irradiées ou les dispositions radiées, il importe cependant de considérer celles-ci à part comme ayant un principe d'unité supérieur, celui du cercle. On peut considérer, dans le cercle : 1º le centre ; 2º l'à-plat ou le cercle ; 3º la limite circulaire ou la circonférence ; 4º les rayons qui vont du centre à la circonférence ou réciproquement de la circonférence au centre ; 5º la ligne circulaire, indépendamment de l'espace qu'elle délimite de part et d'autre. Toutes ces particularités et d'autres qui en découlent, étant considérées ensemble ou séparément, déterminent l'infinie variété des formes centrées : les dispositions étoilées, rosacées, imbriquées, orbiculées, révolvées, etc.

CHAPITRE V.

LES DISPOSITIONS PENNÉES.

160. Ces dispositions sont ordonnées par rapport à une ligne directrice, qui peut être droite, courbe ou recourbée. Tous les motifs composants se suivent parallèlement d'un côté et de l'autre, en s'articulant en des points successifs de la directrice, et en se correspondant d'un côté et de l'autre par symétrie droite ou oppositive et par symétrie alterne ou alternative. Ces motifs composants s'articulent sous des angles quelconques, mais le plus excellemment sous des angles aigus, ce qui détermine un principe d'unité générale; si les angles étaient droits, on aurait un centre d'écartèlement qui en général rompt l'unité parce qu'il introduit les deux axes horizontal et vertical, où doit dominer surtout la verticale; si les angles sont obtus, cela contrarie l'ordre vertical qui va le plus naturellement de bas en haut.

Une portion de rangée diamétrale paire, droite ou alterne, est à la rigueur une disposition pennée. Il y manque pourtant un caractère important : la déclination de grandeur des motifs composants; c'est cette déclination essentielle qui donne de l'unité à la disposition en la rendant finie d'indéfinie qu'elle était, et entraînant par suite une forme-enveloppe qui peut être une angulation rectiligne ou curviligne, ou bien une ovalation quelconque ouverte ou fermée.

Donc, en général, la disposition pennée est déterminée par une ligne directrice, une forme-enveloppe et le principe de la déclination qui s'applique à la grandeur des motifs, à leur inclinaison, à leur forme et à leur accentuation.

CHAPITRE VI.

LES DISPOSITIONS PALMÉES.

161. Les dispositions palmées résultent d'un syncrétisme ondoyant et variable des deux dispositions pennées et radiées; elles ont à la fois un point ou centre directeur et une directrice qui coexistent ensemble. La forme-enveloppe varie avec les coordonnées de disposition et avec les coordonnées de symétrie. Selon que la prolongation linéaire suivant la directrice, l'extension circulaire et l'élargissement en travers se combinent à des degrés divers, la forme-enveloppe est oblongue, circulaire ou ovalaire. Selon que la disposition est symétrique ou asymétrique, la forme-enveloppe est régulière ou irrégulière. Nous avons reconnu les dispositions étoilées à désinences centrifuges et les dispositions rosacées à désinences centripètes; de même nous reconnaîtrons les dispositions palmées à désinences angulaires et à plein intérieur et les dispositions palmées à désinences intérieures et à plein extérieur.

Les dispositions palmées sont impaires ou paires; dans ce dernier cas, la directrice est un axe, le point de départ un centre de rayonnement, et la figure-enveloppe un contour symétrique; ce contour, qui peut être quelconque, se spécifie cependant si l'on s'attache à la correction, à la beauté de la disposition : la figure-enveloppe est le plus excellemment une anse ou un ove.

Il faut distinguer trois variétés principales dans cette famille de dispositions :

1° Les dispositions digitées, où tous les motifs composants sont de même forme généralement rectiligne ; la déclination est relative seulement à la grandeur respective des motifs;

2° Les dispositions palmées proprement dites, où il y a déclination de grandeur, puis déclination d'accent, et enfin variation dans la forme des parties intégrantes ;

3° Les dispositions peltées, où les motifs composants se continuent au-dessous du centre de rayonnement ; dans ce cas, le point d'insertion ou d'exsertion est dans l'intérieur de la figure-enveloppe, celle-ci étant une figure polygonale, un ove ou un ovale, plutôt qu'une arquée ouverte ou une anse.

Deux autres variétés sont également comprises dans cet ordre de dispositions, savoir : 1° les dispositions palmées impaires qui n'ont point d'axe de symétrie rectiligne, mais une directrice imaginaire de chaque côté de laquelle les motifs obéissent à une même déclination ou à deux déclinations différentes ; 2° les dispositions étalées ou les acanthes qui possèdent un axe de symétrie et un centre imaginaire, les motifs intégrants étant écartés par le pied, quoique convergents idéalement. C'est le diagramme de toutes les feuilles d'acanthe de l'ornementation.

Les dispositions palmées impaires sont, au fond, des dispositions recourbées dont on aurait rapproché tous les branchements en un seul point.

CHAPITRE VII.

LES DISPOSITIONS RECOURBÉES.

162. Les dispositions recourbées participent de la disposition pennée et de la disposition palmée ; elles sont réalisées par l'articulation des motifs suivant une directrice recourbée. Ces dispositions n'ont point d'axe de symétrie ni de centre proprement dit. Nous avons vu que la crosse ou la recourbée entraînait deux formes corrélatives d'à-plat, l'une où l'espace va déclinant depuis le départ jusqu'à la recourbée, l'autre où l'espace va déclinant dans le sens de la désinence au départ. En supposant une recourbée réelle, cette directrice se subordonne les motifs d'un côté ou de l'autre, ou des deux côtés à la fois, et la déclination des motifs ayant lieu du départ au sommet, ou au contraire du sommet au départ, on a six dispositions principales, savoir :

1⁰ Les motifs articulés dans la convexité de la directrice et déclinés dans un sens ou dans l'autre ;

2⁰ Les motifs articulés dans la concavité de la directrice et déclinés dans un sens ou dans l'autre ;

3⁰ Enfin les motifs articulés de part et d'autre de la directrice et déclinés dans un sens ou dans l'autre.

Suivant que la recourbée s'enroule plus ou moins, on a les dispositions recourbées, longues, et les dispositions recercelées, rondes.

CHAPITRE VIII.

LES DISPOSITIONS RAMIFIÉES.

163. Partant des délinéations polygonales déclinées ou d'un simple trait, et répétant symétriquement les branchements successifs, on a les dispositions ramifiées ou rameuses, extrêmement variées, et plus ou moins simples ou plus ou moins composées, suivant le mode de symétrie et le nombre uniforme ou progressif des parties successives. A cette classe de dispositions

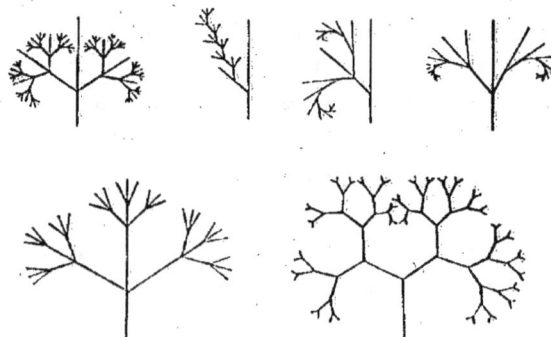

Fig. 244.

se rattachent les nervures des feuilles ou les subdivisions des feuilles composées, les figurations planes des arbres, les dendrites des minéraux, etc.

L'unité essentielle de cette famille de dispositions consiste

dans la déclination en grandeur et en nombre des parties intégrantes qui branchent successivement et indéfiniment les unes
sur les autres. Cette ramification déclinée a pourtant une fin
actuelle, bien que l'on puisse concevoir une succession indéfinie. Le nombre des parties composantes, quand il y a parité,
croît en progression géométrique, c'est-à-dire très-rapidement,
et c'est ce qui détermine des dispositions ou des motifs finis,
contrairement à l'indéfinité inhérente à la notion métaphysique
de progression. C'est ainsi qu'il faut distinguer la droite physiquement terminée d'avec la droite métaphysique, qui, de sa nature,
est sans fin ; telle recourbée déterminée d'avec la notion métaphysique de recourbure, celle-ci étant également sans fin, etc.
En un mot, il faut distinguer la terminaison physique d'avec
la terminaison théorique. Les figures fermées, comme les polygones, le cercle, les ovales, etc., ont une limite à la fois théorique et physique.

CHAPITRE IX.

LES DISPOSITIONS GROUPÉES.

164. L'unité essentielle de ces dispositions est dans le diagramme de la disposition : les motifs étant généralement distincts et nettement isolés les uns des autres. Ici il faut entendre que les motifs sont distincts et isolés par leur nature propre, et non pas seulement quant à la situation relative qui comporte les parties détachées, contiguës ou superposées.

L'unité du motif intégrant prime l'unité du groupement et en reste généralement distincte : ce qui n'empêche pas l'articulation des parties les unes par rapport aux autres, ou toutes ensemble par rapport à un diagramme figuratif. Les paires et les groupements des feuilles dans les rameaux, les dispositions des meubles sur le champ de l'écu dans les armoiries, etc., appartiennent à cette classe.

165. En limitant à ce petit nombre les dispositions figurées, nous avons défini, au moins théoriquement, les modes de dispositions essentiels et fondamentaux, ceux que l'on retrouve dans toutes les ornementations de toutes les époques et de tous les styles.

Ce sont là des définitions importantes et qu'il faut se mettre en l'esprit. Soumises à tous les modes de composition, c'est-à-dire combinées les unes avec les autres, par voie de syncrétisme, de combinaison, de conjugaison, d'articulation, etc., elles déterminent une multitude de dispositions qui appartiennent aux objets naturels et aux ornements.

Soit, par exemple, les dispositions palmées. Cette famille de dispositions comprend six variétés : 1º les dispositions palmées-recourbées, où toutes les parties développées suivant une recourbée plus ou moins longue ou brève ont leurs points d'insertion ou d'exsertion très-rapprochés et même confondus en un seul : ce sont les palmettes impaires ou asymétriques ; 2º les dispositions palmées-radiées ont toutes leurs parties articulées en un point et se développent circulairement par voie de radiation, comme la fleur de lotus de l'ornementation égyptienne ; 3º les dispositions palmées-pennées ont toutes leurs parties articulées sur un axe plus ou moins long, non plus parallèlement, mais avec une propension plus ou moins accusée à la convergence ou à la palmation, comme dans les nervures de beaucoup de feuilles ; 4º les dispositions palmées-branchées ont leurs parties qui branchent successivement les unes sur les autres, l'articulation a lieu successivement au lieu d'être confondue en un seul point comme dans les dispositions palmées-radiées ; 5º les dispositions palmées-groupées ont leurs parties nettement distinctes, détachées, contiguës ou superposées, mais articulées en un point, comme les groupes de feuilles dans les branches de laurier ; 6º enfin les dispositions palmées ou les palmettes proprement dites. Dans les dispositions précédentes, nous avons eu égard surtout aux circonstances du groupement ou de l'articulation des parties ; cette marche synthétique, ou par voie de composition, engendre une forme-enveloppe dérivée harmoniquement. A l'inverse, partant des deux conditions essentielles de la palmation, savoir : un point directeur et un axe de prolongation, subordonnées à l'à-plat ovalaire, on obtient, par voie d'analyse ou de décomposition, les lignes harmoniques de l'à-plat, et par suite le diagramme essentiel de la palmette (pag. 109).

SECTION CINQUIÈME.

LES DISPOSITIONS COORDONNÉES.

166. Cet ordre comprend toutes les dispositions rapportées à l'étendue superficielle des figures planes, et à la superficie des formes solides définies.

Toutes les surfaces planes à contour rectiligne, qui n'ont point de centre de radiation, telles que les rectangles, les losanges, le carré, etc., sont des portions limitées de dispositions multipliées ; à ce titre, ce sont bien des dispositions finies, mais finies physiquement plutôt que finies harmoniquement, puisqu'elles n'ont point d'autres lignes harmoniques que les coordonnées naturelles du plan. Mais ces surfaces sont aussi des figures qui ont un contour, des diagonales, des médianes, des centres successifs, des figures inscrites, etc., et c'est par ces lignes harmoniques à la forme que ces polygones donnent lieu à des dispositions coordonnées, finies ; tels sont les diagrammes des tapis, des panneaux d'encadrement, des parements, etc.

Les polygones à dominante circulaire ont un contour, des axes de radiation, des figures inscrites et dérivées et un centre propre qui gouverne tout le système. Les diagrammes des polygones sont les analogues des diagrammes du cercle qui se réduisent à deux principaux :

1° Le réseau centré, déterminé par des circonférences con-

centriques recoupées par des rayons irradiant du centre. Le
cercle est alors subdivisé en mailles trapézoïdales, à côtés parallèles courbes. Ce réseau est l'analogue du réseau plan à
maille quadrangulaire ou quadrilatère ;

2° La circonférence du cercle étant subdivisée en parties
égales, on a une série de points disposés circulairement, c'est-à-
dire une disposition orbiculée ; si l'on décrit successivement
d'autres circonférences subdivisées dans le même rapport, et
que les points de subdivision se correspondent directement, ou
en alternant, on obtiendra finalement une répartition de points
harmoniques à l'à-plat du cercle. Joignant ces points obliquement, on a un réseau losange ; les joignant circulairement, on
a finalement un réseau trillé qui est l'analogue du réseau plan
trillé.

Dans tous ces réseaux, on peut mener de plus les diagonales
des mailles ; ce qui conduit à distinguer trois sortes de files :
1° les files circulaires, 2° les files radiées, 3° les files spirulaires ou diagonales. Tels sont les fondements essentiels des
dispositions coordonnées du cercle et des polygones réguliers,
et, comme on le voit, l'analogie est des plus complètes entre
le plan et le cercle.

167. Tous les corps solides sont terminés par des surfaces
planes ou par des surfaces courbes, ils possèdent donc un réseau qui est harmonique à chaque espèce de surface. Ces surfaces appartiennent à des corps polyédriques ou ronds, c'est-à-
dire à des corps épannelés, tournés, arrondis, infléchis, etc.

Les surfaces épannelées, construites régulièrement, sont les
surfaces prismatiques, illimitées linéairement, les surfaces pyramidales, limitées d'un côté, et les surfaces polyédriques rapportées à un point intérieur ou à des axes limités. Les parties de
ces surfaces sont les quadrilatères, les triangles et les polygones ;
chacune de ces parties emporte avec elle, isolément ou conjointement avec les autres, la disposition qui lui est propre, et
qui subséquemment est une partie de la disposition totale. Il

s'ensuit qu'en général, le réseau harmonique du prisme est uniforme et l'un quelconque des réseaux plans ; le réseau harmonique de la pyramide est décliné conformément à la déclination totale, et l'un quelconque des réseaux des polygones centrés ; les polyèdres, étant des formes discontinues, n'ont point en surface de continuité collective ni, par conséquent, de réseau qui s'y adapte ; les points remarquables sont ceux des faces, c'est-à-dire les sommets, les centres, les arêtes, etc.

Les formes arrondies en général, et régulièrement construites, ont des lignes de courbure ou de répartition qui leur sont propres et harmoniquement conjointes. Ces lignes de répartition sont au fond les mêmes que celles du plan, mais modifiées en raison de la continuité et de la courbure inhérentes à la forme corporelle.

Les réseaux plans sont indéfinis, et leurs mailles sont égales qui ont même forme et réparties uniformément en tous les points du plan.

Les réseaux centrés et circulaires sont définis, leurs mailles vont en déclinant par anneaux concentriques et régulièrement tout à l'entour du centre. Cette déclination est simple et modifie seulement la grandeur des mailles sans rien changer à leur forme.

Les réseaux des surfaces arrondies sont définis et leurs mailles déclinées en raison composée avec les deux systèmes de courbure des surfaces. Les parties de surfaces délimitées par les lignes de répartition, au lieu d'être planes comme dans le plan et le cercle, sont courbes, suivant la courbure corporelle des formes solides. Les lignes de répartition sont des droites, des cercles, des recourbées ou des hélices. Appliquons maintenant ces considérations à quelques genres de surfaces :

1º Le *cylindre* étant développable, sa surface est une portion de plan, par conséquent ses lignes de répartition sont de trois espèces, savoir : les verticales, qui sont des lignes droites parallèles entre elles ; les horizontales, qui sont des circonférences; enfin les obliques ou diagonales, qui sont des hélices ou des lignes volubiles uniformes. Il s'ensuit que les dispositions sériées ont lieu sur le cylindre : 1° par files suivant les droites, 2° par verticilles ou anneaux suivant les cercles, 3° enfin par hélicules ou spirales suivant les hélices. Les dispositions réparties sont d'ailleurs identiques aux dispositions réparties planes.

2° Le *cône* est développable et sa surface est une portion de cercle ; les lignes de répartition sont des droites convergentes, des cercles et des hélicules déclinées. Les dispositions sériées qui seraient rapportées à ces lignes au lieu d'être uniformes comme dans le cylindre, seraient déclinées conformément à la déclination du cône. Les dispositions réparties sont identiques à celle du cercle.

3° Les *surfaces sphéroïdales* ou bombées. La sphère n'est pas développable ; mais sa courbure étant uniforme, les lignes de répartition y déterminent des réseaux uniformes, analogues à ceux du plan. La sphère, non plus que les polyèdres réguliers, ne peuvent être des formes esthétiques. Ce sont des unités entières et rigoureusement invariables sur lesquelles l'art humain n'a point de prise. L'art, en effet, intervient seulement alors qu'il s'agit de faire un choix entre ce qui, ondoyant et mobile, peut être traduit bien ou mal, ou bien encore, il intervient comme gouverne pour guider à faire bien ce qui peut être fait bien ou mal. La sphère n'a point de sens à l'égard de l'homme ; elle est tout entière arrêtée en soi et par rapport à un point intérieur ; seules les portions de sphère ou les sphères ajustées physiquement tombent dans le domaine de l'art. D'après cela, il n'y a point de dispositions qui ressortissent de la sphère conçue dans sa totalité.

Les formes bombées, régulièrement construites, sont des formes tournées ou de révolution, qui ont un axe et un ou plusieurs ombilics ou points imaginaires, où se coupent les lignes de répartition ou les lignes de courbure spécifiques. Toutes les

formes bombées sont des formes déclinées, non plus de déclination simple comme le cône, ou de déclination conventionnelle
comme la sphère ou la calotte sphérique, mais de déclination
variée conformément à la progression du solide, suivant les recourbées ou les anses génératrices.

Ces formes, participant de la sphère, du cylindre et du cône,
ont, comme celles-ci, trois sortes de lignes de répartition, savoir :
les recourbées verticales, les cercles, oves ou ovales horizontaux, et les hélicules diagonales. Les lignes de répartition déterminent des réseaux tout à fait analogues aux réseaux plans et
aux réseaux du cône ; seulement, à la différence de ceux-ci, la
déclination y est composée et participe de la recourbée génératrice.

Le réseau circulaire ou centré, obtenu par la projection des
réseaux des surfaces bombées, est analogue à celui du cône,
sauf que la déclination qui relie les circonférences concentriques suit la loi des abscisses de la recourbée génératrice.

Les formes ovalaires, ovoïdes, etc., ne diffèrent point quant
aux lignes et aux réseaux de répartition. Les dispositions sériées
et multipliées s'adaptent également aux unes et aux autres.

4° Les *surfaces infléchies*. Les lignes de répartition sont identiques aux précédentes ; la seule différence consiste en ce que
ces lignes, imaginées abstraitement, ont des courbures opposées.

168. Toutes les dispositions indéfinies de la première classe
ont donc leurs analogues dans toutes les dispositions que l'on
puisse adapter à des formes ou à des surfaces définies. Tout
comme pour les réseaux plans, on peut distinguer dans les répartitions de ces formes les points de croisement, les lignes et les
mailles ou éléments superficiels, et l'ornementation des surfaces
est au fond la même que l'ornementation plane.

La rigueur logique et artificielle exigerait que l'on soumît les
dispositions coordonnées en surfaces aux tracés méthodiques de
la géométrie, et c'est ce qui arrive en effet dans les construc-

tions architectoniques et dans la fabrication des objets mobiliers des modernes ; aussi quelle froideur, quelle sécheresse, et
combien sont ennuyeuses toutes ces productions d'un labeur
sans fin ni trêve !

Mais au vrai, et ainsi qu'en témoignent les arts mobiliers et
l'architecture du temps passé, une forme définie est immédiatement décorée ou ornée, sans qu'il soit nécessaire d'y faire
intervenir explicitement les constructions graphiques conformes
aux exigences de la géométrie scientifique. Si l'on s'astreint à
passer par ces tracés méthodiques et à les adapter en toute
rigueur aux formes ouvrées quelconques, on renonce par cela
même à faire œuvre d'artisan, on élabore seulement un produit industriel, qui ne vaudra jamais ni la peine qu'il a coûté,
ni le déploiement de forces qu'il a exigé ; or, ne valant même
pas cela, que vaut-il ?

C'est seulement pour être complet, et pour ne rien oublier
dans la classification des formes et des dispositions, que nous
sommes entré dans les explications laborieuses qui précèdent.
Toutes les formes définies, tous les types géométriques auxquels on rapporte mentalement les formes ouvrées, étaient
connus bien avant l'invasion du pédantisme scientifique. La
raison en est simple, toutes ces choses sont faciles et claires, et
il n'est point d'artisan qui ne les possède naturellement et de
premier instinct, car elles sont l'objet des premières aperceptions formelles de l'homme, qui s'y arrête non pour les concevoir, mais seulement pour les analyser et les construire.

C'est une singulière entreprise que celle qui est tentée par les
professeurs de géométrie, lorsque, avec un aveuglement stu-
pide, ils s'efforcent de substituer leurs idées lourdes et alambi-
quées à cet instinct si sûr, si prompt et si artiste qui est le génie
propre de l'artisan. Il ne faut pas perdre de vue le contraste
étrange et cette comédie bizarre de deux êtres humains que le
hasard des institutions modernes a mis en contact : l'un, le géomètre, étroit et important, dogmatisant et ratiocinant avec une

insistance qui entête devant l'autre, un pauvre diable d'artisan, qui, tout ahuri de tant de profondeur, perd à tout jamais
la sainte et virile confiance, et se résigne, dans son humilité
grande, à n'attendre plus désormais que du dehors une impulsion qui l'anime et le guide.

Qu'on y réfléchisse pourtant : ce ne sont point les hommes
qu'il faut contraindre par la discipline et la coercition à apprendre les sciences et leur vocabulaire spécial ; c'est bien au contraire aux savants, aux professeurs, à tous ceux enfin qui, au
nom de leur science acquise et reconnue conforme, entrepren-
nent sur l'intelligence des autres, à s'amender, à s'assouplir, à
s'humaniser enfin jusqu'à rendre en bonne et due forme au
fond commun les matériaux qu'ils en ont tirés, pour les développer peut-être, mais certainement en les dénaturant.

SECTION SIXIÈME.

LES DISPOSITIONS CONSTRUITES.

169. Les dispositions de cet ordre résultent de la juxtaposition d'éléments solides définis, soit que ces éléments aient une forme déterminée en raison du groupement qu'on en doit faire, comme dans les formes assemblées et bâties, soit qu'au contraire la disposition coordonnée résulte du groupement des éléments distincts, comme dans les cristaux, les arborescences, etc.

En général les agglomérations, les groupements et les constructions d'un nombre quelconque d'objets ou de matériaux distincts, rapprochés les uns des autres, déterminent des dispositions définies, moyennant une ou plusieurs des conditions suivantes : 1° Le nombre des objets est limité. 2° Les objets ont des formes définies et corrélatives d'un objet à l'autre. 3° Une loi supérieure et obscure détermine le groupement comme dans la cristallographie, ou l'organisation comme dans les êtres vivants, plantes ou animaux. 4° Enfin la volonté et la puissance de l'homme mettent en œuvre des matériaux juxtaposés intégralement ou après une modification ou appropriation préalable.

Toutes les dispositions de cette classe ne sont point des

résultantes théoriques; elles ne découlent point naturellement
des conditions abstraites de l'ordre dans l'espace ou de l'ordre
à trois dimensions. On ne peut donc, sans pécher contre l'ordre philosophique, rattacher toutes ces dispositions à des principes rationnels et logiques, qui n'ont point dans ce cas la vertu
opérative de les solliciter ou de les construire. Ces dispositions relèvent naturellement de ces élaborations supérieures
qui font l'objet des arts et métiers et de l'art monumental.

Parmi les dispositions de cette classe, qui relèvent plus particulièrement de l'art, on peut citer les dispositions verticillées
des rosaces ou des fleurs en ronde bosse, les branchements des
lampadaires, les stalactites de l'art oriental, etc.

L'arrangement des feuillages, des rameaux, des bouquets,
des gerbes, des guirlandes, des couronnes, etc., rentre nécessairement dans cet ordre de dispositions, mais il serait fort
pédantesque de prétendre reconnaître dans toutes ces créations
ingénieuses et élégantes un plan de construction, un diagramme préconçu qui assimilerait ces décorations fleuries et
naturelles soit à l'ornementation monumentale, soit à l'ornementation décorative et mobilière. Ces premières inventions,
écloses au sein de la nature, sont encore si près d'elle que l'art
les recommence en les traduisant par le dessin, le relief ou la
couleur.

QUATRIÈME PARTIE

DÉVELOPPEMENTS ET RÉFÉRENCES.

CHAPITRE I.

LES COMBINAISONS.

170. L'idée abstraite de combinaison, très-générale et très-simple, envisagée dans sa pureté abstraite, donne lieu à une théorie purement rationnelle, qui a des connexions avec les sciences mathématiques et avec les sciences logiques et des applications particulières dans la grammaire générale, dans la partie morphologique des sciences naturelles, etc. En particulier, cette théorie se lie étroitement à toute la partie logique ou purement rationnelle de l'architectonique.

A l'idée générale et indépendante de combinaison correspondent les signes, les notations et les formules de la science des nombres. Ces formules n'expriment rien autre que des faits de nombre, indépendamment de la nature des objets combi-

nés et indépendamment aussi de la manière dont ils sont combinés.

Alors qu'il s'agit de combiner des figures ou des formes,
immédiatement la nature de ces objets, leur construction, leur
symétrie, etc., prédominent, et les faits généraux de la théorie
des combinaisons n'entrent plus pour rien dans les faits particuliers et localisés; ils n'y sont plus d'aucun secours, et, au
vrai, appartiennent à une autre sphère de la spéculation.

En associant à l'idée pure de combinaison les idées spéciales
et locales, d'ordre, de situation, de régularité, de symétrie, de
disposition, etc., et en rattachant toutes ces idées à des figures
rudimentaires, on peut engendrer un nombre indéfini de figures ou de dispositions. Ce mode de génération, pour ainsi dire
mécanique, et où l'intuition, l'invention, l'imagination créatrice
n'entrent plus pour rien, offre cependant quelque intérêt. Cette
théorie nous a été d'un grand secours, et c'est par elle que nous
croyons être arrivé à démêler une grande partie des notions
fondamentales qui font l'objet de ce livre.

Le lecteur ainsi averti pourra se dispenser de recommencer
à nouveau un travail laborieux et qui n'est point sans danger.
La pauvreté du point de départ, la médiocrité des résultats, et
par-dessus tout cela la perverse influence d'une procréation
qui marche pour ainsi dire d'elle-même, ne laissent pas que de
causer quelque trouble dans l'imagination. Il faut passer rapidement sur toutes ces choses et rentrer au plus vite dans les formes et les ornementations vraies, là où s'épanouissent toutes
les grandeurs et toutes les séductions de l'art.

171. Toutes les délinéations se réduisent à trois éléments linéaires : la droite à symétrie écartelée, l'arc à symétrie paire,
et la recourbée asymétrique ou impaire. Un motif écartelé
occupant quatre positions principales, la droite sera posée horizontale, verticale, oblique à droite et oblique à gauche ; un
motif pair occupant huit positions principales, l'arc sera posé
par son axe suivant la croix et le sautoir de position ; enfin

un motif pair occupant seize positions principales, la recourbée donnera lieu à seize positions, dont huit principales.

Adoptant comme motif l'arc et l'enroulement, et en fixant les positions par rapport à la diagonale du carré qui les inscrit, on aura pour les quatre positions de l'arc la fig. 245, et pour les huit positions de l'enroulement la fig. 246. Le diagramme littéral de ces figures donne les quatre lettres *a, b, c, d* à combiner pour l'arc, et les huit lettres *a, b, c, d, e, f, g, h* à combiner pour l'enroulement.

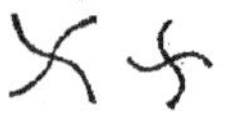

Fig. 245.

$$\frac{a \mid b}{d \mid c}$$

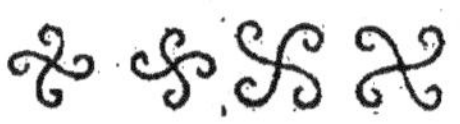

Fig. 246.

$$\frac{a \mid b}{d \mid c} \qquad \frac{e \mid f}{h \mid g}$$

I. — COMBINAISONS DEUX A DEUX OU CONJUGAISONS.

172. Quatre lettres combinées deux à deux donnent six combinaisons différentes *ab, ac, ad; bc, bd; cd,* quatre répétitions *aa, bb, cc, dd,* et six permutations *ba, ca, da, cb; db, dc,* soit un total de seize combinaisons. Ces combinaisons abstraites traduites par des conjugaisons de l'arc inscrit au carré, seront figurées par la juxtaposition deux à deux de carrés contenant chacun une position de l'arc, et l'on obtiendra les figurations suivantes :

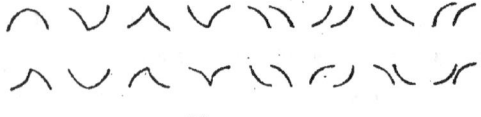

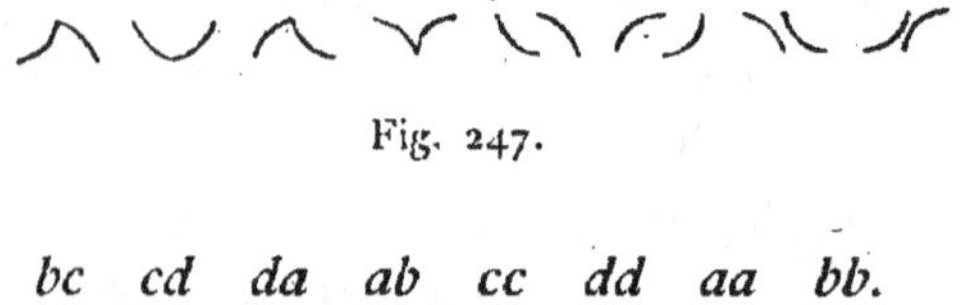

Fig. 247.

bc   cd   da   ab   cc   dd   aa   bb.
dc   ad   ba   cb   ac   bd   ca   db.

Ces seize figures se réduisent à six motifs distincts :

Un motif (*aa, bb, cc, dd*) impair et suivi.

Un motif (*ab, cd, ba, dc*) contrarié.

Un motif (*bc, ad*) pair et à retour.

Un motif (*da, cb*) pair et à retour.

Un motif (*ac, bd*) diagonal.

Un motif (*ca, db*) diagonal.

Les quatre autres positions, où l'axe de symétrie de l'arc serait posé suivant la verticale et l'horizontale, donneraient également seize combinaisons. Enfin les huit positions donneraient, combinées deux à deux, soixante-quatre figures. Au lieu de combiner directement les quatre positions de la droite, on peut en obtenir les figurations en substituant simplement les droites à la place des arcs dans les combinaisons précédentes.

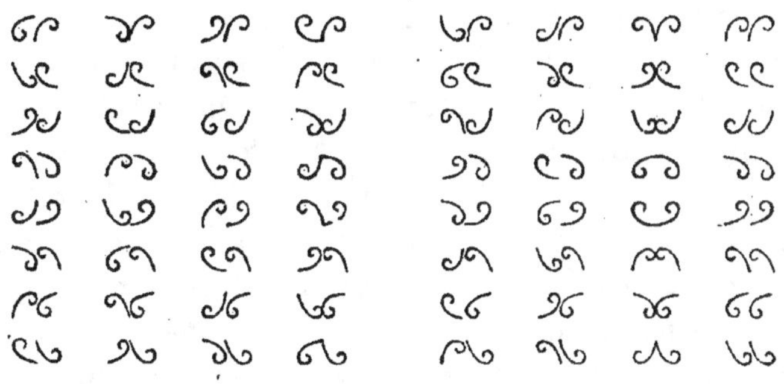

Fig. 248.

173. Huit lettres, *a, b, c, d, e, f, g, h*, combinées deux à deux, donnent vingt-huit combinaisons différentes : *ab, ac, ad, ae, af, ag, ah; bc, bd, be, bf, bg, bh; cd, ce, cf, cg, ch; de, df, dg, dh; ef, eg, eh; fg, fh; gh;* vingt-huit permutations : *ba, ca, da, ea, fa, ga, ha, cb, db, eb, fb, gb, hb, dc, ec, fc, gc, hc, ed, jd, gd, hd, fe, ge, he, gf, hf, hg;* et huit répétitions, soit un total de soixante-quatre combinaisons, qui se réduisent à vingt-huit motifs distincts, savoir :

Un motif (16 figurations) asymétrique, irrégulier et impair.

Un motif (*aa, bb, dd, ee, ff, gg, hh*) (2 figurations) impair et suivi.

Un motif (*fa, eb, hc, gd*) (4 figurations) pair et à retour.

Un motif (*ca, db, ac, bd*) (4 figurations) diagonal.

Un motif (*ha gb*) (2 figurations) contrarié.

Les deux motifs impairs et suivis sont analogues comme forme, ainsi que les deux motifs contrariés ; cependant ils restent distincts sans qu'on puisse les ramener à se confondre par retournement, transport ou rotation.

Les huit autres positions où les motifs seraient disposés suivant la verticale et l'horizontale (fig. 246) donneraient également soixante-quatre combinaisons ; enfin les seize positions combinées deux à deux donneraient deux cent cinquante-six combinaisons. Tous ces nombres ne signifient pas grand'chose, et il faut bien se garder de conclure de la *quantité* de combinaisons à leur *qualité*, on se tromperait lourdement.

Au lieu de combiner directement les huit positions d'un motif impair, on pourrait substituer, dans toutes les combinaisons de l'arc, des enroulements aux arcs ; chacune de ces combinaisons donnerait lieu à quatre combinaisons nouvelles. Il va de soi que les deux motifs intégrants, dont les positions réciproques déterminent les conjugaisons, peuvent occuper des situations réciproques diverses, pouvant être détachés, contigus ou intersectés, ce qui modifie la figure quant à l'image seulement.

II. — COMBINAISONS TROIS A TROIS.

174. Les combinaisons trois à trois offrent d'un côté et de l'autre, si les trois éléments sont alignés, toutes les combinaisons deux à deux sans particularité nouvelle. Mais si toutes ces combinaisons sont ordonnées, construites ou plutôt contraintes

suivant un diagramme préconçu, on a des figures fermées ou
ouvertes, régulières ou irrégulières, symétriques ou asymétriques. Mais alors il ne peut plus être question d'inscrire nécessairement les éléments dans un carré, car cette condition
elle-même limite encore le nombre des combinaisons. Les com-

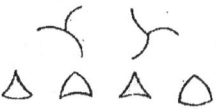

Fig. 249.

binaisons par trois sont régulières en général lorsqu'elles sont
construites par rapport à un centre (fig. 249).

Mais tout cela n'a guère d'intérêt, en ce sens du moins, et
c'est seulement l'*habitude arithmétique* de l'esprit qui suggère
l'idée de combiner par trois après qu'on a combiné par deux.
Cette propension est artificielle et n'a rien de fondé en raison.

III. — COMBINAISONS QUATRE A QUATRE OU QUADRIPARTITIONS.

175. Si l'on combine à leur tour et deux à deux les conjugaisons, on obtient des combinaisons composées, mais qui ne
présentent rien de particulier, si les éléments sont alignés.
Si les quatre éléments combinés sont groupés en carrés, on
obtient, au contraire, des motifs particuliers et des figurations
originales.

Les seize conjugaisons du n° 172, conjuguées deux à deux,
ou les quatre éléments *a, b, c, d,* combinés quatre à quatre,
donneront également deux cent cinquante-six quadripartitions,
qui se réduisent à quarante-trois motifs différents et se répartissent suivant leur forme en six groupes. Le premier groupe
comprend les figures composées de deux parties distinctes,

chacune d'elles étant une conjugaison contiguë. Le second comprend les figures composées de trois parties distinctes, deux de un élément, la troisième de deux éléments contigus. Le troisième comprend les figures composées de deux parties, l'une de un élément, l'autre de trois éléments contigus en un point. Le quatrième comprend les figures composées de deux parties, l'une de un élément, l'autre de trois éléments contigus linéairement. Le cinquième comprend les figures de quatre éléments contigus en un point. Le sixième enfin comprend les figures de quatre éléments contigus linéairement.

Ier Groupe. — Motifs 2-2.

Cette classe comprend soixante-quatre figures et dix motifs différents (fig. 250) :

$$\frac{a\,|\,a}{b\,|\,b} \quad \frac{b\,|\,b}{a\,|\,a} \quad \frac{b\,|\,b}{c\,|\,c} \quad \frac{d\,|\,b}{a\,|\,c} \quad \frac{a\,|\,d}{c\,|\,b} \quad \frac{b\,|\,c}{d\,|\,a} \quad \frac{d\,|\,a}{d\,|\,c} \quad \frac{a\,|\,a}{b\,|\,d} \quad \frac{a\,|\,b}{a\,|\,d} \quad \frac{d\,|\,b}{a\,|\,a}$$

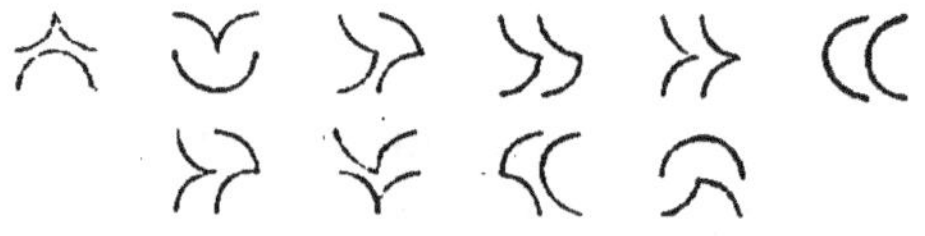

Fig. 250.

Les deux premiers motifs sont pairs et suivis : 8 figures.
Le troisième motif est impair et suivi : 8 figures.
Le quatrième est contrarié et impair : 8 figures.
Le cinquième et le sixième sont pairs : 8 figures.
Les quatre derniers motifs sont impairs : 32 figures.

IIe Groupe. — Motifs 1-2-1.

Cette classe comprend trente-deux figures et sept motifs différents (fig. 251) :

$$\frac{a\,|\,a}{a\,|\,a} \quad \frac{a\,|\,c}{a\,|\,a} \quad \frac{a\,|\,c}{c\,|\,a} \quad \frac{a\,|\,a}{c\,|\,a} \quad \frac{a\,|\,a}{c\,|\,c} \quad \frac{a\,|\,c}{a\,|\,c} \quad \frac{a\,|\,a}{a\,|\,c}$$

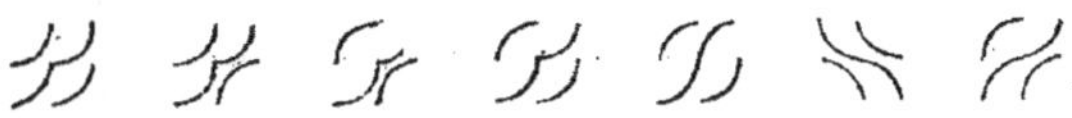

Fig. 251.

Les quatre premiers motifs sont pairs obliques : 16 figures.
Le cinquième et le sixième sont diagonaux : 8 figures.
Le dernier est impair : 8 figures.

IIIe Groupe. — Motifs 3-1.

Cette classe comprend soixante-quatre figures et huit motifs (fig. 252).

$$\frac{a\,|\,a}{b\,|\,a} \quad \frac{a\,|\,c}{b\,|\,a} \quad \frac{a\,|\,a}{b\,|\,c} \quad \frac{a\,|\,c}{b\,|\,c} \quad \frac{a\,|\,b}{c\,|\,a} \quad \frac{a\,|\,b}{a\,|\,a} \quad \frac{a\,|\,a}{d\,|\,c} \quad \frac{a\,|\,c}{d\,|\,c}$$

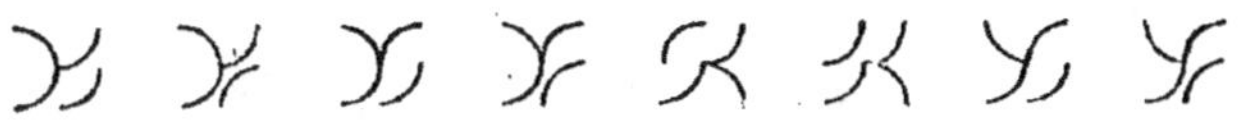

Fig. 252.

Les huit motifs sont impairs et donnent lieu conséquemment à soixante-quatre positions ou figures.

IV· Groupe. — Motifs 3-1.

Cette classe comprend soixante-quatre figures et huit motifs (fig. 253) :

$$\frac{a \mid a}{c \mid b} \quad \frac{a \mid a}{a \mid b} \quad \frac{c \mid a}{a \mid b} \quad \frac{a \mid a}{a \mid d} \quad \frac{c \mid a}{a \mid d} \quad \frac{a \mid a}{c \mid d} \quad \frac{c \mid c}{a \mid b} \quad \frac{a \mid c}{a \mid d}$$

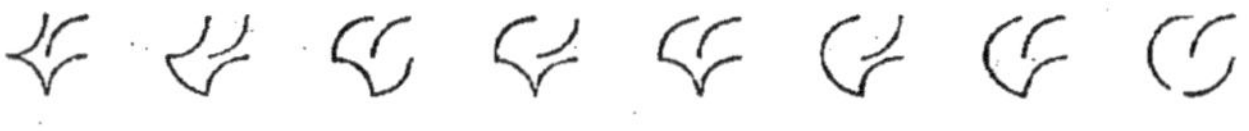

Fig. 253.

Les huit motifs sont impairs et donnent lieu chacun à huit positions ou figures, soit un total de soixante-quatre figures.

V· Groupe. — Motifs 4.

Cette classe comprend seize figures et quatre motifs différents (fig. 254) :

$$\frac{a \mid d}{b \mid c} \quad \frac{a \mid b}{d \mid c} \quad \frac{a \mid b}{b \mid a} \quad \frac{a \mid d}{b \mid c}$$

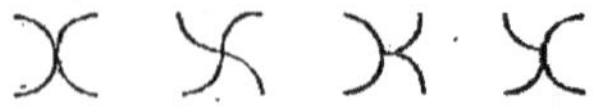

Fig. 254.

Le premier motif est écartelé et donne lieu à deux figures.
Le second est révolvé diagonal et donne lieu à deux figures.
Le troisième est pair et donne lieu à quatre figures.
Le quatrième est impair et donne lieu à huit figures.

VIe *Groupe.* — *Motifs 4.*

Cette classe comprend seize figures et six motifs différents (fig. 255) :

$$\frac{d \mid a}{c \mid b} \quad \frac{b \mid c}{a \mid d} \quad \frac{b \mid a}{c \mid d} \quad \frac{d \mid c}{c \mid d} \quad \frac{d \mid a}{c \mid d} \quad \frac{d \mid c}{a \mid d}$$

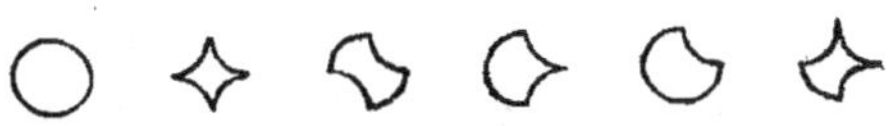

Fig. 255.

Le premier motif est gironné en général, mais il serait radié ou centré si les arcs étaient des quadrants : une figure.

Le second est gironné : une figure.

Le troisième est écartelé, oblique ou diagonal : deux figures.

Le quatrième est pair : quatre figures.

Le cinquième est pair oblique : quatre figures.

Le sixième est pair oblique : quatre figures.

Ces figures peuvent être obtenues successivement par dérivation de l'une quelconque d'entre elles, en retournant un ou plusieurs des arcs qui les composent. Partant du premier motif et retournant un arc, on a le cinquième motif; retournant deux arcs contigus ou opposés, on a les motifs troisième ou quatrième; retournant trois arcs, on a le sixième motif; enfin les quatre arcs retournés donnent le deuxième motif. Ce mode de dérivation est général et s'applique à toutes les classes.

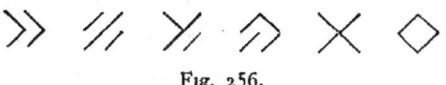

Fig. 256.

En substituant une droite aux arcs, tous les motifs précédents se réduisent à six seulement, un motif pour chaque classe (fig. 256) :

Les dix motifs de la première classe se réduisent au premier qui est pair et suivi.

Les sept motifs de la deuxième classe se réduisent au second qui est écartelé oblique.

Les huit motifs de la troisième classe se réduisent au troisième qui est pair oblique.

Les huit motifs de la quatrième classe se réduisent au quatrième qui est pair oblique.

Les quatre motifs de la cinquième classe se réduisent au cinquième qui est gironné.

Les six motifs de la sixième classe se réduisent au sixième qui est gironné.

Nous avons pris pour élément initial le plus simple de tous les motifs pairs; on aurait pu en choisir une infinité d'autres, par exemple un angle, une boucle, un carreau mi-parti noir et blanc, un ove, un ornement, etc. Mais pour se dispenser de recommencer à nouveau toutes les combinaisons, il suffit de substituer dans chacun des quarante-trois motifs le nouvel élément pair à l'arc primitif. Avec la boucle on obtiendrait un même nombre de motifs; mais avec l'angle droit le nombre se trouverait réduit, à cause des soudures ou juxtapositions inhérentes à la droite, et aussi parce que le trait élémentaire de l'angle est un motif écartelé. Mais il serait superflu d'insister plus longuement là-dessus, ce mode de génération étant essentiellement mécanique, et contraire aux voies ordinaires que suit l'artisan, et qui consistent en général en l'exécution immédiate, et par des moyens quelconques, de l'aperception préalable du diagramme de la disposition qu'il entend créer.

Les soixante-quatre combinaisons d'un motif impair combinées deux à deux, ou les huit positions du même motif combinées quatre à quatre, déterminent quatre mille quatre-vingt-seize figures, qui se répartissent en six classes, suivant l'espèce de la figuration. Les figurations ainsi obtenues peuvent être : 1º impaires, 2º paires, 3º diagonales, 4º contrariées, 5º écartelées, 6° révolvées. La symétrie gironnée ne peut exister dans ces combinaisons, puisqu'il y faut cette condition déterminante de huit motifs impairs ou de quatre motifs pairs. Ces quadripartitions pourraient dériver des quadripartitions précédentes par la substitution du motif impair au motif pair.

Voici quelques exemples choisis dans les quadripartitions régulières :

Motifs pairs (fig. 257);

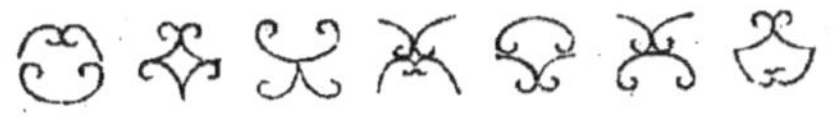

Fig. 257.

Motifs diagonaux (fig. 258);
Motifs contrariés (fig. 259);

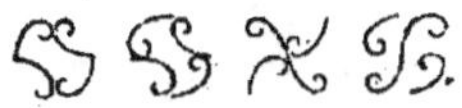

Fig. 258.

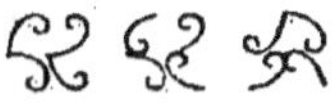

Fig. 259.

Motifs écartelés (fig. 260);
Motifs révolvés (fig. 261).

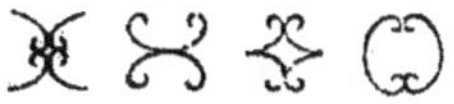

Fig. 260.

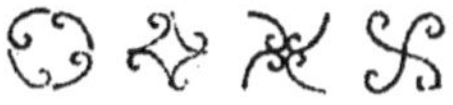

Fig. 261.

Toutes ces quadripartitions combinées à leur tour et alignées ou réparties, c'est-à-dire multipliées sur un plan, détachées, contiguës ou intersectées, détermineront un nombre indéfini de combinaisons qui deviennent toutes aussi indéfiniment monotones : l'extension combinatoire n'introduisant aucune particularité nouvelle et dissimulant, au contraire, ce que les premières combinaisons ont de caractéristique et de saillant.

CHAPITRE II.

APPLICATION DES QUADRIPARTITIONS.

176. Prenons pour exemples les quatre motifs de la cinquième classe. Ces quatre motifs, placés dans les diverses positions, donnent seize figures, qui, conjuguées deux à deux et de toutes les manières possibles, donnent un nombre de combinaisons égal à deux cent cinquante-six rangées. Ces rangées étant conjuguées à leur tour et ces conjugaisons indéfiniment répétées, on détermine un nombre considérable de répartitions ou de mappes : un nombre si considérable et dépassant tellement les strictes conditions de l'art, qu'il serait pour le moins fort maladroit de s'y arrêter. Il est plus simple et plus vrai de combiner pas à pas, en ne perdant pas de vue la nature des motifs, les conjugaisons qu'on en peut tirer; le parti d'ornementation : groupements, rangées et répartitions que l'on entend effectuer, etc.

Nous appellerons répétition la juxtaposition en ligne droite des motifs, et rebattement la juxtaposition parallélique des rangées. La répétition determine les rangées, détachées, contiguës ou intersectées, et le rebattement détermine les répartitions détachées, alignées, contiguës, intersectées, figurées, etc., c'est-à-dire les mappes d'ornement où les motifs sont coordonnés suivant les lignes harmoniques du plan.

177. La rangée 1 est obtenue par la répétition suivie du motif écartelé.

La rangée 2 est obtenue par la répétition contredite du motif écartelé.

La rangée 3 est obtenue par la répétition suivie du motif pair.

La rangée 4 est obtenue par la répétition à retour du motif pair.

La rangée 5 est obtenue par la répétition contredite du motif pair.

La rangée 6 est obtenue par la répétition contredite du motif pair.

La rangée 7 est obtenue par la répétition suivie du motif révolvé.

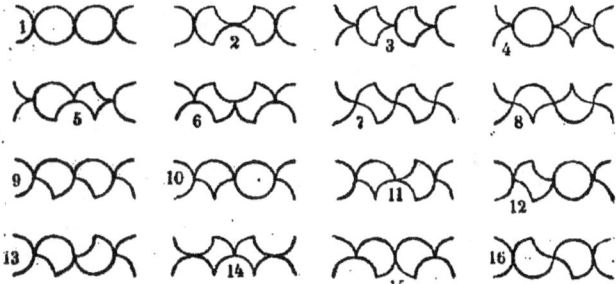

Fig. 262.

La rangée 8 est obtenue par la répétition à retour du motif révolvé.

La rangée 9 est obtenue par la répétition suivie du motif impair.

La rangée 10 est obtenue par la répétition à retour du motif impair.

La rangée 11 est obtenue par la répétition contredite du motif impair.

La rangée 12 est obtenue par la répétition diagonale du motif impair.

La rangée 13 est obtenue par la répétition contrariée du motif impair.

La rangée 14 est obtenue par l'alternance des deux motifs écartelé et pair.

La rangée 15 est obtenue par l'alternance des deux motifs écartelé et pair.

La rangée 16 est obtenue par l'alternance des deux motifs écartelé et révolvé.

178. Ces rangées, entre tant d'autres qu'il est impossible d'énumérer toutes, reviennent à la répétition des motifs fermés de la sixième classe.

En suivant les délinéations continues, il est facile de reconnaître que ces rangées sont des intersécances déterminées par les conjugaisons des engrêlures suivantes (fig. 263) :

L'engrêlure 1 est marginale paire, d'où deux figures ou positions.

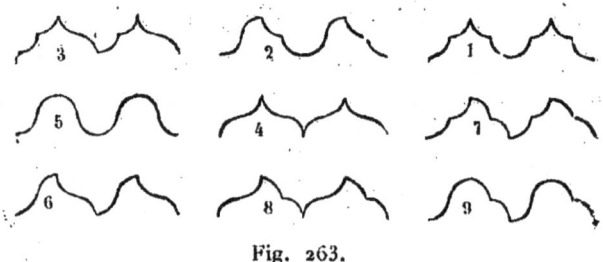

Fig. 263.

Les engrêlures 2 et 3, 8 et 9 sont marginales impaires, d'où quatre positions.

Les engrêlures 4 et 5 sont diamétrales-alternes, d'où deux positions pour chacune.

L'engrêlure 6 est diamétrale-diagonale, d'où quatre positions.

L'engrêlure 7 est diamétrale-contrariée, d'où quatre positions.

Soit donc un total de vingt-deux figures, qui, combinées deux à deux et intersectées, détermineraient un nombre considérable de rangées.parmi lesquelles sont compris les exemples précédents.

Ces engrêlures elles-mêmes sont déterminées par la conjugaison et la répétition du petit nombre de motifs suivants (fig. 264).

Ces motifs simples qui sont aussi des conjugaisons dérivées

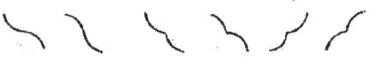

Fig. 264

de l'arc initial, étant combinés deux à deux et par intersécance, déterminent vingt-huit motifs, parmi lesquels sont comprises les seize figures de la cinquième classe. Ces motifs, conjugués deux à deux par juxtaposition des carrés qui les inscrivent, déterminent soixante-quatre conjugaisons, dont trente-deux détachées et trente-deux contiguës. Ces trente-deux conjugaisons contiguës se réduisent aux dix motifs suivants (fig. 265).

Ces dix figures engendrent par la répétition suivie les sept engrêlures (fig. 263). Nous disons sept, parce que quatre de

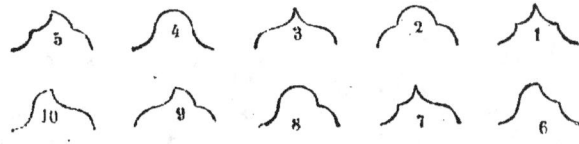

Fig. 265.

ces motifs se confondent deux à deux dans une seule rangée : ce sont les motifs 5 et 7 et les motifs 6 et 8.

Ces dix figures combinées de toutes les manières possibles engendreraient un nombre considérable :

1° De motifs par intersécance ;

2° D'engrêlures par conjugaison et répétition ;

3° De rangées par conjugaison, répétition et intersécance ;

4° De répartitions par répétition, rebattement, conjugaison et intersécance.

RÉPARTITIONS.

179. Les répartitions sont obtenues par le rabattement multiplié d'un motif, rabattement qui peut être suivi, à retour, diagonal ou contrarié, détaché, contigu ou intersecté. Ces mêmes répartitions sont obtenues aussi par le rabattement des rangées, rabattement qui peut être suivi, à retour, diagonal et contrarié, droit, alterne et semi-alterne, détaché, contigu et intersecté.

Les répartitions peuvent être variées par la conjugaison et les combinaisons trois à trois, quatre à quatre, etc., de motifs divers, ce qui comprend par suite les différents rhythmes de la répétition, de l'alternance, de la période, de l'intercalence et de la récurrence.

Enfin les différentes répartitions peuvent être à leur tour combinées par intersécance (soit 2, 3, 4... mappes s'intersectant, comme 2, 3, 4... rangées, 2, 3, 4... motifs s'inter-

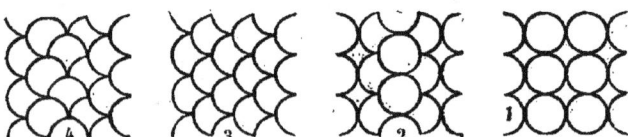

Fig. 266.

sectent), ce qui revient au rabattement de motifs ou de rangées, eux-mêmes composés par intersécance (fig. 266 à 270).

La mappe 1 est obtenue par la répétition suivie d'un motif écartelé et le rabattement droit de la rangée 1.

La mappe 2 est obtenue par le rabattement à la fois suivi et à retour de la rangée 4.

La mappe 3 est obtenue par le rabattement à la fois suivi et à retour de la rangée 3.

La mappe 4 est obtenue par le rabattement suivi de la rangée 5.

La mappe 5 est obtenue par le rabattement suivi de la rangée 6 ou par le rabattement suivi de la rangée 8.

La mappe 6 est obtenue par le rabattement à retour de la rangée 6.

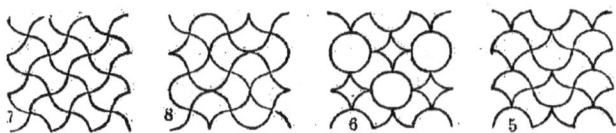

Fig. 267.

La mappe 7 est obtenue par le rabattement suivi de la rangée 7.

La mappe 8 est obtenue par le rabattement à retour de la rangée 8.

La mappe 9 est obtenue par le rabattement suivi de la rangée 10.

La mappe 10 est obtenue par le rabattement alterne de la rangée 11.

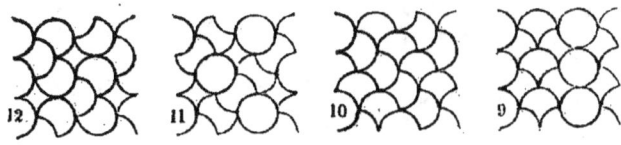

Fig. 268.

La mappe 11 est obtenue par le rabattement alterne de la rangée 12.

La mappe 12 est obtenue par le rabattement à retour ou alterne de la rangée 13.

La mappe 13 est obtenue par le rabattement à retour de la rangée 14.

La mappe 14 est obtenue par le rabattement à retour de la rangée 15.

La mappe 15 est obtenue par le rabattement à retour de la rangée 16.

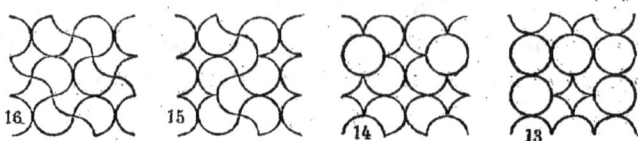

Fig. 269.

La mappe 16 est obtenue par le rabattement alterne de la rangée 16.

Les répartitions étant conjuguées deux à deux par intersécance, on aurait, par exemple, la figure 270 obtenue par l'intersécance des répartitions 6 et 13; ou bien, au contraire, ces répartitions pourraient être dédoublées comme la figure 7, qui est composée des deux répartitions (fig 271 et 272). Les deux figures 271 et 273, conjuguées par intersécance, reproduisent la répartition n° 16.

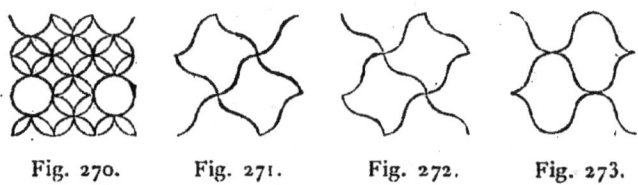

Fig. 270.   Fig. 271.   Fig. 272.   Fig. 273.

180. La théorie des combinaisons ou la syntactique a tous les caractères d'une science positive ou purement rationnelle ; elle exige comme la Logique ou la Mathématique des matériaux premiers simples, rigoureusement définis, et qui demeurent invariables dans les différents modes de construction ou de coordination auxquels on les soumet.

Or cette détermination rigoureuse va droit contre les exigences de l'art, qui ne peut intervenir qu'au milieu de matériaux bien autrement souples et divers. Il arrive, en effet, que tel motif déterminé cadre ou ne cadre pas esthétiquement avec le mode de répartition choisi; il faut bien alors que le sens artiste intervienne pour faire disparaître ce désaccord en modifiant le motif ou le diagramme de la disposition. Plus généralement l'invention dans l'ornementation n'est point aussi méthodique et a lieu par une détermination entière et occulte où se trouvent réunies harmoniquement des notions fort diverses qu'une analyse artificielle et scolastique peut seule disjoindre.

D'après cela, on comprend bien qu'il ne faut pas demander à la syntactique autre chose que ce qui lui appartient en propre, à savoir des faits très-généraux et des déductions qui épuisent toutes les solutions possibles d'un problème déterminé. Suivant la nature des éléments combinés, les solutions restent distinctes, ou bien se confondent en partie, ou bien encore sont soumises à un choix qui, retenant les solutions intéressantes, abandonne les autres. Or ce choix n'est nullement dépendant de l'idée de combinaison, il est subordonné, au contraire, à des appréciations qui relèvent des notions supérieures de l'ordre et de la forme.

Les exemples suivants vont appuyer ces remarques.

CHAPITRE III.

LES PARTITIONS DU BLASON.

181. Les quatre partitions ou divisions principales de l'écu sont : le parti (1), le coupé (2), le tranché (3), le taillé (4). Ce sont les seules lignes réellement simples de la figure rectangle, parce qu'elles sont conformes aux axes de symétrie.

Les quatre partitions étant désignées par les lettres *a, b, c, d,* on peut se proposer d'épuiser toutes leurs combinaisons possibles. Or, quatre lettres combinées deux à deux déterminent

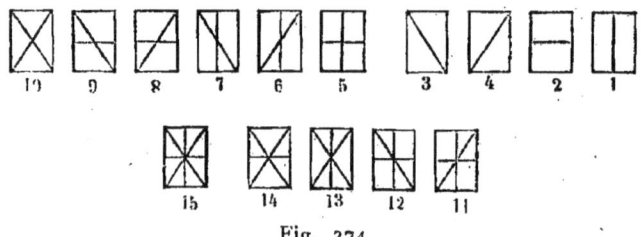

Fig. 274

douze combinaisons; combinées trois à trois, elles en déterminent vingt-quatre ; enfin, combinées quatre à quatre, elles en déterminent également vingt-quatre. Si toutes ces combinaisons étaient réalisables, les quatre partitions donneraient lieu à soixante figures différentes; mais, en réalité, ces figures se réduisent à onze seulement (fig. 274) :

Six figures pour les combinaisons deux à deux, 5, 6, 7, 8, 9, 10.

Quatre figures pour les combinaisons trois à trois, 11, 12, 13, 14.

Enfin une figure seulement pour les combinaisons quatre à quatre, 15.

Donc, ici la nature des objets combinés et la figuration des combinaisons rapportée à l'unité de l'écu, restreignent et limitent singulièrement les déductions logiques de la théorie. De plus, trois seulement de ces partitions portent un nom propre : le n° 5 est l'écartelé, le n° 10 l'écartelé en sautoir ou le flanqué, le n° 15 enfin est le gironné.

Les autres figures seraient décrites par une phrase qui indique successivement les éléments de la combinaison, c'est-à-dire les parties constituantes de la partition.

Note. — La lettre N qui entre dans les trois mots de tranché, de bande et de sinople, fournit un moyen mnémonique très-simple de se rappeler la véritable position des traits qui indiquent ces trois objets, cette position étant conforme au trait diagonal de la lettre N.

CHAPITRE IV.

LES IMBRICATIONS.

182. Cette ornementation très-caractérisée et que l'on retrouve partout, dans la nature comme dans l'art, est particulièrement réalisée par la superposition de feuilles, d'écailles, de tuiles, etc., distribuées régulièrement et alternant entre elles. Les imbrications naturelles déterminées par des objets réels que l'on aligne et que l'on superpose alternativement par un chevauchement matériel supposent *a priori* ou *a posteriori* un réseau losange, en tous les points duquel sont placés les motifs quelconques, symétriques ou asymétriques, réguliers ou irréguliers, et orientés d'une manière uniforme ou variée.

L'imbrication est uniforme étant rapportée au réseau du plan, elle est déclinée uniformément étant rapportée au réseau du cercle (comme dans les rosaces de l'art oriental) ; enfin elle est déclinée d'une manière variée étant rapportée au réseau de l'ovoïde (comme dans les pommes de pin). Toutes ces imbrications se résolvent en des files de motifs qui suivent les lignes principales du réseau ou les lignes dérivées. Ces files sont en général au nombre de deux, qui se résolvent souvent en une seule qui les implique toutes les deux, comme dans les cônes du pin, les rosettes de la joubarbe (voir les *Traités de botanique*). Les trois files subsistant conjointement ont pour schème dernier le réseau disjoint de l'hexagone qui est à trois files et qui implique des éléments composants centrés au lieu d'éléments pairs.

Si l'on retient seulement le trait et le diagramme essentiel, le dessin de l'imbrication se retrouve alors dans les mosaïques, le blason, etc.

Les figures 275 à 277 sont composées du même élément, répété pour chacune d'elles dans des directions différentes. Dans

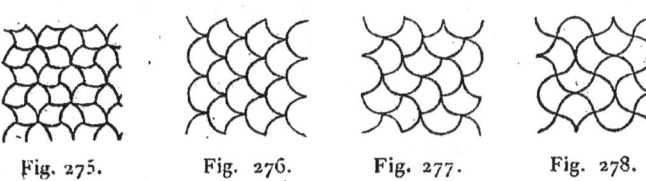

Fig. 275.   Fig. 276.   Fig. 277.   Fig. 278.

la fig. 275, tous les éléments sont orientés dans le même sens ; c'est l'imbrication la plus générale et la plus répandue. Son diagramme peut être imaginé comme engendré par une première série d'arceaux ou une engrêlure, à laquelle en succède parallèlement une seconde qui alterne avec elle. Cette alternance peut être définie si les axes du motif rudimentaire se correspondent en ligne droite ; cette alternance est indéfinie s'il y a déplacement à droite ou à gauche, parallèlement à la direction des rangées. Dans le premier cas, la troisième rangée est droit en face de la première ; la cinquième en face de la troisième, et ainsi de suite. L'arceau peut être un arc, une demi-circonférence, une anse surélevée ou surbaissée, en général une forme quelconque paire et ouverte ou fermée.

Dans la fig. 276, le motif est répété dans deux directions différentes ; enfin, dans la fig. 277, le motif est répété dans quatre directions. Dans ces deux dernières formes d'imbrication, les motifs ne sont plus arbitraires, ils sont subordonnés à la construction préalable d'un réseau qui contraint le motif à être tracé suivant une délinéation particulière.

Le réseau losange, indéfini par la condition du losange qui

est variable et plus ou moins allongé, se définit et s'arrête au réseau quadrillé : le losange devenant alors un carré. En supposant une mobilité à tout le système, et comme des croisillements à tous les joints d'intersection des lignes, un réseau carré peut être aplati transversalement ou verticalement et se transformer en un réseau losange quelconque. Par suite de ce mouvement : 1° tous les motifs de la fig. 275 s'allongent ou s'aplatissent uniformément, et l'imbrication reste toujours de forme régulière ; 2° les motifs de la fig. 276 s'allongent par rangées ; 3° dans la fig. 277 enfin, les motifs horizontaux ou verticaux s'allongent ou s'aplatissent consécutivement aux autres motifs verticaux ou horizontaux qui s'aplatissent ou s'allongent la symétrie restant toujours écartelée. Ces changements dans le diagramme de la disposition entraînent donc des changements dans la forme du motif.

183. En général, l'imbrication étant ajustée avec la condition d'une juxtaposition complète (comme dans les mosaïques, la marqueterie, les pavements, etc.), le motif primaire n'est pas arbitraire et doit avoir une construction régulière et définie. Ce motif a quatre joints cardinaux qui inscrivent un losange : chacun des segments du losange est identique aux trois autres, et diagonalement sont suivis, horizontalement à retour, et verticalement contrariés en les prenant deux à deux.

Suivant que le losange est isocèle, trigone ou carré, et que le segment rudimentaire est pair ou impair, on a l'une des formes d'imbrications suivantes :

1° Le segment étant quelconque pair ou impair, simple ou varié, et le losange quelconque aussi, isocèle, trigone ou carré, on a, dans tous les cas, la forme d'imbrication fondamentale, celle à une direction (fig 275) ;

2° Le segment étant pair, simple ou varié comme forme, et le losange étant isocèle, trigone ou carré, on a la seconde forme d'imbrication, celle à deux directions (fig. 276) ;

3° Le segment étant pair, simple ou varié, et le losange étant un carré, on a la troisième forme d'imbrication, celle à quatre directions (fig. 277) ;

4° Enfin, le segment étant pair ou impair, simple ou varié, et le losange étant un losange trigone, on a la quatrième forme d'imbrication, celle à trois directions (fig. 278).

Cette forme est analogue à la troisième ; celle-ci pouvant être conçue comme engendrée par le rabattement successif et à retour, dans les deux directions, d'un motif révolvé inscrit au carré, celle-là serait, par analogie, déterminée par le rabattement dans tous les sens d'un motif révolvé de trois pièces, inscrit au trigone.

Les trois formes d'imbrications à une, deux et trois directions correspondent aux trois modes de juxtaposition des losanges (page 251).

CHAPITRE V.

LES COMPARTIMENTS ET AJUSTEMENTS.

184. En substituant des engrêlures aux rayures, ou aux lignes droites des deux espèces de réseaux simples, les réseaux à mailles trilatères et les réseaux à mailles quadrilatères, on obtiendrait un nombre indéfini de réseaux à mailles engrêlées qui subdivisent les surfaces en compartiments infiniment variés.

Toutes les engrêlures, pour variées qu'elles soient, se réduisent à trois éléments linéaires fondamentaux : les traits impairs, les traits pairs et les traits diagonaux, dont les formes ou figures peuvent être très-diversifiées. Ces traits se succèdent régulièrement en ligne droite et suivant les différents modes de conjugaison pour déterminer les engrêlures.

L'entre-croisement de ces engrêlures suivant les lignes des réseaux détermine des mailles trilatères ou quadrilatères, dont les contours sont formés par les traits fondamentaux. Donc, à l'inverse, en disposant ces traits suivant la figure d'un triangle ou d'un quadrilatère, on déterminerait des mailles isolées qui, juxtaposées de toutes les manières possibles, reproduiraient les réseaux obtenus par les engrêlures. Pour que ces mailles, ainsi juxtaposées, reproduisent les réseaux à mailles uniformes, il y faut cette condition essentielle d'un ajustement parfait, c'est-à-dire que les traits qui composent le contour de la figure doivent

22

être identiques, pour qu'ils puissent se confondre dans la juxtaposition.

Prenant pour exemple : 1° d'un motif pair, un arc qui serait le quart de la circonférence, et inscrit suivant la diagonale d'un carré; 2° d'un motif impair, une recourbée inscrite dans un rectangle ; 3° d'un motif diagonal, deux arcs raccordés par inflexion ; puis construisant les figures suivant les quatre quartiers, déterminés par deux axes qui se coupent à angles droits, on obtient les mailles suivantes :

I — MAILLES OBTENUES D'UN MOTIF PAIR.

185. Les deux motifs gironnés sont conjugués, c'est-à-dire qu'ils s'impliquent mutuellement. Les réseaux qui en dérivent réunissent ces deux espèces de mailles (fig. 255, page 320).

Les deux derniers motifs sont également conjugués.

Le troisième motif, qui est diagonal, détermine un réseau à maille unique (fig. 266 à 270).

Le quatrième motif, qui est pair, détermine des réseaux à maille unique. (Voir le Ch. *des Imbrications*.)

Si le motif pair était oblong, c'est-à-dire inscrit dans un rectangle, cela reviendrait à un motif impair.

II. — MAILLES OBTENUES D'UN MOTIF IMPAIR.

186. Les deux premiers motifs sont à symétrie écartelée, et

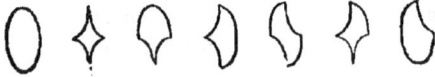

Fig. 279.

tous les deux sont conjugués dans un réseau unique (1, fig. 280), analogue à 1 de la figure 266.

Les deux motifs suivants sont pairs, ils déterminent séparément deux variétés de l'imbrication à une direction. Mais ils sont aussi conjugués et déterminent conjointement un réseau ou une imbrication variée, à deux espèces de mailles (2, fig. 280), analogue à la figure 277.

Le cinquième motif est diagonal, et détermine un réseau à maille unique.

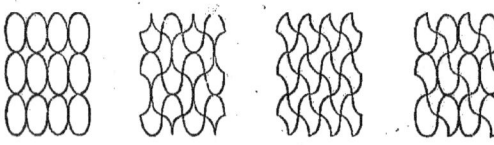

Fig. 280.

Les deux derniers motifs sont impairs et conjugués dans le même réseau.

Par suite du motif choisi, il ressort immédiatement que les réseaux obtenus sont les figures 1, 8, 7, 16 (fig. 266 à 269), qu'on aurait déprimées dans un sens. Cet effet tient aux conditions très-particulières de la recourbée choisie ; et puisque un motif est impair seulement parce qu'il n'est ni pair ni diagonal, et qu'il peut avoir les formes les plus diverses, il ne faut voir là qu'une simple coïncidence.

Si le motif primaire était disposé circulairement, on obtien-

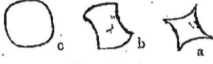

Fig 281.

drait une figure *b*, à symétrie diagonale, deux figures *a* et *c*, à symétrie diagonale et à disposition révolvée, et trois figures impaires. Ces six figures sont analogues à celles de la fig. 255. Ces figures, qui sont inscrites dans un carré, étant combinées entre elles et avec les figures oblongues, déterminent des réseaux analogues à ceux des figures 266 à 270.

III. — MAILLES OBTENUES D'UN MOTIF DIAGONAL.

187. Les figures obtenues par l'écartèlement d'un trait diagonal sont au nombre de quatre seulement. Ces figures sont

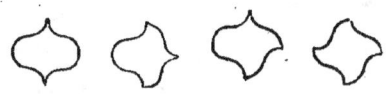

Fig. 282.

rondes, si le trait est inscrit au carré (fig. 282); et oblongues, si le trait est inscrit au rectangle (fig 283).

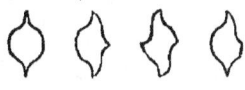

Fig. 283.

Le premier motif 1, 1' est écartelé; il détermine un ajustement ou un réseau uniforme, composé d'une seule espèce de maille (fig 284).

Le second motif 2, 2' est pair; il détermine deux imbrications variées, l'une à deux directions, l'autre à quatre directions.

Le troisième motif 3, 3' est diagonal, et de plus révolvé; ce motif détermine un réseau composé d'une seule espèce de maille.

Le quatrième motif 4, 4' est impair; il détermine un ajustement ou un réseau unique.

Ces réseaux (fig. 284) peuvent être obtenus par le dédoublement des réseaux fig. 266 à 270.

Tous ces réseaux sont construits sur le type quadrillé; on pourrait, par analogie, construire des réseaux analogues sur le type trillé, ou suivant les différents réseaux composés de polygones variés. Mais il serait excessif de poursuivre un problème aussi tendu. Et puisqu'il faut de la mesure en toutes choses, il en faut surtout et particulièrement dans les questions logiques qui, allant pour ainsi dire d'elles-mêmes, entraînent bien plutôt qu'elles n'aident à marcher droit.

Tout autre motif diagonal peut être employé, ce qui donne-

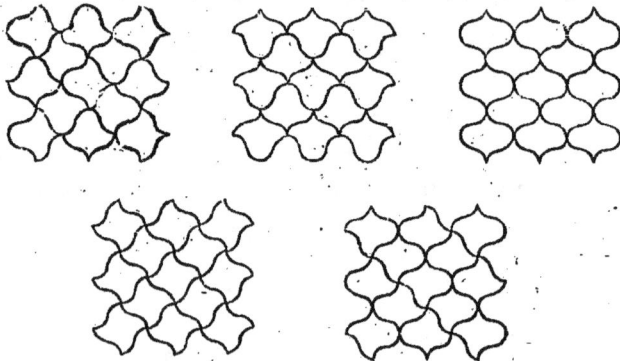

Fig. 284.

rait lieu à des figurations fort diverses. De plus, on peut combiner et ajuster entre eux les différents motifs, ce qui revient à combiner et à intersecter des engrélures variées, suivant les lignes du réseau.

FIN.

· RÉFÉRENCES

OU DESCRIPTION ET EXPLICATION DES PLANCHES.

PLANCHE I. — RANGÉES.

Fig. 1. 1'. Bordures grecques. — La première suivant le mode rectiligne, la deuxième suivant le mode curviligne.

2. Bordure rectiligne de l'art chinois, 2' bordure curviligne de l'art grec. Ces quatre bordures sont diamétrales-diagonales.

3 et 4. Alternances. Art grec. 3 est marginale-paire, ou à retour, 4 est diamétrale-diagonale.

5, 6, 7, 8, 9, 10. Intercalences 2 et 1, 3 et 1, 4 et 1, 5 et 1, ces rangées sont diamétrales-diagonales. — 9, intercalence 3 et 2, diamétrale-écartelée. — 10, intercalence 7 et 2, marginale-paire.

11, 12, 13, 14. Postes variées. 11, marginale impaire ou suivie. Art chinois. — 12, marginale impaire. Art assyrien. 13, marginale impaire de Pompéi. 14, marginale suivie d'un vase grec.

15. Reliefs d'un vase grec. Rangée multiple, composée d'une rangée de postes à symétrie diamétrale suivie et d'une alternance composée d'un motif palmé pair, et d'un motif enroulé diagonal.

16. Peinture d'un vase grec, rangée diamétrale-suivie.

17. Bordure chinoise. Marginale à retour. Alternance.

18. Bordure grecque. Marginale à retour. Alternance.

19. Rangée chinoise, diamétrale-alterne, obtenue par la répétition alterne d'un motif révolvé diagonal.

20. Bordure grecque. Marginale-paire.

21. Bordure d'un tapis arabe. Marginale-paire.

22. Bordure chinoise marginale-paire.
23. Bordure grecque diamétrale-diagonale.
24. Bordure renaissance diamétrale-alterne.
25. Bordure arabe diamétrale-diagonale; équivalent rectiligne de la rangée curviligne 23.
26. Bordure chinoise diamétrale-alterne; équivalent rectiligne de la rangée curviligne 24.
27. Bordure chinoise. Diamétrale contrariée.
28. Bordure d'un tapis persan. Diamétrale-diagonale.
29. Rangée diamétrale-diagonale de Pompéi.
30. Rangée diamétrale-diagonale d'un tapis arabe.
31. Alternance diamétrale-diagonale. Art chinois.
32. Rangée diamétrale-diagonale. Art grec.

PLANCHE 2. — RANGÉES.

Fig. 1, 2, 3, 4. Bordures tirées de costumes grecs et albanais. 1 marginale-suivie. 2 diamétrale-diagonale. 3 diamétrale-alterne. 4 diamétrale-diagonale.

5. Bordure renaissance, diamétrale-alterne.
6. Bordure renaissance, diamétrale-alterne.
7. Bordure renaissance, diamétrale-écartelée. Alternance.
8. Bordure renaissance, diamétrale-écartelée. Alternance.
9, 10, 11, 12, 13, 14. Bordures tirées de tableaux italiens. Alternances. Diamétrales-écartelées.
15. Bordure diamétrale-diagonale.
16. Bordure diamétrale-diagonale. Ces deux bordures sont tirées d'un casque gallo-romain.
17, 18, 19. Bordures tirées d'un tableau du Titien, la première diamétrale-alterne, les deux autres diamétrales-écartelées.
20. Dessin de Serlio, — Diamétrale-écartelée.
21 et 22. Bordures de faïences italiennes. Diamétrales-écartelées.
23. D'une poterie de Pondichéry. Diamétrale-alterne.
24. Bordure arabe composée de trois engrélures diamétrales-contrariées.
25. Bordure grecque. Diamétrale-écartelée.
26. Bordure grecque. Marginale-paire.

PLANCHE 3. — RANGÉES EMMANCHÉES.

Fig. 1 et 2. Marginales-paires, à symétrie pseudo-alterne. Art arabe.
3, 4, 5, 7, 8, 10. Diamétrales-alternes. Art arabe.
6, 21, 22. Diamétrales-alternes. De l'un en l'autre, c'est-à-dire et symétriquement, noir sur blanc et blanc sur noir.
9. Diamétrale-alterne. Art chinois.
10. Diamétrale-alterne. Art arabe.
11. Diamétrale-alterne. De la Renaissance.
12. Diamétrale-alterne. De l'art grec.
13. Rangée multiple chacune à symétrie diamétrale-alterne. D'un tapis arabe.
14. Bordure d'un tapis arabe. Dessin cachemire.
15. Bordure grecque. — Alternance. Symétrie diamétrale-diagonale.
16. Bordure grecque. Diamétrale-alterne.
17. Bordure mexicaine et arabe. Diamétrale-diagonale. De l'un en l'autre·
18. Bordure grecque pseudo-diamétrale.
19. Bordure arabe multiple.
20. Bordure d'une poterie américaine, analogue à la fig. 18. Diamétrale-diagonale.

PLANCHE 4. — DISPOSITIONS RÉCURRENTES.

Fig. 1 et 2. — Frises ciselées et peintes de l'ancienne Égypte, composées de trois motifs répartis par alignements étagés et par intercalation successive suivant le rhythme de la récurrence la plus simple.
3. — Collier égyptien. Récurrence de quatre motifs. Le vase lacrymatoire ou balustre répété de deux en deux; le fleuron de quatre en quatre; le crocodile et le poisson répétés chacun de huit en huit.
4. Frise ciselée d'un vase assyrien   3 motifs.
5. Frise sculptée d'une table de Pompéi   id.
6. Tresse tirée d'un tableau italien   id.
7. Bordure enluminée (Égypte)   id.
8. Frise sculptée du xviiⁱᵉ siècle   id.
9. Grecque d'un vase peint   id.

10. Bordure d'un vase peint　　　　　3 motifs.
11. Frise d'un vase peint　　　　　　　id.
12. Frise modelée d'un plafond de Duban id.

PLANCHE 5. — DISPOSITIONS CONTRARIÉES.

Les fig. 1, 2, 3, 4, sont tirées des vases peints. — 2 est rectiligne et analogue à 3 qui est curviligne.

5. D'un vase grec.

6 et 12. Filigranes d'une arme orientale.

7 et 8. Grecques d'un vase chinois.

9. Rinceau persan.

10. Rinceau grec.

11. Rinceau chinois que l'on peut aussi considérer comme déterminé par
la répétition contrariée d'un motif impair fermé.

13. Rinceau indien.

14 et 15. Rinceaux persans.

16. Bordure d'un tapis arabe.

17. Rinceau grec.

18. Rinceau persan.

19. Rinceau ciselé d'une arme orientale. (Voir les fig. 3 et 4 de la pl. 15.)

20. Intersécance de trois rinceaux, relief arabe.

21. Rangée contrariée de traits trigones révolvés (voir la pl. 8). Art persan.

22. Rangée collatérale suivie, alterne ou contrariée tirée d'un vase turc.

23. Rangée collatérale. Art grec.

24. Passementerie. Trois engrêlures entrelacées.

25. Rinceau varié d'un vase antique à Naples.

PLANCHE 6. — VARIATIONS SUR LES RANGÉES.

Fig. 1. — Ciselure sur pierre à Damas, composée de quatre engrêlures. —
1' quatre listels entrelacés et jointifs (voir la fig. 4). — 1" quatre engrêlures rectilignes.

2. Broderie soutachée d'un tissu arabe, composée de deux tresses semblables et marginales paires recoupées par une tresse alterne; — 2' même
disposition avec des listels à angulations hexagonales; — 2" même dis-

position avec des traits à angulations hexagonales; — 2‴ même disposition avec des listels entrelacés et jointifs.

3. Broderie soutachée d'un tissu arabe composée de deux tresses marginales recoupées par une tresse alterne; 3′ même disposition avec des listels enclavés et jointifs.

4″. Bordure en faïence peinte de Brousse, composée de trois listels entrelacés et jointifs. — 4 la même figure au trait. — 4′ Bordure analogue.

Les fig. 1′, 2‴, 3′, 4′, ont été construites par analogie avec la fig. 4″.

5. Trait simple d'une engrêlure alterne très-répandue dans l'art arabe. — 5′ la même en listel très-serré.

6. Trait alterne. — 6′ listel analogue.

7. Trait alterne.

8. Listel alterne tiré comme les fig. 5′ et 6′ des enduits ciselés du Caire.

9. Tresse curviligne diamétrale-alterne d'un cuivre arabe. — 9′ même tresse rectiligne d'un relief sur pierre à Jérusalem.

10 et 10′. Motifs chinois, — crosses rectilignes, listel diagonal, répétition à retour. — 10′ le même en simple trait.

11 et 11′. Motifs chinois,— trait, rangée diamétrale-alterne.— 11′ le même en listel.

12 et 12′. Rangées diamétrales-diagonales tirées de l'art grec. — 12 listel. — 12′ trait.

13 et 14. Rangées diagonales (art persan).

15 et 16. Listels doubles coudés et rentrants tirés d'un manuscrit anglo-saxon. — Ces deux rangées sont à symétrie contrariée (voir la pl. 5).

PLANCHE 7. — RANGÉES MULTIPLES.

Fig. 1. Rangée multiple d'un vase peint (grec).

Bande alterne. — Engrêlure diagonale. — Alignement diagonal. — Répétition suivie. — Alignement diagonal.

Balancement sans corrélation expresse d'une rangée à l'autre.

2. Rangée multiple d'une moulure grecque.

Une rangée d'oves, diamétrale écartelée. — Une rangée de rais-de-cœur, marginale-paire. — Une tresse diamétrale-diagonale. — Une rangée d'oves.

La corrélation des axes est ici bien déterminée, et les deux rangées d'oves s'accordent l'une par six pieds ou mesures, l'autre par huit pieds ou mesures.

3. Rangée multiple d'une moulure grecque.

Une grecque diamétrale alterne. — Une rangée de rais-de-cœur. — Un alignement de rosaces, diamétral-gironné.

Ces trois rangées n'ont point de corrélation, les saillies de la moulure étant d'ailleurs fortement accentuées.

4. Rangée multiple étagée (art égyptien).

Déterminée par l'accord de deux alignements, l'un suivant une mesure de quatre pieds, l'autre suivant une mesure de six pieds.

5. Frise en relief de Labrouste.

Suite à retours recoupée par un listel ondulé.

5'. Frise en relief (art byzantin).

Même disposition que la précédente, sauf l'inversion des motifs en S.

6. Rangée multiple d'un vase grec.

Une file marginale droite. — Une rangée redoublée alterne. — Une file marginale droite.

La corrélation totale est ici très-nette.

7 et 7. Frises de vases peints (grecs).

La première a dans son lacis une boucle, une inflexion et un enroulement. — La seconde offre les mêmes particularités, mais dans un ordre différent.

8. Tiré d'un vase peint. Fig. 9, de l'ancien Parthénon.

Ces deux motifs ont les mêmes particularités : boucle, inflexion et boucle, sous un dessin différent.

10. Peinture de l'ancien Parthénon.

Le lacis présente une boucle puis une inflexion et enfin une boucle.— Par permutation on obtiendrait la fig. 10' qui offre les mêmes particularités, mais dans un ordre de succession différent.

11. Frise d'un vase peint.

Inflexion. — Boucle. — Inflexion. — Boucle. — Inflexion.

La figure 11' offre les mêmes particularités dans l'ordre inverse : Boucle. — Inflexion. — Boucle. — Inflexion. — Boucle.

PLANCHE 8. — CONSTRUCTIONS.

Fig. 1 et 1'. Motifs révolvés d'une spire.

2 et 2'. Motifs révolvés de deux spires.

3 et 3'. Motifs révolvés de trois spires.

Tous ces motifs sont inscrits au trigone.

4. Croix d'écartèlement ou trait carré indiquant quatre positions essentielles du motif 3. — Ces quatre positions conjuguées deux à deux et répétées déterminent les quatre rangées suivantes :

5. Rangée marginale impaire. — Répétition suivie.
6. Rangée marginale paire. — Répétition à retour.
7. Rangée diamétrale diagonale. — Répétition diagonale.
8. Rangée diamétrale contrariée. — Répétition contrariée.

Ces rangées étant conjuguées deux à deux, et rebattues par leur juxtaposition parallélique, on obtient, entre autres, les mappes suivantes :

9. Rangée diagonale. — Conjugaison à retour. — Rebattement droit.
10. Rangée diagonale. — Conjugaison suivie. — Rebattement alterne.
    Tiré d'une damasquinure d'un cuivre arabe.
11. Rangée contrariée. — Conjugaison à retour. — Rebattement droit.
    Tiré d'un plafond arabe au Caire.
12. Rangée contrariée. — Conjugaison contrariée. — Rebattement droit.
13. Rangée contrariée. — Conjugaison à retour. — Rebattement droit.
14. Alternance d'une rangée diagonale et d'une rangée contrariée.

PLANCHE 9. — VARIATIONS.

Fig. 1, 2, 3. Variations sur un motif chinois (1), tiré d'un panneau en laque rouge ciselée.

1. Répétition suivie. — Conjugaison suivie. — Rebattement droit. — Compartiments révolvés.
2. Répétition suivie. — Conjugaison à retour. — Rebattement droit. — Compartiments pairs.
3. Répétition à retour. — Conjugaison à retour. — Rebattement droit. — Compartiments écartelés.

Ou bien et, à considérer les engrêlures :

1. Une série de rayures diagonales recoupée par une série de rayures diagonales.
2. Une série de rayures diagonales recoupée par une série de rayures diamétrales alternés.
3. Une série de rayures alternes recoupée par une série de rayures alternes.

Fig. 4, 5, 6. Variations sur un motif hispano-arabe (6), tiré d'un revêtement en marbre.

4. Répétition suivie. — Conjugaison suivie. — Rebattement droit. — Compartiment diagonal.

Deux systèmes de rayures obliques. — Engrêlures diagonales.

5. Répétition suivie. — Conjugaison à retour. — Rebattement droit. — Compartiments pairs et diagonaux.

Deux systèmes de rayures obliques. — Engrêlures alternes.

6. Répétition à retour. — Conjugaison à retour. — Rebattement droit. — Compartiments pairs.

Deux systèmes de rayures obliques. — Engrêlures diagonales.

Fig. 7, 8, 9. Variations sur un motif syro-arabe (7), tiré d'un relief ciselé sur pierre.

7. Répétition à retour. — Conjugaison à retour. — Rebattement droit. — Compartiment pair.

Deux engrêlures diagonales.

8. Répétition suivie. — Conjugaison à retour. — Rebattement droit. — Compartiments pairs et diagonaux.

Deux engrêlures alternes.

9. Répétition suivie. — Conjugaison suivie. — Rebattement droit. — Compartiment diagonal.

Deux engrêlures diagonales.

Fig. 10, 11, 12. Variations sur un motif gallo-romain (11), tiré d'une arme damasquinée.

10. Répétition suivie. — Conjugaison à retour. — Rebattement droit. — Compartiments pair et diagonal.

Engrêlure diagonale.

11. Répétition suivie. — Conjugaison suivie. — Rebattement droit. — Compartiment diagonal.

Engrêlure diagonale.

12. Répétition à retour. — Conjugaison à retour. — Rebattement droit. — Compartiment pair.

Engrêlure diagonale.

PLANCHE 10. — TRESSES.

Fig. 1. Tresse simple ondulée. — Tiré d'un ivoire.

2. Tresse double. Alternance.   Id.

3. Intersécance d'une tresse simple.   Id.

4. Tresse peinte d'un vase grec.

5. Tresse redoublée. — Relief de l'art grec.

6. Conjugaison à retour. — Rebattement droit. — Tiré d'une terre cuite peinte de l'ancien Parthénon.

7. Même disposition. — Relief.

8. Quatre tresses entrelacées. — Rebattement droit.

Dessin abrégé d'une mosaïque de Montréale (Sicile).

9. Rebattement alterne. — Vase peint.

10. Trois tresses. — Rebattement alterne. — Relief-moulure de l'Érec-théion.

11. Rebattement droit. — D'une mosaïque à Athènes.

12. Tresse variée. — Tirée d'un tableau d'Andréa Solario au musée de Naples.

13. Tresse peinte. — D'un vase grec.

14. Tresse multipliée. — D'un bouclier grec à Palerme.

15. Tresse ciselée. — D'un cuivre arabe. (Six brins.)

16. Tresse tirée d'un vase persan. — Intersécance de trois tresses enlacées.

17. Répartition trillée et révolvée imitant un relief. — Motif déduit par analogie de la fig. 14.

PLANCHE 22. — MOTIFS DIVERS.

Fig. 1. Compartiment gironné (4 axes).

2.   Id.   id.   Cercles entrelacés.

3.   Id.   id.   Id.

Répartition plus *nombreuse* et intersécance différente. Même disposition d'ailleurs que la fig. 2.

Ces trois motifs, peints sur enduit, sont tirés de l'église grecque de Sainte-Croix, près de Jérusalem.

4. Peinture sur enduit de la cathédrale de Montréale (Sicile).

Deux mappes entrecroisées : la première résulte de la conjugaison à retour et du rebattement droit et détaché d'une engrêlure simplement ondulée ; la seconde résulte de la conjugaison à retour et du rebattement droit et détaché d'une intersécance composée de trois engrêlures simplement ondulées.

5. Ciselure d'un cuivre arabe.

Réseau hexagone et trigone assemblés.

6. Ciselure d'un cuivre arabe.

Disposition radiée-gironnée d'enlacements fleuronnés.

7. Ciselure d'un cuivre arabe. — Même motif dans l'art chinois.

A-plats dérivés de l'hexagone ou *pairles* s'enclavant. Ou bien, à ne

considérer que les traits, répétition contrariée de traits révolvés ternaires
et rabattement indéfini.

8. Rosace octogonale dérivée de motifs révolvés inscrits dans un assemblage de losanges et carrés.

Damasquinure d'un cuivre arabe.

9 et 10. Dispositions révolvées hexagonales.

Ciselures sur pierre à Jérusalem.

11. Dalle de marbre ciselée à Jérusalem.

Enlacements fleuronnés.

12. Ciselure d'un cuivre arabe.

Cartouches et enlacements fleuronnés à symétrie écartelée.

13. Ciselure damasquinée d'un cuivre arabe.

Cartouches et enlacements fleuronnés.

PLANCHE II. — NTRELACS.

Fig. 1. Entrelacs dérivé du pentagone.

Des sommets du triangle du pentagone, décrire des circonférences tangentes suivant les deux côtés égaux. Le troisième côté ou la base étant plus large laisse un intervalle entre les circonférences. Subdiviser les circonférences en dix parties par les rayons. Mener la diagonale de trois divisions ; cette diagonale coupe un rayon en un point par lequel on fait passer une nouvelle circonférence. Dans cette dernière circonférence on mène toutes les diagonales de quatre en quatre en les prolongeant. On mène dans la première circonférence les côtés du décagone et on les prolonge également. On remarquera dans cet entrelacs : 1° le parallélisme des lignes et la continuité de leurs directions ; 2° les vides entre les circonférences qui sont remplis exactement par des hexagones pairs identiques à ceux de la rosace. Ce motif, qui est élaboré sous toutes les formes : enduits, bronzes, menuiserie, claires-voies, etc., appartient à l'art syro-arabe de l'Égypte.

2. Variété du réseau précédent.

On a seulement ici la plus grande partie d'un panneau entier dont la disposition est diagonale. Ce motif appartient à l'art indo-arabe.

3. Un réseau trigone.

De tous les points du réseau, décrire des circonférences tangentes ; y inscrire des rosaces de six pointes en menant les diagonales de cinq en cinq. Ou bien, plus simplement, on obtient ces étoiles en menant les diagonales des points de tangence des circonférences aux sommets des hexagones. — Art syro-arabe.

4. Réseau trigone.

Du centre des trigones, décrire des circonférences tangentes aux côtés. Dans ces circonférences, inscrire une rosace de neuf mailles. — Art syro-arabe.

5. Réseau octogone et carré assemblés.

Des sommets de l'octogone, décrire des circonférences tangentes suivant les côtés, et du centre, une circonférence de même rayon. Inscrire dans ces circonférences des rosaces de huit mailles. — Art syro-arabe.

6. Réseau de l'heptagone.

Partager l'angle droit en sept divisions. Déterminer le panneau suivant les rayons des troisième et quatrième divisions comme diagonale. Partager l'angle droit opposé également en sept parties. Le panneau étant écartelé donne le rayon (égal à la moitié du petit côté) d'une circonférence dans laquelle on mène les diagonales de six en six divisions, etc. — Art syro-arabe.

Fig. 7. — Réseau quadrillé. Du centre du carré partager les quatre angles droits en 16 parties. Inscrire des circonférences tangentes au rayon de l'angle de 2 parties, par les points milieux des côtés du carré. Partager ces circonférences en 12 parties, et mener les diagonales de 5 en 5 pour avoir une étoile de 6 pointes, dont les côtés prolongés déterminent une étoile de 8 pointes dans la circonférence décrite du centre et tangente aux premières. — Art syro-arabe.

8. — Réseau octogone et carré assemblés. Des sommets de l'octogone décrire des circonférences tangentes entre elles. Du centre une circonférence tangente à celles-là, et que l'on partage en 32 divisions. On y mène les diagonales de 6 en 6, qui, par leur prolongation, déterminent dans les petites circonférences des hexagones-pairs inscrits. Ces hexagones étant décomposés en triangles, on mène dans ceux-ci, et par le point d'intersection des hauteurs, des traits révolvés. — Art syro-arabe.

PLANCHE 12. — ENTRELACS.

Fig. 1. — Réseau carré. Chaque carré inscrit alternativement des rosaces de 8 mailles et des octogones (voir la figure 5 de la planche 11). — Art syro-arabe.

2. — Réseau carré. De chaque sommet un rayon par le tiers de l'angle droit. Les quatre rayons donnent un carré que l'on partage en quatre. Une de ces divisions, répétée en dehors du carré milieu, donne enfin un carré de 16 subdivisions où l'on trouve finalement les points principaux de l'entrelacs. — Art indo-arabe.

3. — Réseau carré. Du centre une circonférence tangente au carré inscrit. La partager en 24 subdivisions et y mener les diagonales de 8 en 8, en les prolongeant. Une circonférence tangente au trait croisillé, qui est déterminé par 4 divisions, inscrit le dodécagone. — Art syro-arabe.

4. — Réseau carré. Les angles étant partagés en 4 parties, les rayons qui en résultent déterminent l'entrelacs par leurs intersections. — Art indo-arabe.

5. — Analogue à la fig. 2. — Art indo-arabe.

6. — Des sommets du réseau trigone décrire des circonférences avec le rayon du trigone. Ces circonférences, en se coupant, inscrivent des dodécagones. La suite comme à la figure 3 de la planche 11. — Art hispano-arabe.

7. — Réseau hexagone. Des sommets décrire des circonférences qui inscrivent des ennéagones. — Art syro-arabe.

PLANCHE 13. — RÉPARTITIONS.

Fig, 1 et 1'. — Parements de briques à Rosette (Égypte).

1. — Engrêlure alterne. — Conjugaison suivie. Rebattement droit et détaché. Effet de rayures en zigzags.

1'. — Engrêlure à retour. Conjugaison suivie. Rebattement alterne. Effet détaché.

2. Tissu arabe brodé.

Engrêlure diamétrale-alterne. Conjugaison à retour. Rebattement alterne. Effet de compartiments.

3. Panneau de marbre ciselé arabe.

Rangée fleuronnée diamétrale-alterne. Conjugaison suivie, rebattement alterne.

4. Mosaïque arabe.

Engrêlure alterne. Conjugaison à retour. Rebattement droit.

5. Email cloisonné japonais.

Répartition rayures en biais. — Trois motifs, dont un principal et les deux autres détachés et isolés. Cette répartition peut être conçue comme déterminée par l'alternance de deux rangées alternes : la première composée du motif principal et du second motif; la deuxième composée du motif principal et du troisième motif. Le motif principal est pair oblique, un autre est impair et le troisième gironné. Le motif principal étant redoublé, suivant l'axe de symétrie, donne un motif écartelé à délinéation rectiligne, analogue au motif curviligne, fig. 11′ de la planche 17.

6. Relief sur pierre gréco-assyrien.

Répartition suivie alterne d'un motif pair. Soit une rangée marginale paire, une conjugaison suivie et un rebattement alterne et contigu.

7. Ciselure d'un cuivre arabe.

Trois engrêlures contrariées déterminant une intersécance dont la conjugaison à retour et le rabattement indéfini donnent la mappe en question.

8. Enluminure décorative chinoise.

Répartition ternaire et senaire enclavée suivant le réseau trigone.

PLANCHE 14. — RÉPARTITIONS.

Fig. 1. — Ciselure découpée d'une lampe arabe.

Répartition révolvée obtenue par l'intersection de cercles, tracés suivant un diagramme analogue à celui de l'hexagone, du carré et du trigone assemblés.

2. Revêtement en briques à Rosette (Égypte).

Rosaces révolvées de six pièces s'emmanchant.

3, 4, 5, 6. Quatre motifs analogues.

Le premier, tiré d'un à-jour d'un vase chinois, constitué par le rabattement écartelé et indéfini d'un motif révolvé de quatre pièces et sur plan quadrillé.

Le second, tiré d'un cuivre damasquiné arabe, est dérivé du premier par la substitution d'un diagramme composé du carré et losange assemblés, au diagramme quadrillé.

Le troisième, tiré d'une lampe arabe, est varié par l'intercalation échiquetée d'un motif gironné curviligne.

Le quatrième enfin, tiré d'une enluminure japonaise, est le premier déprimé obliquement, son diagramme est losange.

7. Relief sur bois tiré d'un moulin arabe.

Répartition révolvée suivie par emmanchement de motifs révolvés senaires.

8. Enluminure décorative d'un plafond égyptien.

Grecque multipliée : les motifs se soudant et s'emmanchant les uns les autres.

Fig. 1. Dalle ciselée d'une fontaine arabe (Damas).

Cette répartition est composée de deux mappes entrecroisées. La première déterminée par la conjugaison à retour et le rebattement droit et contigu d'une engrêlure diamétrale alterne. La seconde, déterminée par la répartition suivie de fleurons verticaux reliés entre eux.

2. Plafond Louis XIII.

Les positions diverses d'un seul motif diagonal déterminent des compartiments remplis à leur tour par une fleur de lis ou un motif pair vertical. Le motif radical détermine horizontalement une rangée diamétrale alterne, qui est répétée par conjugaison suivie et rebattement alterne ; verticalement il détermine une rangée contrariée qui est répétée par conjugaison à retour et rebattement droit.

3. Ciselure d'une arme orientale.

Deux rinceaux entrelacés. Conjugaison à retour et rebattement droit et continu. La conjugaison et le rebattement se confondent dans un rabattement indéfini.

4. Ciselure d'une arme orientale.

Un rinceau et une ondulation entrelacés. Rebattement indéfini.

5. Damasquinure d'une carafe indienne.

Verticalement : répétition contrariée d'un motif impair, puis conjugaison à retour et enfin rebattement droit contigu.

6. Ciselure d'une arme indienne.

Motifs intégrants pairs. Répétition alterne et rebattement à retour indéfini.

Fig. 1. Ciselure d'un cuivre arabe.

Répartition échiquetée ou en quinconce et entre-croisée d'un motif, ou anneau à quatre fleurons et de disposition révolvée.

2. Ciselure d'un cuivre arabe.

Répartition quadrillée de motifs circulaires contigus. Cette mappe est recoupée longitudinalement par des tresses composées par l'intersécance et la conjugaison d'une engrêlure ondulée, fleuronnée et à symétrie diagonale. Les fleurons des anneaux ne sont point disposés uniformément dans toute l'étendue de la mappe, ce qui introduit de la variété, sans déranger l'équilibre général.

3. Damasquinure d'une arme indoue.

Répartition écartelée d'un carreau composé d'un anneau fleuronné à disposition révolvée et d'un motif révolvé inscrit dans le carreau. Répétition à retour, conjugaison à retour et rebattement droit.

4. Ciselure d'un cuivre arabe.

Répartition écartelée par rebattement indéfini d'un carreau révolvé. Cette répartition a, comme la précédente, deux axes de symétrie rectangulaires.

5. Ciselure d'un cuivre arabe.

Répartition gironnée, ou à quatre axes de symétrie obtenue par le rabattement indéfini d'un carreau gironné. Ou bien par la répartition quadrillée droite et intercalée d'un motif orbiculaire gironné : cette première mappe étant recoupée par une seconde, composée de figures aussi orbiculées et réparties de même.

6. Ciselure d'un cuivre arabe.

Répartition écartelée d'un carreau inscrivant un motif diagonal. Ou bien : un rinceau contrarié conjugué par intersécance avec son diagonal déterminant une rangée diamétrale alterne ; cette rangée est rebattue par conjugaison à retour et rebattement droit.

7. Claire-voie d'une mosquée du Caire.

Répartition suivie du fleuron soudé à une mappe d'entrelacs de symétrie senaire ou à 6 axes. Cette mappe peut être considérée comme composée de la répartition, suivant les lignes du réseau trigone, de rangées conjuguées ; la rangée initiale étant une répétition suivie d'arcs, cette engrêlure est conjuguée à retour et par rebattement alterne détaché.

8. Ciselure d'un cuivre arabe.

Répartition gironnée alterne. Les fleurons dessinent des compartiments conjugués et alternativement convexes et rentrants.

La composition de ces mappes est indiquée par une teinte qui détache les engrêlures ou les figures composantes. Ce travail d'analyse est jusqu'à un certain point arbitraire, car on pourrait décomposer de biens d'autres manières toutes ces mappes. Et il est fort heureux qu'il en puisse être ainsi, car c'est autant d'éléments de variation que l'on y gagne, et qui, interprétés adroitement, peuvent conduire à des effets bien différents.

PLANCHE 17. — RÉPARTITIONS.

Fig. 1. Incrustation d'une poterie d'Oiron.

Deux répartitions entre-croisées : la première composée d'un détaché de croix déterminées par deux rectangles entre-croisés, la seconde composée d'un détaché de carrés.

2. Tissu avec broderies appliquées de la Renaissance.

Deux mappes entrelacées. La première, verticale, composée ainsi : Engrêlure diamétrale alterne, conjugaison à retour, rebattement droit et intersecté ; la deuxième, horizontale, construite dans le même mode.

3. Tissu-tapisserie du Mexique.

Motif diagonal composé d'à-plats et de listels angulaires et s'emmanchant.

4. Émail d'une porcelaine chinoise.

Hexagones juxtaposés suivant le mode révolvé, ce qui laisse un vide triangulaire. — Mais cet ornement a certainement été tracé par les traits distincts s'inclinant l'un sur l'autre suivant le petit triangle et par révolvation.

5. Enluminure murale de l'art égyptien.

Compartiments écartelés emmanchés, ou bien rebattement indéfiniment écartelé d'un motif linéaire curviligne et révolvé.

6. Claire-voie d'une mosquée arabe.

Même construction.

7, 8, 9. Ces trois figures montrent les trois modes fondamentaux d'imbrication. — La première, tirée d'une dalle en marbre ciselé de Damas, est l'imbrication à une direction. — La deuxième, tirée d'un pavement en mosaïque des thermes de Caracalla à Rome, est l'imbrication à deux directions. — La troisième enfin, tirée de l'église Sainte-Marie des Fleurs à Florence, est l'imbrication à trois directions.

10. Tissu brodé d'un tableau du Bronzino.

Engrêlures diagonales qui, entre-croisées, déterminent des compartiments écartelés.

11 et 11'. Enluminures murales de l'ancienne Égypte.

11. Rangées marginales paires. — Conjugaison suivie. — Rebattement droit et contigu, ou bien des engrêlures suivies et obliques s'intersectant.

11'. Répétition suivie et contiguë d'un motif écartelé. — Conjugaison suivie et rebattement alterne et emmanché, ou bien des engrêlures diagonales emmanchées et entre-croisées obliquement.

12. Ciselure en marbre d'un buste italien.

Répétition à retour d'un motif diagonal, d'où une rangée horizontale diamétrale-alterne, puis conjugaison suivie et rebattement droit et contigu. — La symétrie diamétrale-alterne est accusée par les fleurons alternativement dressés et renversés.

PLANCHE 18. — RÉPARTITIONS.

Fig. 1. Dessin tiré d'un tapis persan.

Ce diagramme est typique et des plus répandus. Il est déterminé par le rebattement indéfiniment écartelé d'un carreau diagonal à rinceaux intérieurs révolvés et semés de six fleurons régulièrement répartis suivant les points remarquables du carré. (Voir la page 272.)

2. Relief d'un plafond arabe au Caire.

Répartition ternaire ou senaire et centrée. — Motif hexagonal à contours arabesques.

3. Enluminure d'un plafond de Duban.

Répartition gironnée. — Disposition quadrillée. — Les carreaux centrés par des étoiles.

4. Peinture tirée d'un manuscrit byzantin.

Répartition gironnée. — Motifs détachés et disposés suivant le réseau quadrillé.

5. Tissu chinois.

Répartition variée. — Composition quadrangulaire de mappes d'ornement avec des motifs isolés et détachés, brochant sur le tout aux points principaux. — C'est une combinaison de carreaux et de semis.

6. Mosaïque de Pompéi.

Répartition paire et symétrique par rapport à la verticale. On remarquera le sens ascendant de cette disposition, qui, contrairement aux tapisseries de l'art oriental, a une direction déterminée, une allure générale, ce qui établit une liaison harmonique entre l'édifice et les revêtements décoratifs qu'on y adjoint. — C'est un des rares exemples de répartition en surface chez les anciens qui semblent avoir été peu prodigues de ce mode asiatique de décoration.

7. Rangée diagonale, conjugaison contrariée, rebattement alterne et détaché.

9. D'une peinture égyptienne.

Cette répartition échiquetée est tracée sur un réseau quadrillé; on peut la concevoir aussi comme obtenue par la conjugaison à retour où le rebattement indéfini d'une rangée diagonale oblique obtenue par la pénétration de deux engrêlures repliées. C'est cette décomposition analytique, un peu artificielle d'ailleurs, qui rapproche ce motif des précédents.

PLANCHE 21. — MAPPES.

Fig. 1. — Relief ciselé d'une arme orientale. Le motif dernier est diagonal et inscrit dans un rectangle; son rebattement est écartelé, c'est-à-dire suivant les deux dimensions du plan, ce qui détermine une mappe indéfinie, à symétrie écartelée.

2. Peinture en manière de broderie tirée d'un tableau de Raphaël. Répartition à symétrie gironnée; enlacements dessinant deux compartiments remplis à leur tour par des motifs à symétrie gironnée et à disposition radiée-groupée. La disposition résulte aussi, 1º de la répétition suivie et entrelacée d'un motif orbiculaire fermé à symétrie gironnée; cette répétition détermine une rangée dont le rebattement droit détermine la mappe totale. Répartition quadrillée droite.

3. Tissu à reliefs piqués de la Renaissance.

Répartition quadrillée alterne, symétrie gironnée. Deux motifs : l'un principal à symétrie gironnée s'entrelaçant et se répartissant par répétition suivie détachée et rebattement alterne, l'autre motif à symétrie gironnée recoupant les premiers en leur centre.

4. Tissu arabe à reliefs soutachés.

Répartition quadrillée droite, symétrie gironnée. Deux motifs : l'un principal, l'autre secondaire et détaché au milieu du premier.

5. Ciselure d'un cuivre arabe.

Répartition quadrillée droite et entrelacée d'un motif principal, qui est un octogone mi-régulier. Cette répartition reçoit un motif gironné, détaché, et s'intersectant avec les lignes du premier.

6. Damasquinure d'un bouclier vénitien.

Répartition quadrillée droite. Une première mappe déterminée par la répartition d'octogones s'entrelaçant est recoupée par des figures engrêlées à symétrie gironnée.

PLANCHE 23. — DISPOSITIONS PALMÉES.

Fig. 1, 2, 3. Palmettes situées à l'avant des *dahabiehs* ou barques du Nil.
4, 5, 6, 7, 8. Motifs de l'art grec tirés de vases, de stèles, de frises, etc., à Athènes.

Les trois petites figures ou crosses appartiennent aux dispositions recourbées. Pl. 24.

PLANCHE 24. — DISPOSITIONS RECOURBÉES.

Fig. 1, 2, 3, 4, 5, 6, 7, 8, 9. Cette planche est consacrée entièrement aux dispositions recourbées ou crosses. Ces dispositions ont pour diagramme la recourbée et les lignes qui lui sont harmoniques.

Ces motifs tirés des stèles, des vases et des frises d'ornements de l'art grec ont été recueillis à Athènes.

La figure 7 est tirée d'une peinture murale à Pompéi.

TABLE DES CHAPITRES.

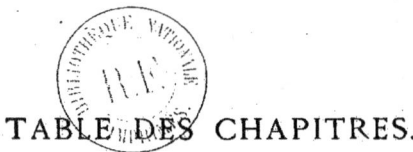

SECTION DEUXIÈME.

L'ÉTENDUE LINÉAIRE ET LES DÉLINÉATIONS.

SECTION TROISIÈMF.

L'ÉTENDUE SUPERFICIELLE ET LES A-PLATS.

SECTION QUATRIÈME.

L'ÉTENDUE ET LES FORMES CORPORELLES.

SECTION CINQUIÈME.

LA RÉGULARITÉ ET LA SYMÉTRIE.

TROISIÈME PARTIE.

L'ORDRE ET LA DISPOSITION DANS L'ORNEMENT. ET LES FORMES.

SECTION PREMIÈRE.

LES DISPOSITIONS ILLIMITÉES.

SECTION DEUXIÈME.

LES DISPOSITIONS MULTIPLIÉES.

SECTION TROISIÈME.

LES DISPOSITIONS AGGLOMÉRÉES.

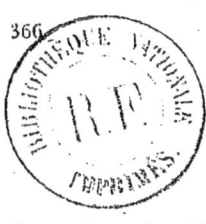

SECTION QUATRIÈME.

LES DISPOSITIONS FIGURÉES.

SECTION CINQUIÈME.

LES DISPOSITIONS COORDONNÉES.

SECTION SIXIÈME.

LES DISPOSITIONS CONSTRUITES.

QUATRIÈME PARTIE.

DÉVELOPPEMENTS ET RÉFÉRENCES.

FIN DE LA TABLE DES CHAPITRES.

IMPRIMERIE EUGÈNE HEUTTE ET Cᵉ, A SAINT-GERMAIN.

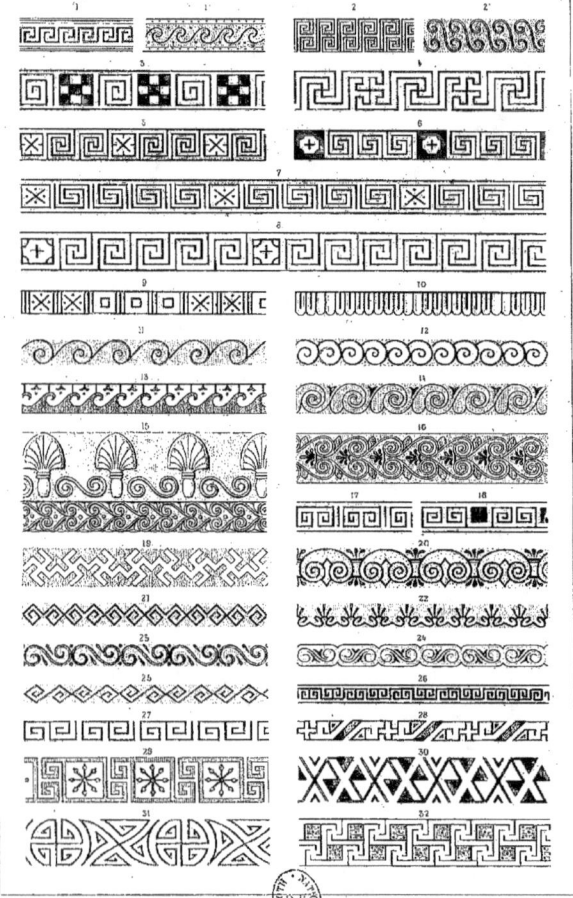

RANGÉES

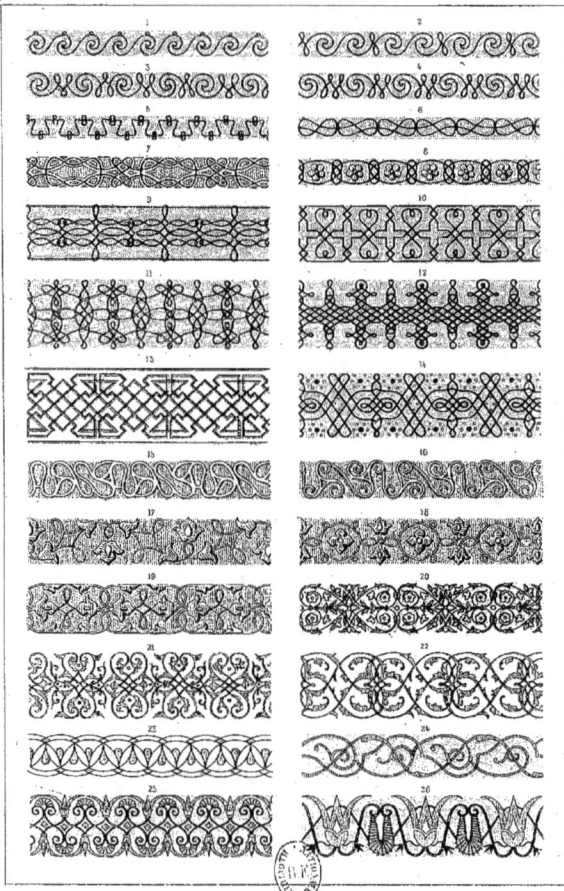

RANGÉES

Imp. A. Salmon, Paris.

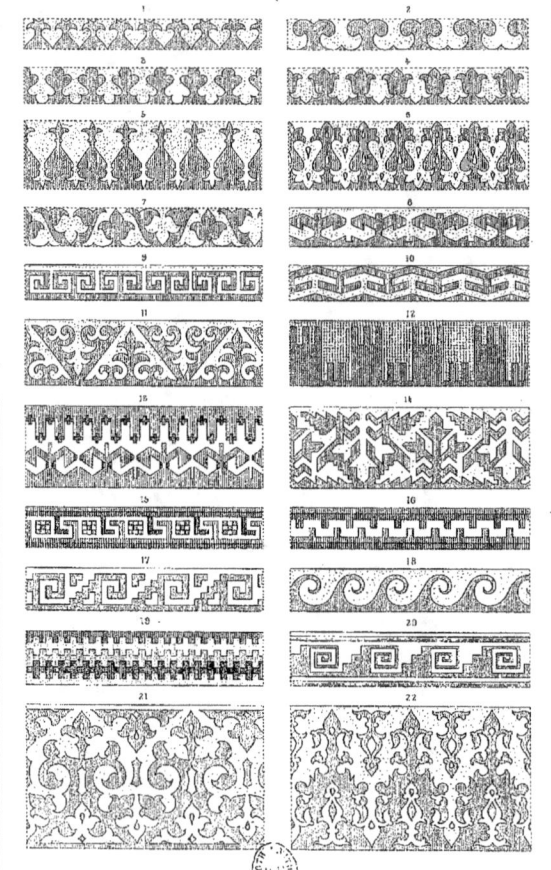

RANGÉES EMMANCHÉES.

Imp. A. Salmon, Paris.

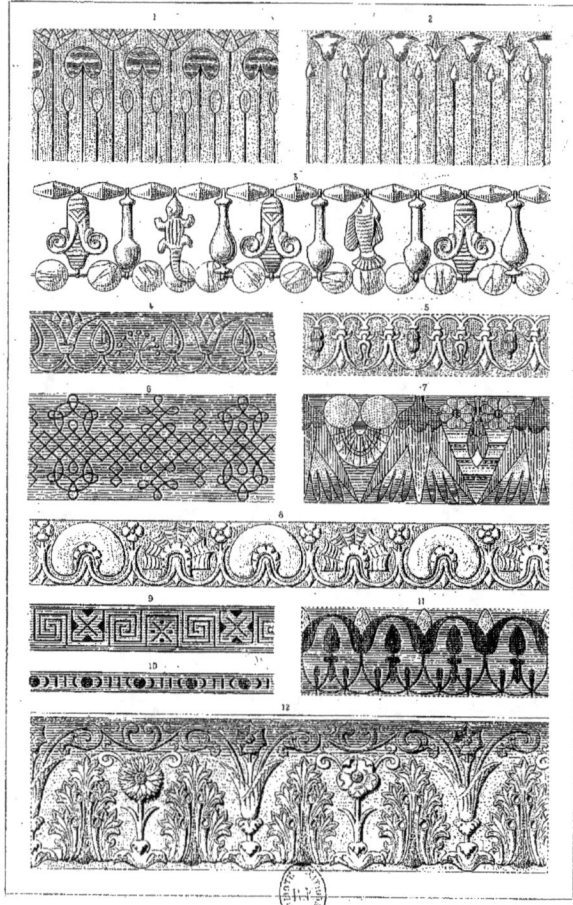

DISPOSITIONS RÉCURRENTES.

Imp. A. Salmon, Paris.

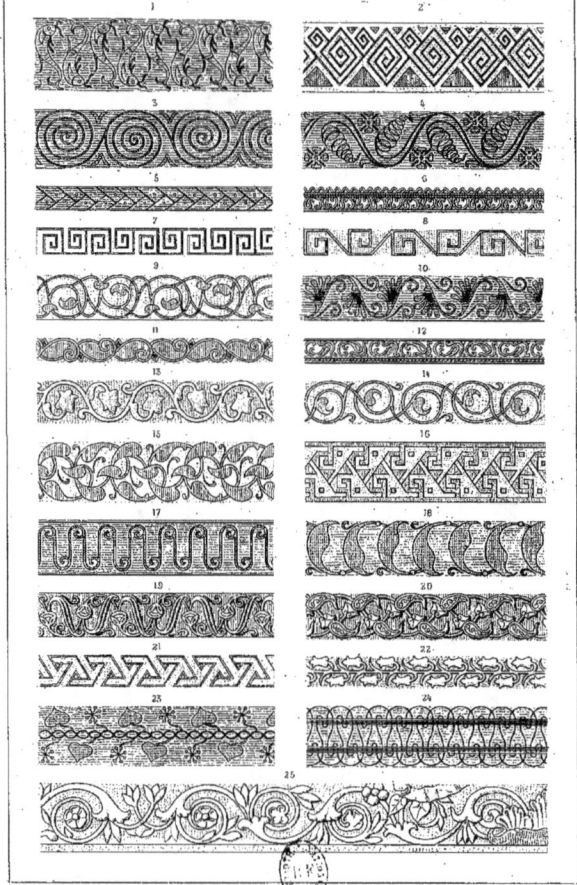

DISPOSITIONS CONTRARIÉES.

Imp. A. Salmon, Paris.

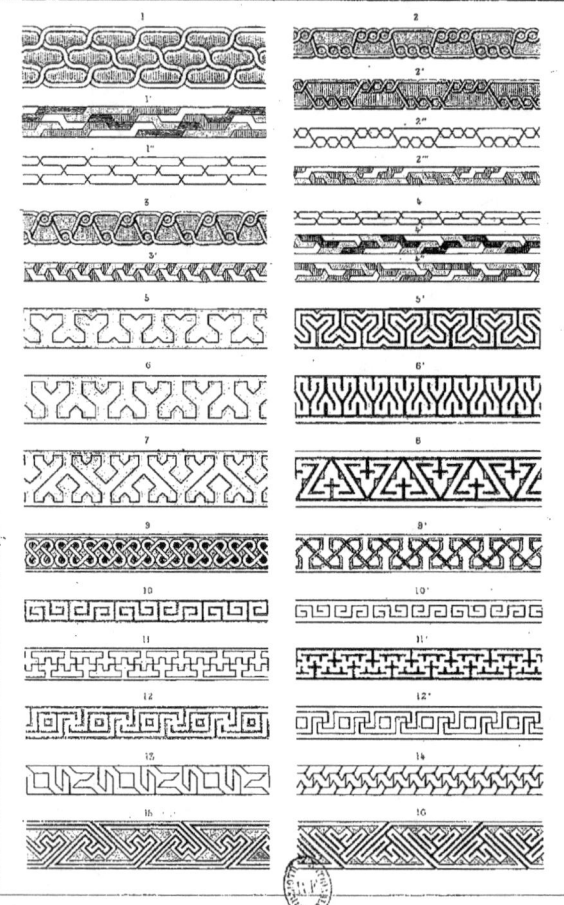

RANGÉES.

Imp. J. Sedson, Paris.

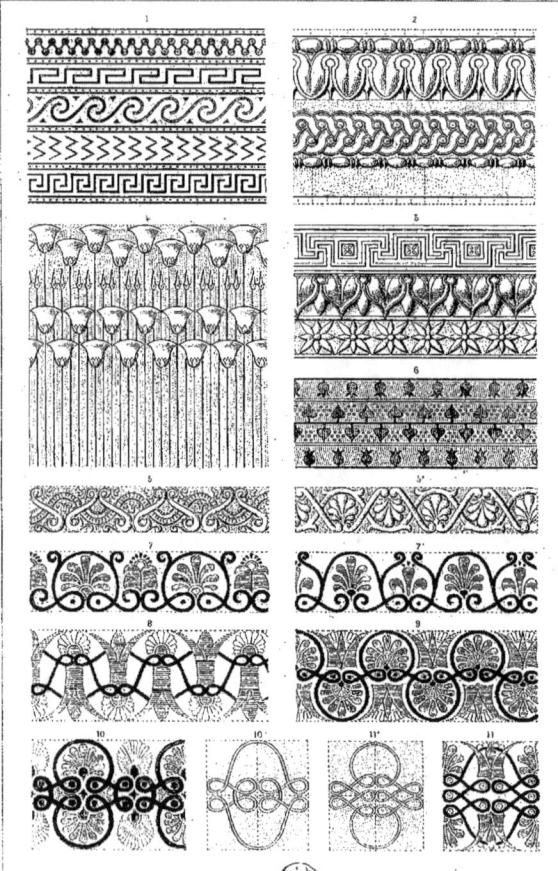

RANGÉES MULTIPLES.

Imp. S. Sutrion, Paris.

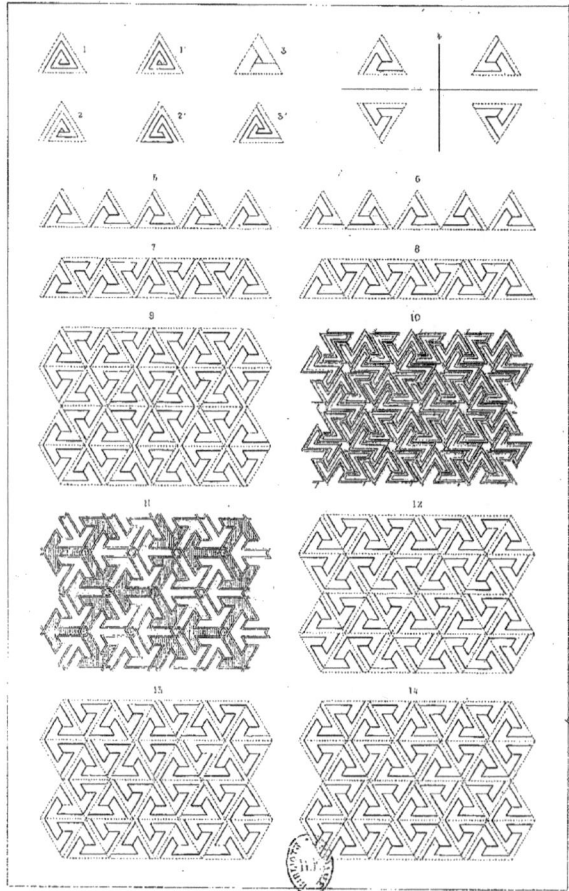

CONSTRUCTIONS

Imp. A. Salmon Paris

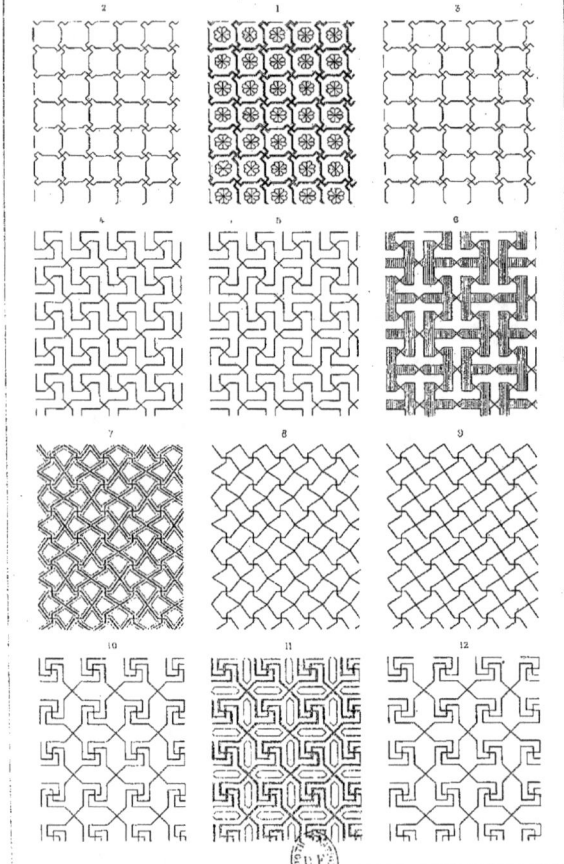

VARIATIONS

Imp. A. Salmon, Paris

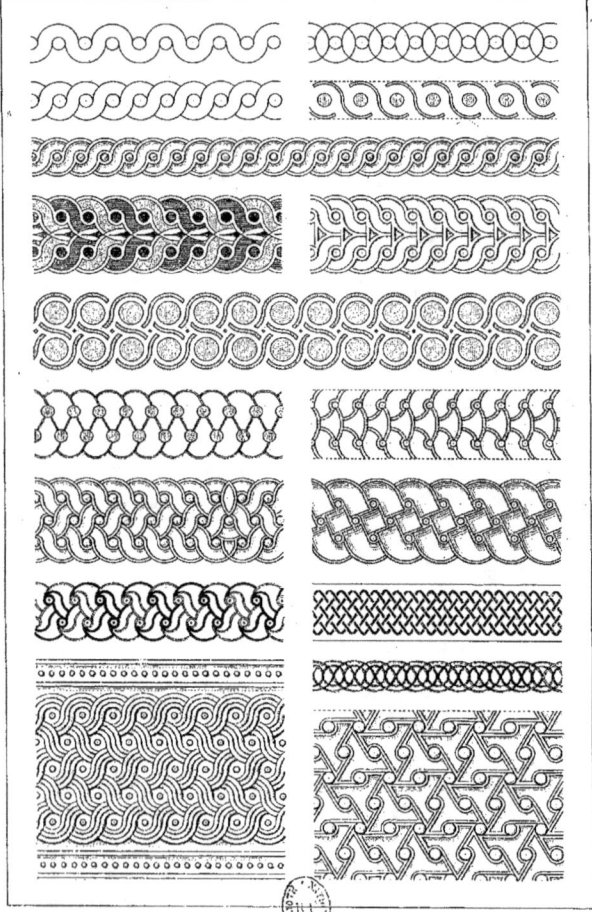

TRESSES

Imp. A. Salmon Paris.

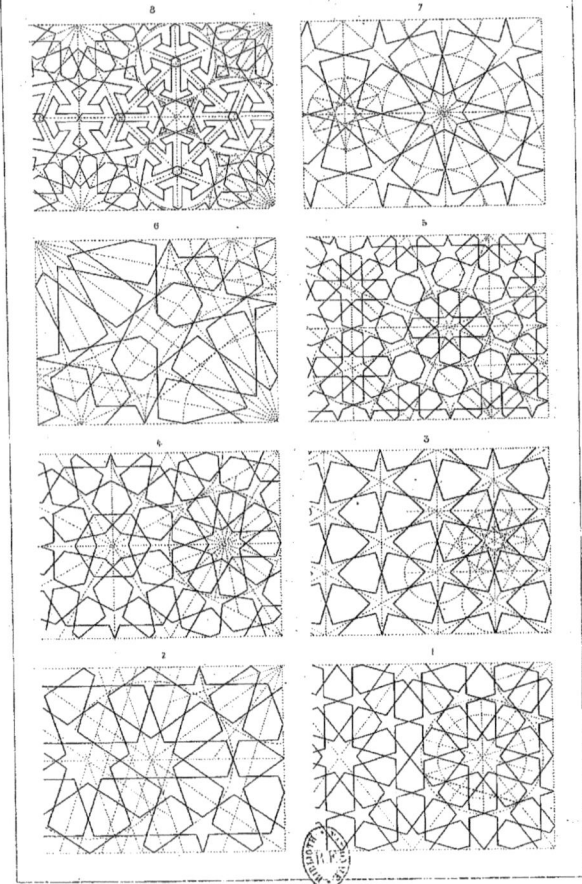

ENTRELACS

Imp. A. Salmon, Paris.

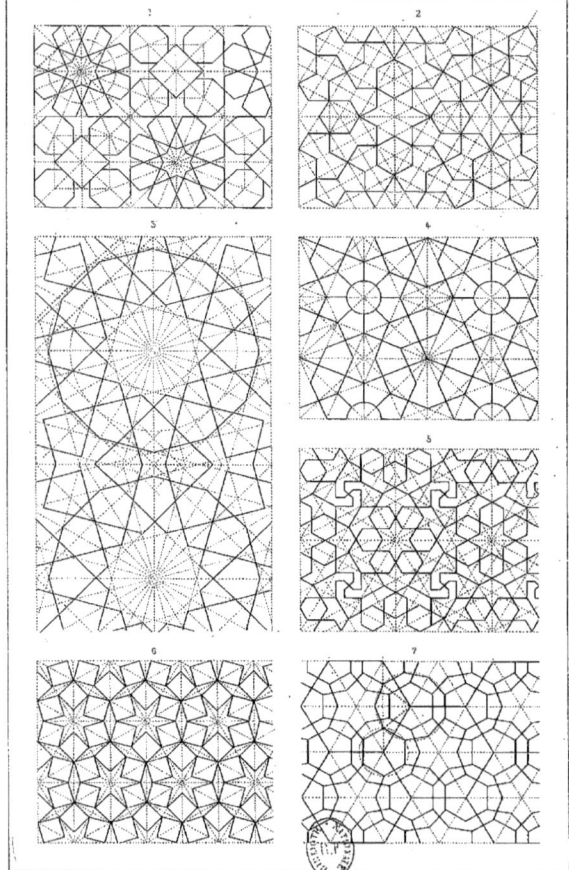

ENTRELACS

Imp. A. Salmon, Paris.

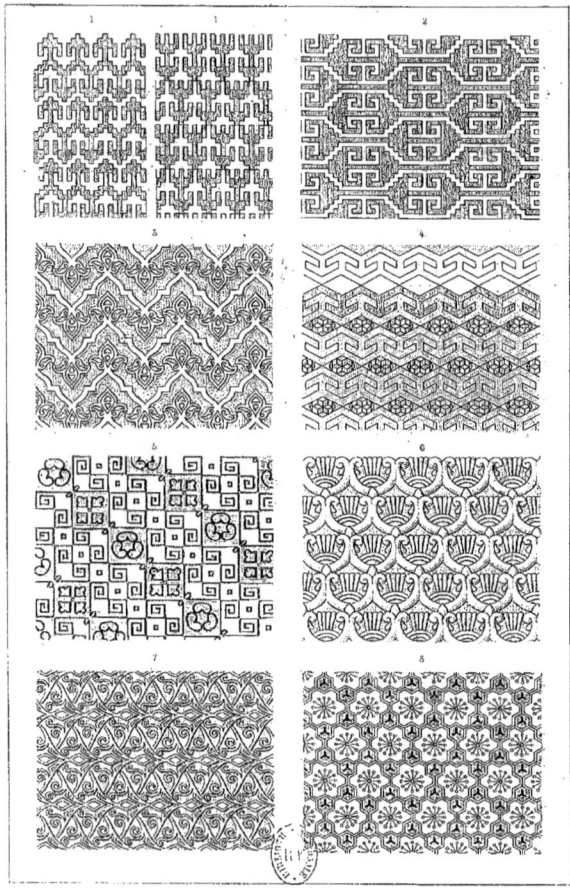

RÉPARTITIONS

Imp. A. Salmon, Paris.

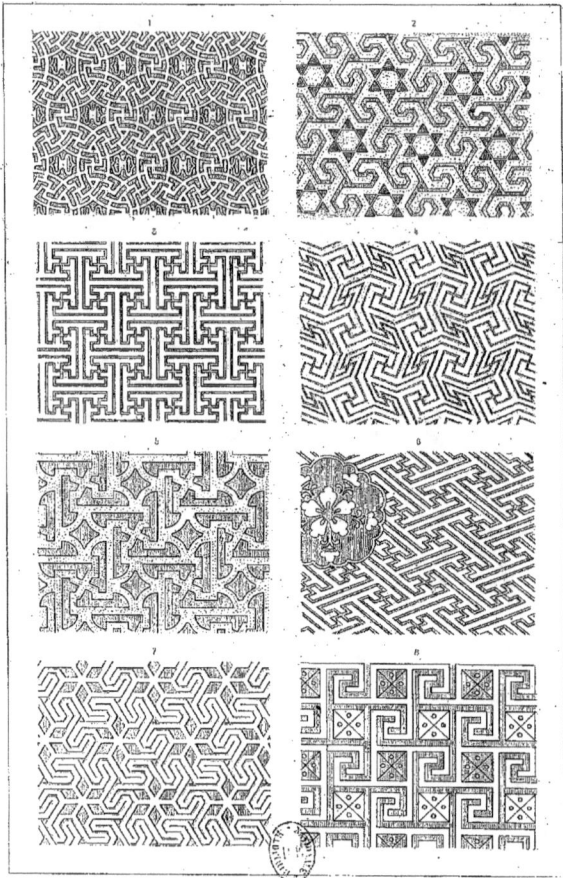

RÉPARTITIONS

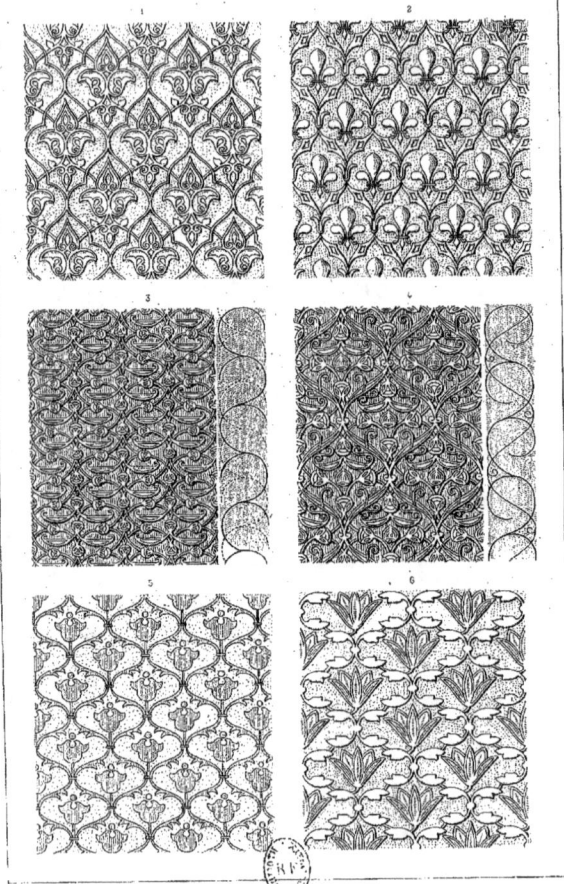

RÉPARTITIONS

Imp. A. Salmon, Paris

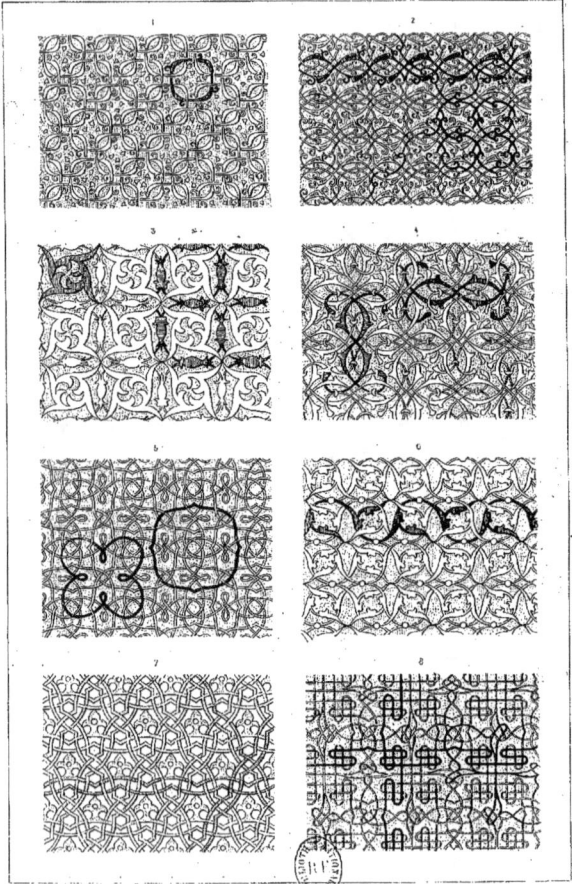

MAPPES

Imp. A. Salmon, Paris.

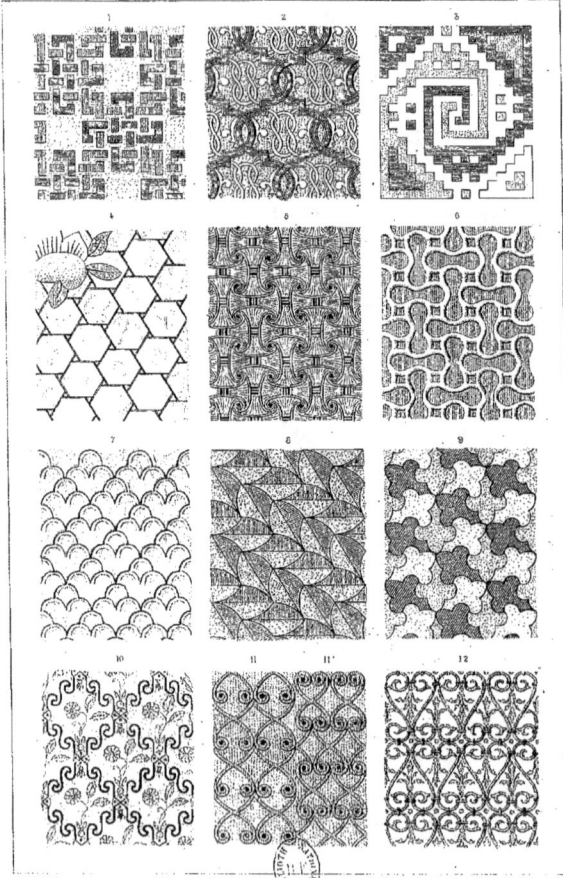

REPARTITIONS

Imp. A. Salmon Paris.

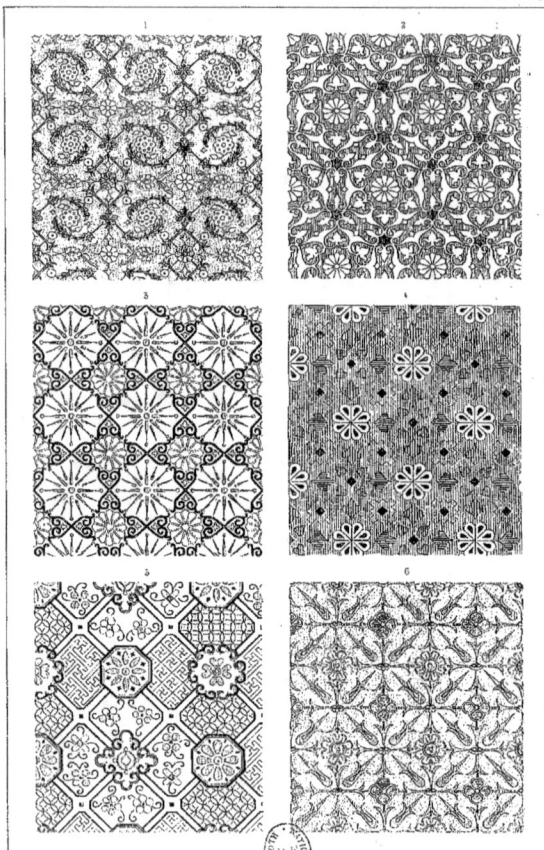

RÉPARTITIONS.

Imp. J. Salmon, Paris.

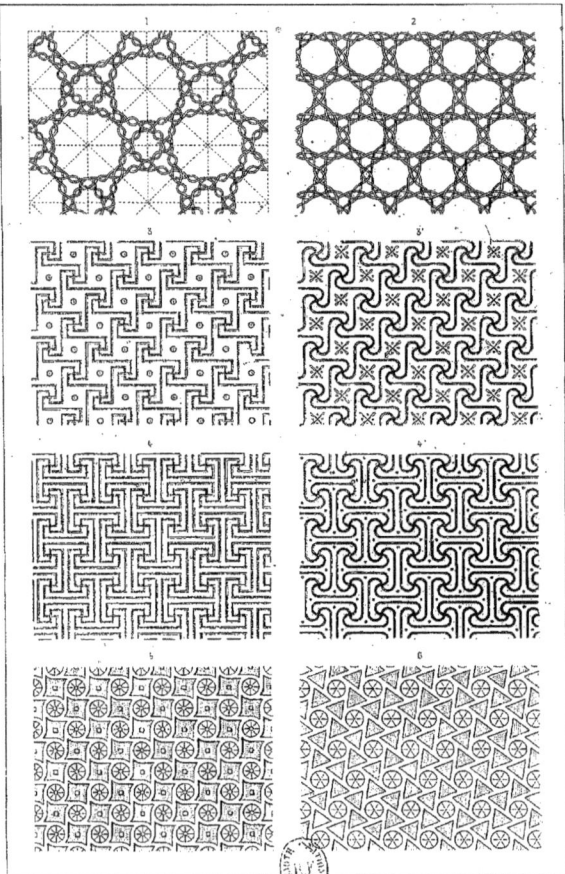

MAPPES ANALOGUES.

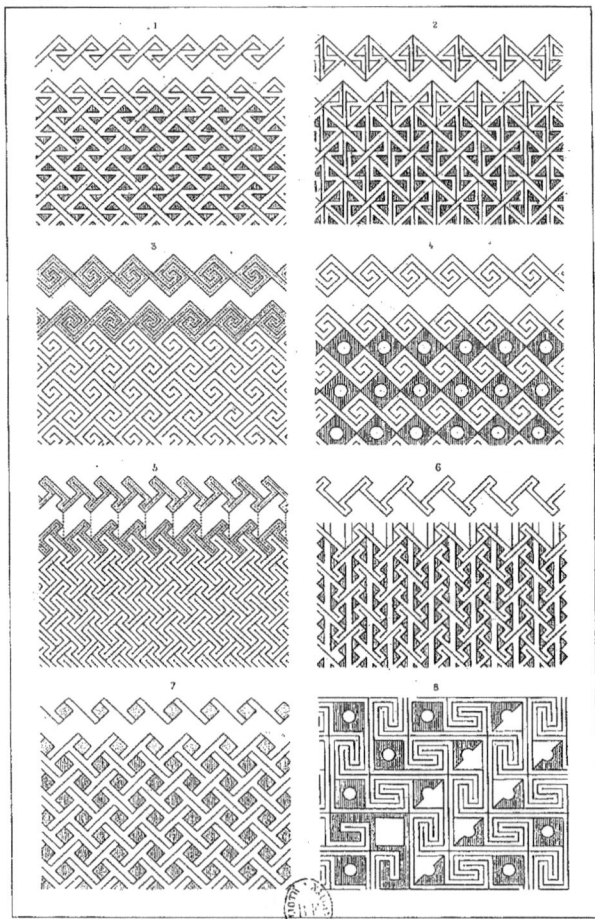

REBATTEMENTS

Imp. A. Salmon, Paris.

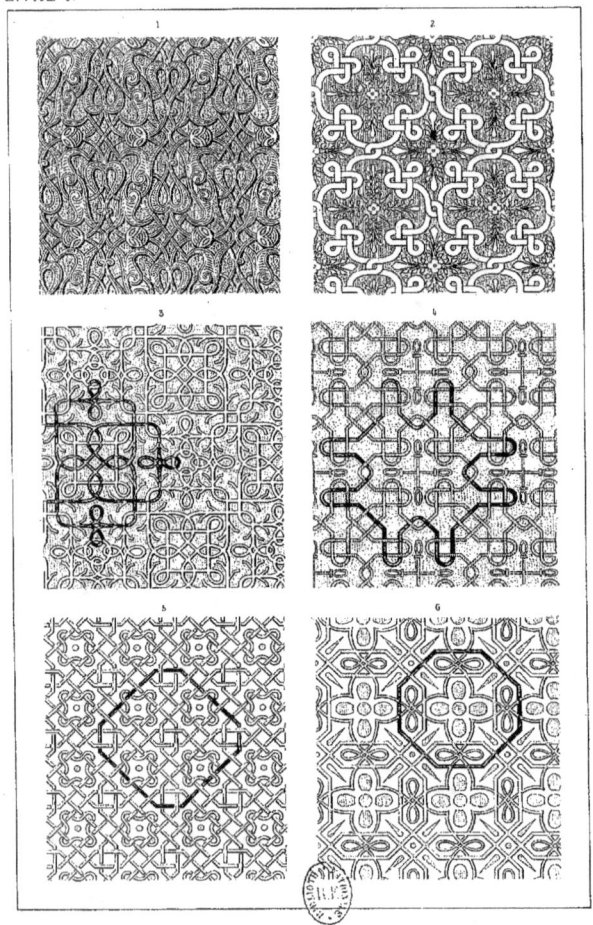

MAPPES

Imp. A. Salmon, Paris.

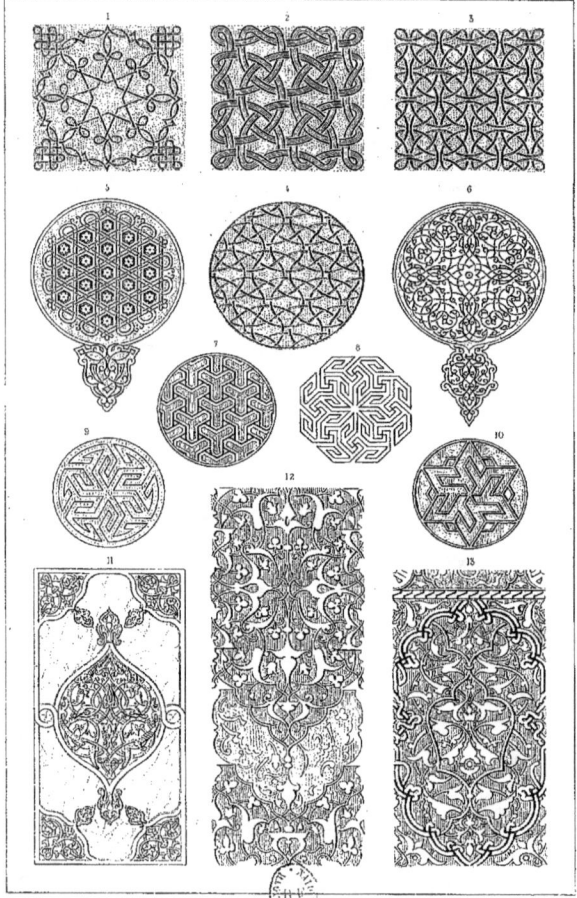

MOTIFS DIVERS.

Imp. A. Salmon Paris

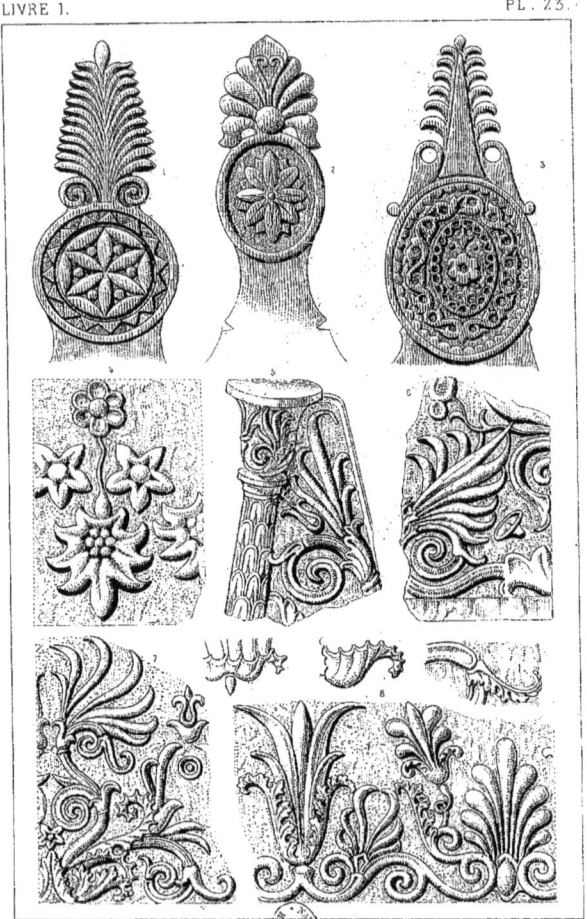

DISPOSITIONS PALMÉES.

Imp. A. Salmon, Paris.

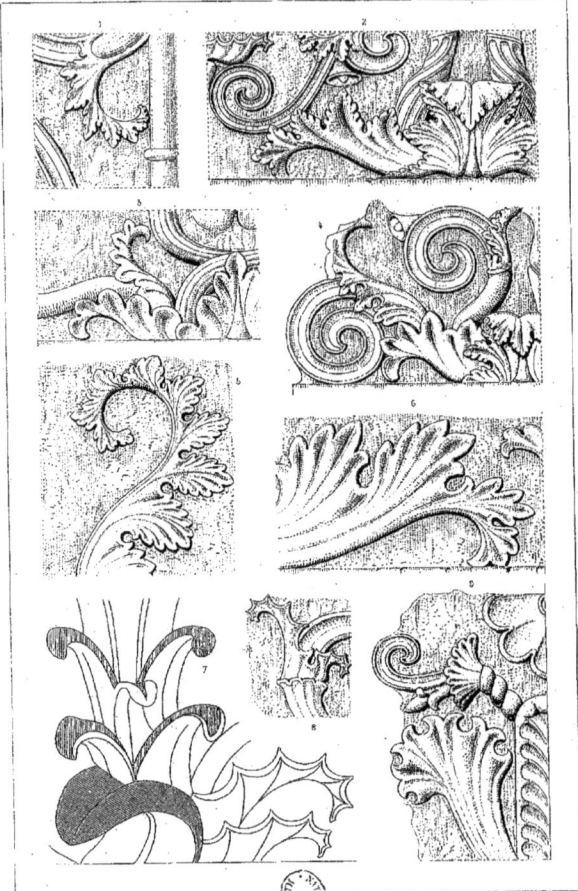

DISPOSITIONS RECOURBÉES.

Imp. A. Salmon, Paris.